Nähen

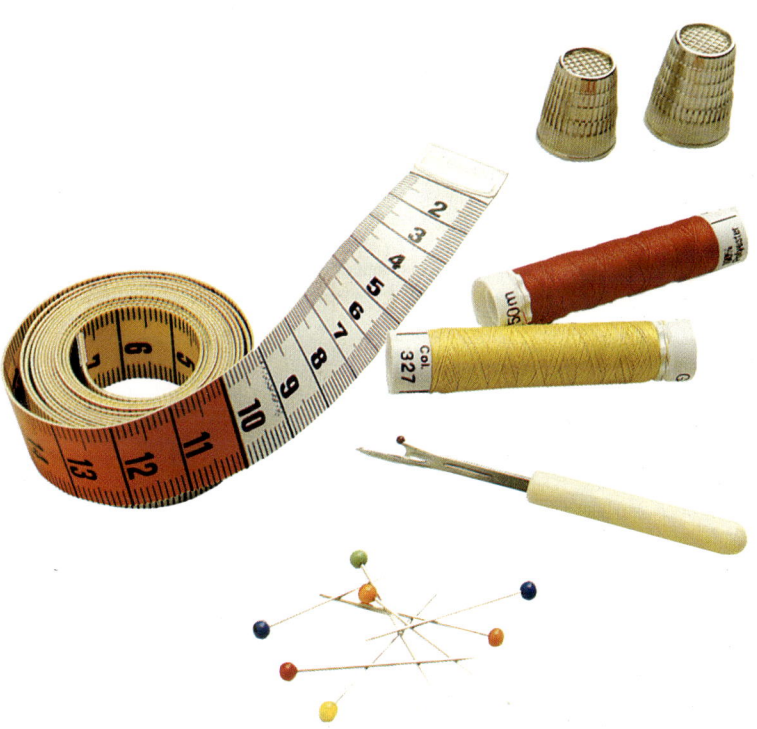

Silvia von Rudzinski

Das moderne Standardwerk

Nähen

Techniken, Stoff- und Maschinenkunde

FALKEN

Wer nicht nur gerne näht, sondern auch gerne strickt, findet bei FALKEN auch zu diesem Thema ein modernes Standardwerk: Perfekt Stricken (4250)

Die Deutsche Bibliothek – CIP-Einheitsaufnahme

Rudzinski, Silvia von:
Nähen – das moderne Standardwerk : Techniken, Stoff- und Materialkunde / Silvia von Rudzinski. – Niedernhausen/Ts. : FALKEN, 1992
  (FALKEN Bücher)
  ISBN 3-8068-4709-6

ISBN 3 8068 4709 6

Titelbild: Fotostudio Hans-Martin Krüger, Bad Homburg
Fotos: Michael Zorn, Wiesbaden (S. 6, 43) / Pfaff Industriemaschinen GmbH, Kaiserslautern (S. 11) / Enka AG, Wuppertal (S. 27, 30, 32) / Gütermann, Gutach-Breisgau (S. 31) / Cotton Service Büro, Frankfurt a. M. (S. 31, 37) / Art-tec-Photo-design G. Burock, Wiesbaden (S. 33, 35) / C. Damler, Taunusstein (S. 53) / Tierbildarchiv Toni Angermayer, Holzkirchen (S. 27) / alle übrigen Fotos: Fotostudio Hans-Martin Krüger, Bad Homburg
Reprovorlagen: Pfaff Haushaltsmaschinen, Karlsruhe (S. 11–20) / Cotton Service Büro, Frankfurt a. M. (S. 27) / Europäische Seidenkommission, Düsseldorf (S. 27) / Internationales Wollsekretariat, Düsseldorf (S. 28) / Schwurhand-Zeichenverband e.V., Bielefeld (S. 28) / Leinen-Kontaktbüro, Düsseldorf (S. 28) / Arbeitsgemeinschaft für Textilkennzeichnung, Frankfurt a. M. (S. 40)
Zeichnungen: Christine Fellner, Lahnstein (S. 41) / Schritt-für-Schritt-Zeichnungen: Ulrike Hoffmann, Bodenheim / FALKEN ARCHIV (Ulrike Hoffmann, Iris Prey, Anke Ditandy, Brigitte und Rolf Dähler) / alle übrigen Zeichnungen: Ulrike Hoffmann, Bodenheim
Die Ratschläge in diesem Buch sind von der Autorin und vom Verlag sorgfältig erwogen und geprüft, dennoch kann eine Garantie nicht übernommen werden. Eine Haftung der Autorin bzw. des Verlags und seiner Beauftragten für Personen-, Sach- und Vermögensschäden ist ausgeschlossen.
Satz: TypoBach, Wiesbaden
Druck: Druckhaus Ernst Kaufmann GmbH & Co. KG Lahr

817 2635 4453 6271

Vorwort

Fast täglich liegen Kataloge und Modeprospekte oder -zeitschriften in unseren Briefkästen. Warum nicht einmal eine Bluse oder einen Rock selbst nähen?

Durch die Erfindung der Nähmaschine ist es gar nicht schwer, im eigenen Atelier die schönsten Kleidungsstücke herzustellen. In meinen zahlreichen Kursen für Schnittzeichnen, Zuschneiden und Nähen fand ich in Gesprächen mit meinen Kursteilnehmerinnen heraus, wo die hauptsächlichen Schwierigkeiten beim Schneidern der eigenen Garderobe liegen. So stellte ich dieses Buch zusammen, um nicht nur meinen Kursteilnehmerinnen, sondern vielen anderen Frauen Tips und Anregungen zu geben und Kniffe zu verraten, damit das Nähen Spaß macht und auch zu ihrem schönsten Hobby wird.

Dieses Standardwerk NÄHEN begleitet Nähanfängerinnen und auch fortgeschrittene Näherinnen bei ihrer Arbeit.

Wollen Sie mit dem schönen Hobby beginnen, so erhalten Sie in den ersten Kapiteln zahlreiche Informationen darüber, wie der Arbeitsplatz idealerweise eingerichtet werden sollte. Auch ein kleiner Einführungskurs zum Umgang mit der Nähmaschine wurde nicht vergessen, der außerdem den Bereich Schneiderwerkzeuge und -zubehör behandelt und dem die fortgeschrittene Hobbynäherin bestimmt ebenfalls noch zahlreiche Tips und Hinweise zum Umgang mit aktuellen Nähhilfen entnehmen kann. Und wer sich für die Rohstoffgewinnung und die Herstellungsverfahren der gebräuchlichsten Stoffe interessiert, findet im Kapitel „Stoff- und Garnkunde" die wichtigsten Informationen.

Keine Angst vor dem Zuschneiden. Sie finden in diesem Buch viele Tips, auch zur Schnittänderung – für den Fall, daß Sie nicht die Idealfigur haben. Im Kapitel „Verarbeitung" erkläre ich Ihnen anhand ausführlicher Schritt-für-Schritt-Anleitungen, die durch entsprechende Zeichnungen noch verständlicher gemacht wurden, alle Näh- und Schneiderarbeiten.

Wollen Sie eine kleine Änderung an Ihrem Kleidungsstück vornehmen, so sehen Sie unter dem entsprechenden Stichwort nach. Das Kapitel „Änderungen", eine kurze Zusammenstellung der wichtigsten Fachbegriffe und ein ausführliches Register bilden den Abschluß dieses Buches.

Ich wünsche Ihnen viel Spaß bei diesem schönen Hobby.

Silvia v. Rudzinski

INHALT

Alles über Nähmaschine, Stoff und Garn

Nähen macht Spaß und ist gar nicht so schwer, wie viele vielleicht denken. Haben Sie eine gut funktionierende Nähmaschine, das richtige Näh- und Bügelzubehör und eine kleine Grundausstattung an Schneiderwerkzeugen und Kurzwarenartikeln, so wird Ihnen die Arbeit leicht von der Hand gehen. Informieren Sie sich in diesem Kapitel, was Sie alles zum Nähen brauchen.

Grund-ausstattung

Arbeitsplatz

Sie wollen Nähen zu Ihrem Hobby machen? Bevor Sie jedoch die ersten Nähversuche starten, überlegen Sie sich, wo Sie im Haus oder in der Wohnung einen Arbeitsplatz einrichten können, auf dem die Näharbeit auch einmal liegenbleiben kann. Ihr Arbeitsplatz muß hell sein. Wenn das Tageslicht nicht ausreicht, besorgen Sie sich eine blendfreie, schwenkbare Lampe, so daß der Arbeitsbereich hell und schattenfrei ausgeleuchtet ist.

Der Tisch, auf dem Ihre Nähmaschine steht, sollte etwa 75 cm hoch, 50 cm tief und 80 bis 100 cm breit sein, diese Maße entsprechen etwa den Schreibtischmaßen. Diese Tischgröße ist auch hier wichtig, damit Ihnen Ihre Näharbeit nicht immer wegrutscht. Schneider- und Nähzubehör werden in erreichbarer Nähe, am besten in den Schubladen aufbewahrt.

Für den Zuschnitt sowie für das Zeichnen oder Auskopieren eines Schnittes benötigen Sie eine Arbeitsfläche von etwa 1 m x 2 m. Eine solche Platte schneidet Ihnen Ihr Schreiner zu. Sie können sie auf Ihren Eßtisch oder auf zwei Arbeitsböcke legen, so daß die Platte auch die richtige Höhe hat. Haben Sie alle Schnitteile für die Weiterverarbeitung entsprechend vorbereitet, können Sie die Platte wegräumen.

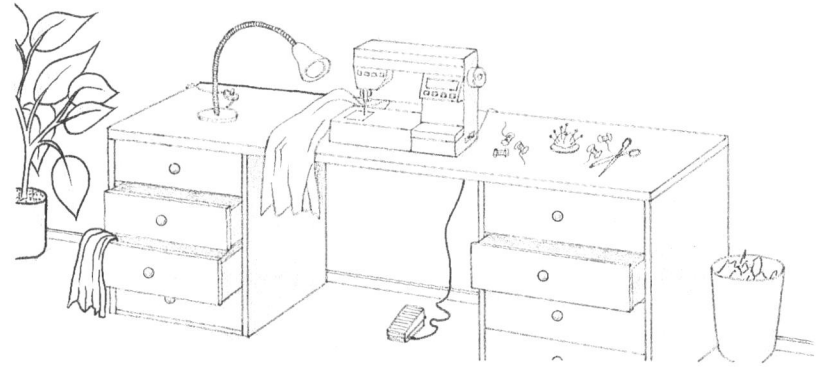

Ein alter Schreibtisch eignet sich hervorragend als Nähtisch

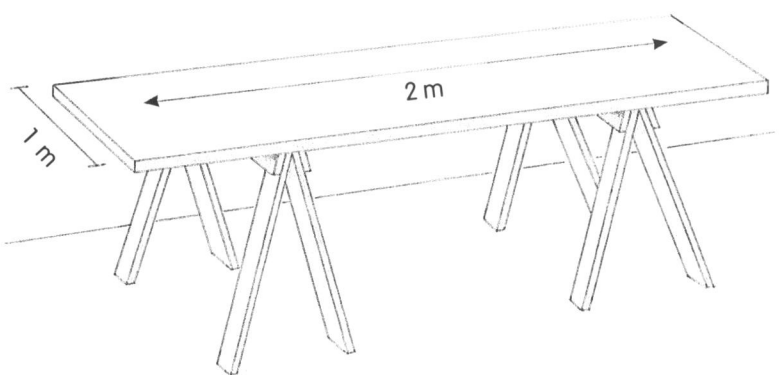

Diesen Tisch können Sie nach Beendigung des Zuschnitts schnell wieder zusammenlegen

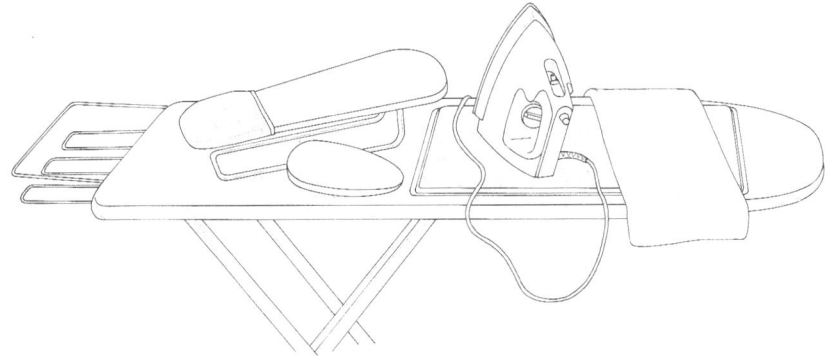

Der Arbeitsplatz ist perfekt eingerichtet, wenn das Bügelzubehör nicht fehlt

Was nie an Ihrem Arbeitsplatz fehlen darf und direkt neben der Nähmaschine stehen muß, ist das Bügelzubehör, denn Bügeln ist das A und O beim Nähen. Das in der Höhe verstellbare Bügelbrett muß fest gepolstert sein, ein Ärmelbrett erleichtert das Ausbügeln von Nähten an schmalen Kleidungsstücken. Sehr zu empfehlen ist ein Dampfbügeleisen, mit dem Sie auch trocken bügeln können.

Ein großer, beweglicher Spiegel am Arbeitsplatz ist bei der Anprobe sehr von Nutzen. Haben Sie nur wenig Platz, kann er auch an der Innenseite einer Schranktür oder an einer Wand (bitte dann aber nicht zustellen) angebracht werden.

Nähmaschine

Im Jahre 1800 wurde die erste funktionstüchtige Nähmaschine gebaut. In den folgenden Jahren entwickelte man sie weiter und verfeinerte die Technik. 1845 entstand dann die Nähmaschine, mit der ein Stich aus Ober- und Unterfaden geknüpft werden konnte. Diese handbetriebene Maschine wurde bald von der fußbetriebenen und später von der elektrischen Maschine abgelöst. Heute gibt es daneben elektronische Maschinen, die auf Tastendruck zum Beispiel Knopflöcher, Riegel und Stickereien nach „Programm" anfertigen.

Besitzen Sie noch keine Nähmaschine, überlegen Sie vor dem Kauf, ob sich für Ihren Bedarf eine Maschine in einem Nähmaschinentisch oder eine Koffermaschine besser eignet. Wichtig (zum Beispiel für das Arbeiten eines Ärmels) ist, daß man aus der Maschine eine Freiarmmaschine machen kann.

Im Fachgeschäft wird man Sie ausführlich über die Vor- und Nachteile der einzelnen Maschinentypen informieren. Nähanfängerinnen sollten sich für eine einfache Maschine entscheiden. Die heutigen, modernen Maschinen verfügen alle über den Geradstich und den Zickzackstich, so daß Sie auch mit einer solchen Maschine Knopflöcher nähen und Applikationen anfertigen können. Nur wer Erfahrung hat und viel näht, wird sich für eine elektronisch gesteuerte Maschine mit vielen Nutz- und Zierstichen entscheiden.

Zu jeder Maschine gehören ein Anleitungsheft, die verschiedenen Nähfüße (siehe auch Seite 15) und eine kleine Auswahl an Werkzeug. So werden ein Trenner, zwei Schraubenzieher, Nähmaschinenöl, ein Reinigungspinsel und einige Ersatzspulen immer mitgeliefert.

Lassen Sie sich in jedem Fall beim Kauf genügend Zeit, denn wenn Sie zu Hause mit dem Gerät nicht zurechtkommen, verlieren Sie schnell die Lust am Nähen.

Eine der ersten fußbetriebenen Nähmaschinen. Vorn am Tisch das Handrad zum Aufwickeln der Spule

Teile der Nähmaschine

Im Prinzip sind die Teile der Nähmaschine bei allen Typen gleich. Sie unterscheiden sich je nach Fabrikat und Modell nur in ihrem Aufbau.
Wichtigste Funktion bei allen Maschinen: die Stichbildung (d.h. Nadel und Greifer bilden einen Stich aus Ober- und Unterfaden).

100 Tragegriff
101 Klappdeckel
102 Handrad
103 Auslösescheibe
104 Hauptschalter
105 Tipptasten
106 Stichlängen-Einsteller
107 Verwandlungs-Nähfläche mit Zubehörkästchen und Zubehörfach
108 Stichplatte
109 Nähfußhalter mit Nähfuß
110 Nadeleinfädler
111 Unterfaden-Kontrollanzeige
112 Taste „nadel unten"
113 Taste „langsam nähen"
114 Stoffdrückerhebel
115 Taste „Heftstich"
116 Nadelhalter mit Halteschraube
117 Rückwärtstaste
118 Programmtabelle
119 Spuler
120 Bodenplatte
121 Verschlußklappe, dahinter Greifer
122 Freiarm
123 Einfädelschlitz
124 Oberfadenspannung
125 Spuler-Fadenführung
126 Fadenhebel
127 Spuler-Fadenführung (ausschwenken)

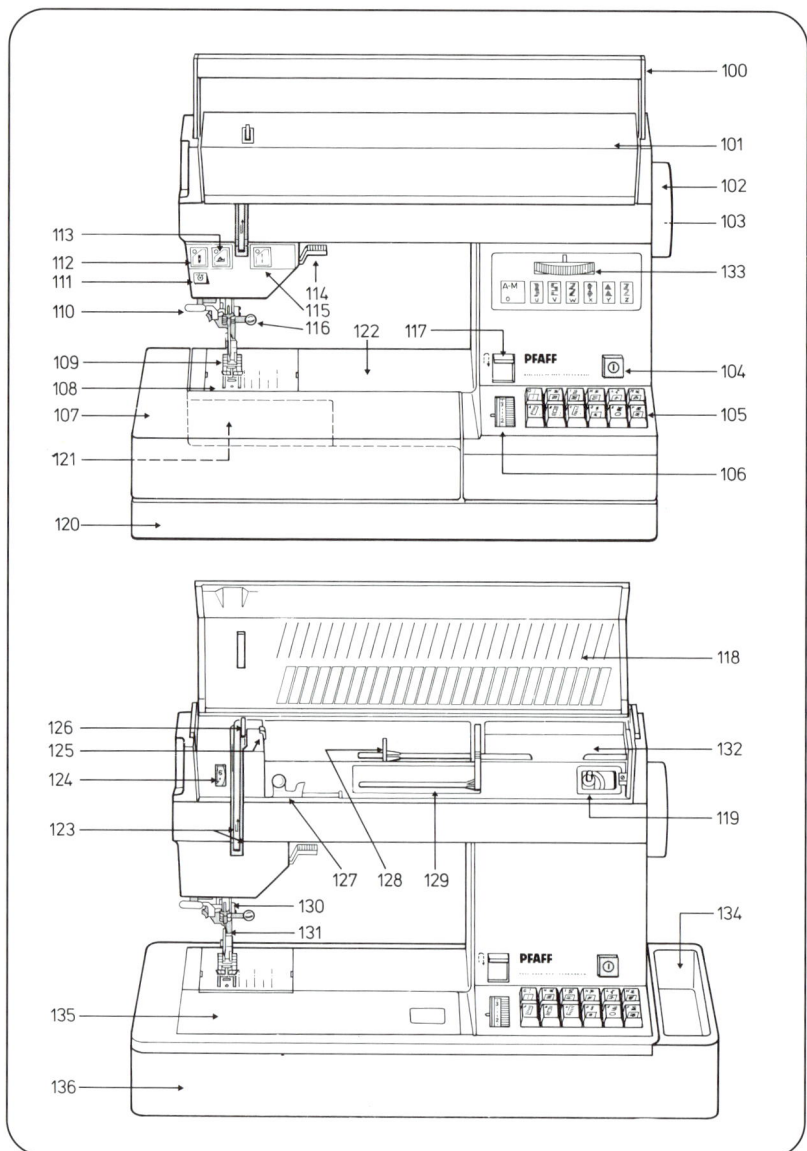

128 Garnrollenhalter mit Ablaufscheibe
129 Zweiter Garnrollenhalter (hochschwenken)
130 Doppelter Stofftransport mit Fadenabschneider
131 Stoffdrückerstange

132 Fach für Bordüren-Übersicht
133 Zierstich-Einstellrad (Modelle mit Zierstichen)
134 Zubehörfach bei Flachbettmaschinen
135 Deckel, darunter Greifer
136 Sockel

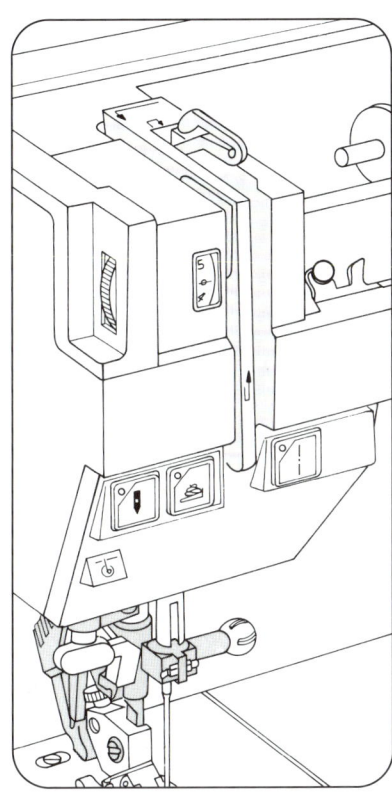

Das Einfädeln des Oberfadens

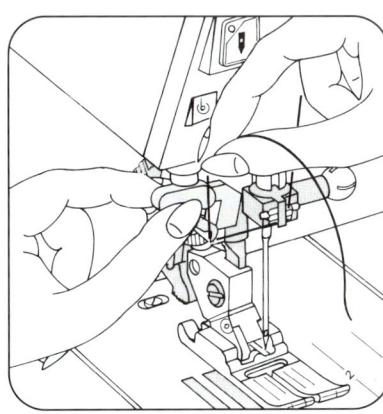

Der Nadeleinfädler erleichtert das Einfädeln des Oberfadens

Oberfaden

Bei der Nähmaschine wird der Stich immer aus dem Oberfaden und dem Unterfaden gebildet. Je nach Maschinentyp variiert das Einfädeln des Oberfadens, daher wird in der Darstellung nur schematisch die Fadenführung gezeigt.

Der Oberfaden kommt von der Garnrolle, die auf die entsprechende Halterung gesteckt wird. Von dort aus den Faden durch die Vorspannung und durch die Fadenführungsöse zu den Fadenspannungsscheiben (mit Einfädelschlitzen) führen. Dann wird er über den Fadenheber gelegt und von vorn in die Nadel eingefädelt.

Damit man den Faden durch das Nadelöhr einfädeln kann, muß die Nadel in der höchsten Stellung stehen.

Spule mit Unterfaden

Zum Aufspulen des Unterfadens schalten Sie zunächst das Nähwerk aus. Wie Sie dann vorgehen, entnehmen Sie der Betriebsanleitung für Ihre Maschine.

Beim Einlegen der Spule in die Spulenkapsel muß das Fadenende in den Schlitz unter die Feder gezogen werden.

Die Unterfadenspannung überprüfen Sie, indem Sie die am Faden hängende Kapsel leicht ruckartig aufwärts bewegen, wobei die Kapsel stufenweise sinken muß.

Die Spulenkapsel an der kleinen Klappe fassen und bis zum Anschlag in das Spulengehäuse schieben.

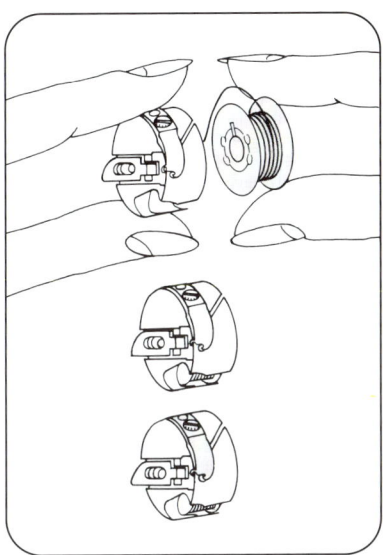

Einlegen der Spule in die Spulenkapsel

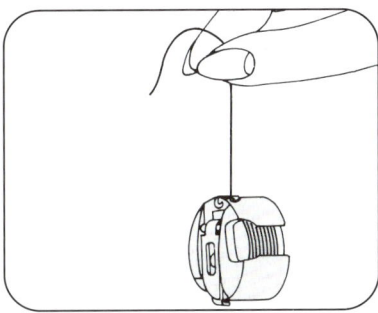

Prüfung der Unterfadenspannung

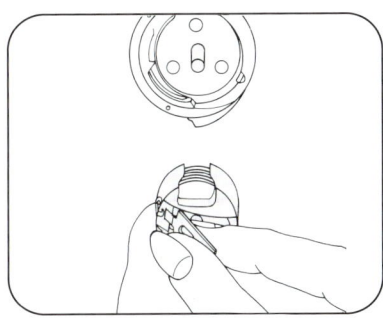

Achten Sie auf den richtigen Sitz der Spule im Spulengehäuse

Hochholen des Unterfadens, Fadenspannung

Ist der Oberfaden eingefädelt und die Spulenkapsel ins Spulengehäuse eingesetzt, holen Sie mit dem Oberfaden den Unterfaden nach oben. Ziehen Sie beide Garnenden unter dem Steppfuß nach hinten.

Bei jeder Maschine ist der störungsfreie Ablauf der Bewegung von Nadel und Greifer, die einen Stich aus Ober- und Unterfaden bilden, entscheidend. Wichtig bei der Stichbildung ist ferner die richtige Wechselwirkung zwischen Nähfuß, Nadel und Transporteur. Bei richtigem Nähdruck des Fußes und des Transporteurs werden alle Stofflagen gleichmäßig entsprechend der eingestellten Stichlänge transportiert.

Überprüfen Sie immer die Fadenspannung anhand einer Probenaht, bevor Sie mit der Näharbeit beginnen. Die normale Einstellung liegt zwischen 3 und 5. Je höher die Zahl, desto fester die Fadenspannung. Sie ist richtig, wenn sich Ober- und Unterfaden zwischen den Stofflagen verschlingen.

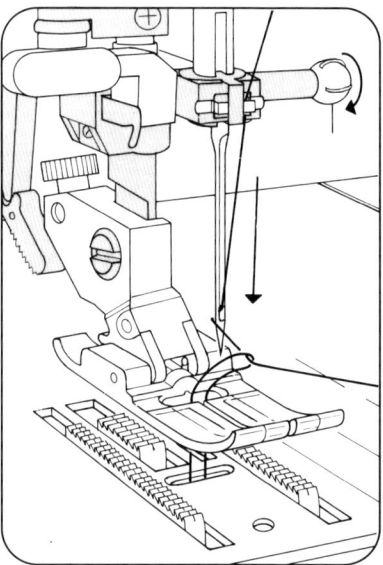

Mit dem Oberfaden den Unterfaden herausziehen

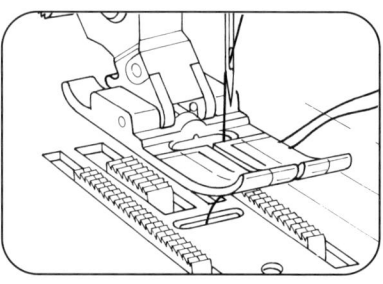

Beide Fadenenden immer nach hinten legen

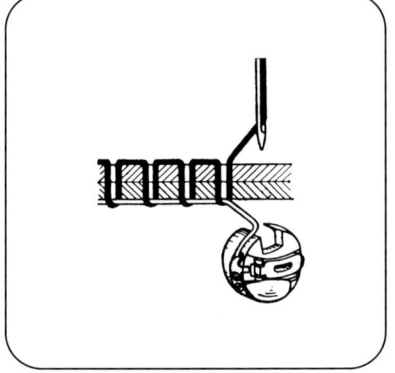

Die Oberfadenspannung ist zu lose oder die Unterfadenspannung zu fest

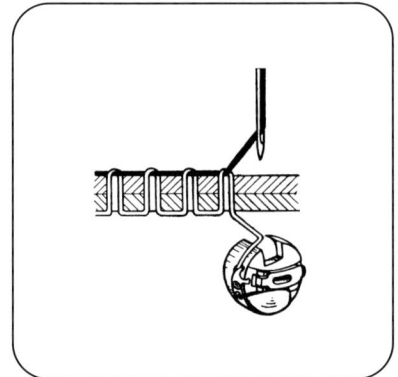

Die Unterfadenspannung ist zu lose oder die Oberfadenspannung zu fest

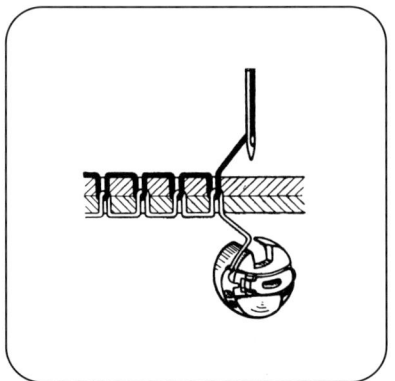

Richtig eingestellte Ober- und Unterfadenspannung

Maschinenfüße

Zu jeder Maschine gehören verschiedene Füßchen, die zum Teil bereits in der Grundausstattung enthalten sind. Spezialfüßchen können Sie in jedem Fachgeschäft nachkaufen.

Mit dem Normalfuß werden alle einfachen Nähte, Zickzackversäuberungen und auch Abstepparbeiten ausgeführt. Der Klarsichtfuß eignet sich für Applikationen und zum Einkräuseln mit aufgelegtem Gummifaden. Für Ziernähte oder kleinere Stickereien verwenden Sie den speziellen Zierstichfuß.

Mit Hilfe des Reißverschlußfußes ist es möglich, daß Sie links oder rechts dicht an den Zähnchen des Verschlusses entlangsteppen können. Durch das Säumen mit dem Saumfuß (Säumer) werden die Stoffkanten gegen Ausfransen gesichert, es entsteht ein sauberer und auch haltbarer Kantenabschluß.

Soll der Saum kaum sichtbar angenäht werden, verwenden Sie den Blindstichfuß. Der Knopflochfuß (Knopflochsohle) ermöglicht ein gleichmäßiges Arbeiten des Knopfloches (mit oder ohne Einlauffaden). Zum Stopfen und zum Sticken von Monogrammen verwenden Sie den Stopffuß.

Das Führungslineal hilft Ihnen, mehrere Stepp- oder Ziernähte parallel (mit gleichmäßigem Abstand) zu fertigen.

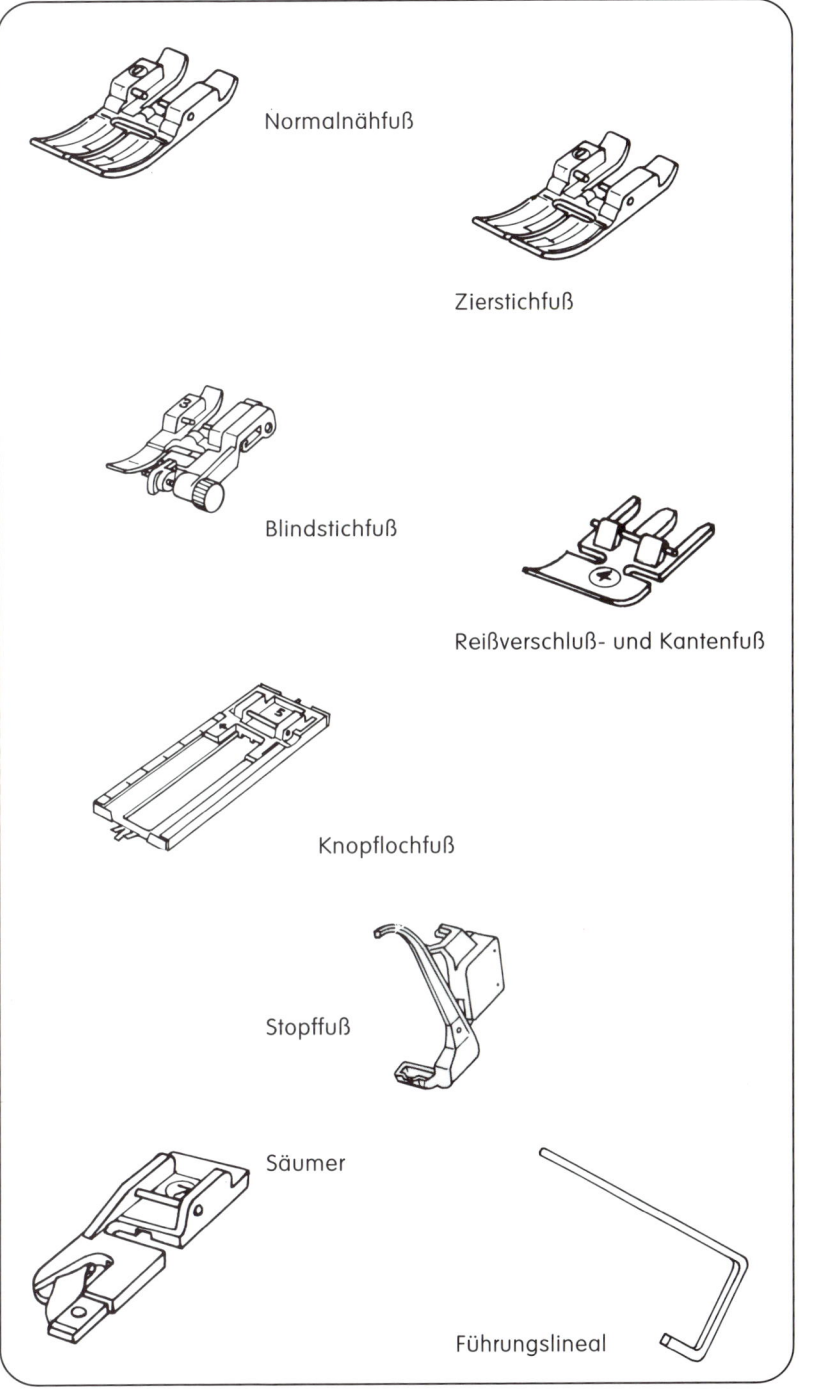

Normalnähfuß

Zierstichfuß

Blindstichfuß

Reißverschluß- und Kantenfuß

Knopflochfuß

Stopffuß

Säumer

Führungslineal

Maschinennadeln

Nur eine einwandfreie Nadel führt einen sauberen Stich aus. Die Maschinennadeln unterscheiden sich in der Länge, der Nadelspitze und der Größe der Hohlkehle. Stimmen Sie die Nadel immer auf das zu verarbeitende Material ab (siehe Tabelle).

Die Nadelstärken (auf dem Kolben der jeweiligen Nadel angegeben) reichen von sehr fein (60) bis sehr dick (120). Am häufigsten verwendet man für alle gewebten Stoffarten die Nadeln mit sehr feiner Spitze. Nadeln mit Kugel- oder Ballspitze eignen sich besonders für Strickstoffe. Die Spitze der sogenannten Jerseynadel ist abgerundet, um das Material nicht zu verletzen (Laufmaschengefahr).

Leder oder Kunstleder nähen Sie mit Nadeln, die eine keilförmige Spitze besitzen, für Jeansstoffe sollten Sie Nadeln mit Rundspitze nehmen. Für Ziernähte wurden die Zwillings- oder Drillingsnadeln entwickelt. Wenn Sie diese Nadeln einsetzen, benötigen Sie natürlich auch zwei beziehungsweise drei Oberfadengarnrollen.

Beachten Sie beim Kauf der Nadeln, daß es Rundkolben- und auch Flachkolbennadeln gibt. Die Flachkolbennadel ist am oberen Teil (dem Kolben) auf einer Seite abgeflacht. Auf der Vorderseite des unteren Teils (des Schaftes) läuft eine Rille (die Hohlkehle) vom Kolben bis zum Nadelöhr. In dieser Rille muß bei der Stichbildung der Faden laufen.

Wenn Sie die Nadel einsetzen wollen, lösen Sie zunächst die Schraube am Nadelhalter. Schieben Sie die Nadel (die flache Kolbenseite zeigt nach hinten) ganz nach oben bis zum Anschlag in die Halterung. Nun das Festdrehen der Schraube nicht vergessen.

Auch die Stichlänge muß auf das Material abgestimmt und entsprechend eingestellt werden. Bei dünnem Stoff ist eine kleinere Stichlänge (1,5 bis 2) zu wählen als bei dickeren Stoffen (3 bis 4). Ehe Sie anfangen zu nähen, überprüfen Sie auf einem Probelappen die Stichlänge, ebenso die Fadenspannung. Sie haben alles richtig eingestellt, wenn die bei jedem Stich entstandene Fadenverschlingung genau zwischen den Stofflagen liegt.

	Stoffqualität
	leicht
	Nadel
	60 70 75
	Stoffqualität
	mittel
	Nadel
	80 90
	Stoffqualität
	schwer
	Nadel
	100 110 120

Nadeltabelle

Bezeichnung	Profil	Nadelspitze und Nadelöhr	Geeignet für
130/705 H Nadelstärke: 70/80		kleine Kugelspitze	Universalnadel für feinmaschige Synthetikgewebe, feines Leinen, Chiffon, Batist, Organdy, Wollstoffe, Jersey, Samt, Ziernähte, Stickereien
130/705 H-SUK Nadelstärke: 70/110		mittlere Kugelspitze	Grobmaschige Strickstoffe, Wirkstoffe, Lastex, Interlock, Quiana, Simplex
130/705 H-PS Nadelstärke: 75 + 90		mittlere Kugelspitze	Speziell für Pfaff entwickelte Stretchnadel. Besonders gut geeignet für empfindliche Stretch- und Wirkstoffe
130/705 H-SKF Nadelstärke: 70/110		große Kugelspitze	Grobmaschige Miederwaren, Lycra, Simplex, Lastex
130/705 H-J Nadelstärke: 90 – 110		spitze Rundspitze	Köper, Berufsbekleidung, schwere Leinenstoffe, Blue Jeans, feines Segeltuch
130/705 H-LL Nadelstärke: 70 – 120		Schneidspitze (rechtsschneidend)	Leder, Wildleder, Kalbsleder, Ziegenleder
130/705 H-PCL Nadelstärke: 80 – 110		Schneidspitze mit Spitzenrinne (linkslaufend)	Kunstleder, Plastic, Folien, Wachstuch
130 H-N Strichstärke: 70 – 110		kleine Kugelspitze langes Nadelöhr	Absteppnähte mit Knopflochseide oder synthetischem Garn 30/3
130/705 H-WING Nadelstärke: 100		Hohlsaum-Spitze	Effektvolle Hohlraumnähte bei stark appretierten Geweben, Organdy, Glasbatist

Nadelspitzen

Sticharten

Der Geradstich ist der am häufigsten gebrauchte Stich. Für leichte und dünne Stoffe stellt man ihn auf 1,5 bis 2 mm Länge ein; die normale Stichlänge beträgt 2,5 mm. Zum Einkräuseln verlängern Sie sie auf 4 bis 4,5 mm.

Mit dem Zickzackstich versäubern Sie die Schnittkanten. Auch er ist in Breite und Dichte zu verstellen. Wer möchte, kann mit diesem Stich die dekorativsten Muster zaubern und Motive applizieren. Der Elastikstich besteht aus Geradstichen in Zickzackform. Er ist besonders zum Nähen von Maschenwaren geeignet.

Die Nähmaschinen der mittleren Preisklasse verfügen auch über den Overlockstich, der zugleich näht und versäubert. Er ist ideal für die Verarbeitung von gestrickten und gewirkten Stoffen. Wenn Sie den Blind- oder Saumstich mit Ihrer Maschine nähen können, ersparen Sie sich das unsichtbare Säumen von Hand.

Der Stretch-dreifach-Geradstich wurde speziell für Schrittnähte und für sehr beanspruchte Nähte entwickelt. Hat Ihre Maschine diesen Stich nicht im Programm, stellen Sie für solche Nähte einen kleinen Zickzackstich ein.

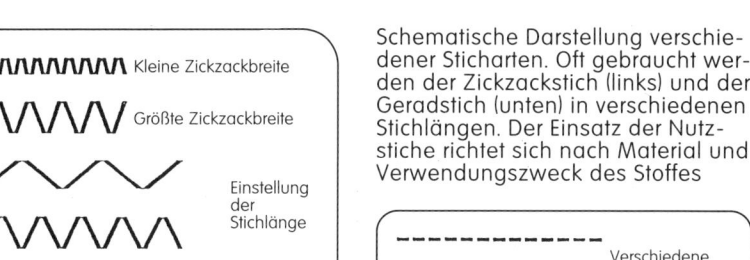

Schematische Darstellung verschiedener Sticharten. Oft gebraucht werden der Zickzackstich (links) und der Geradstich (unten) in verschiedenen Stichlängen. Der Einsatz der Nutzstiche richtet sich nach Material und Verwendungszweck des Stoffes

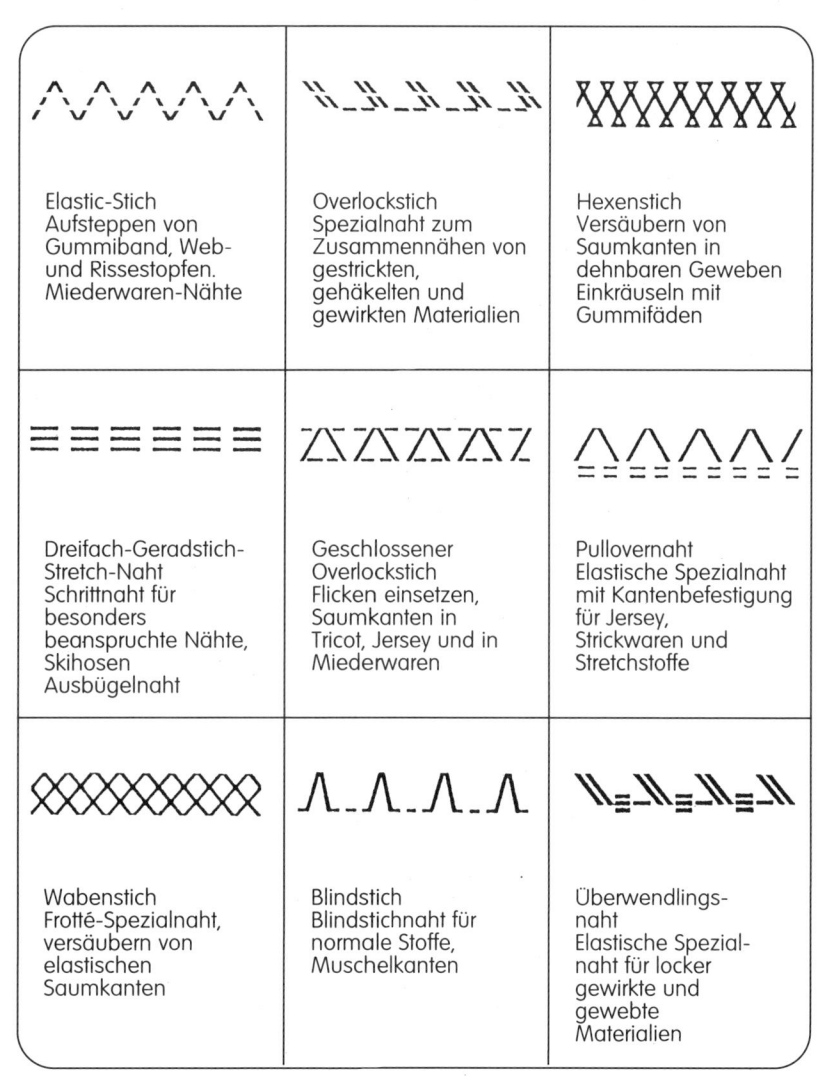

Elastic-Stich
Aufsteppen von Gummiband, Web- und Rissestopfen. Miederwaren-Nähte

Overlockstich
Spezialnaht zum Zusammennähen von gestrickten, gehäkelten und gewirkten Materialien

Hexenstich
Versäubern von Saumkanten in dehnbaren Geweben Einkräuseln mit Gummifäden

Dreifach-Geradstich-Stretch-Naht
Schrittnaht für besonders beanspruchte Nähte, Skihosen Ausbügelnaht

Geschlossener Overlockstich
Flicken einsetzen, Saumkanten in Tricot, Jersey und in Miederwaren

Pullovernaht
Elastische Spezialnaht mit Kantenbefestigung für Jersey, Strickwaren und Stretchstoffe

Wabenstich
Frotté-Spezialnaht, versäubern von elastischen Saumkanten

Blindstich
Blindstichnaht für normale Stoffe, Muschelkanten

Überwendlingsnaht
Elastische Spezialnaht für locker gewirkte und gewebte Materialien

Pannenhilfe

Die Naht ist nicht gleichmäßig

- Kontrollieren Sie die Ober- und die Unterfadenspannung.
- Spulen Sie den Unterfaden gleichmäßig auf, indem Sie ihn durch die Spulenvorspannung laufen lassen. Wickeln Sie den Unterfaden nicht von Hand auf.
- Verwenden Sie nur einwandfreies Garn. Sehr altes Garn ist oft spröde und reißt schnell.
- Ober- und Unterfaden haben eventuell nicht die gleiche Garnqualität.
- Bilden sich Fadenschlingen unterhalb des Stoffes, kontrollieren Sie, ob Sie richtig eingefädelt haben und die Spulenkapsel korrekt eingesetzt ist.
- Prüfen Sie, ob die Nadel noch in Ordnung ist. Haben Sie die Nadel auf Stoff- und Garnstärke abgestimmt?

Der Oberfaden reißt

- Die Fadenspannung ist zu stark, oder der Oberfaden wurde falsch eingefädelt.
- Das Garn ist eventuell knotig und zu hart.
- Kontrollieren Sie, ob Ihre Nadel einwandfrei ist und auch richtig eingesetzt wurde.

Der Unterfaden reißt

- Die Spule ist nicht gleichmäßig aufgespult oder zu voll.
- Wurden Spule und Spulenkapsel richtig eingesetzt?
- Die Spulenkapsel ist verschmutzt. Säubern Sie die Kapsel und die Greiferbahn mit einem feinen Pinsel.

Die Naht kräuselt sich

- Die Stichlänge ist zu groß oder zu klein für das zu verarbeitende Material.
- Kontrollieren Sie Ober- und Unterfadenspannung.
- Die Nadel ist für den Stoff zu stark.
- Das Garn paßt nicht zu dem zu verarbeitenden Material. Verwenden Sie vor allem für dehnbare Stoffe Mehrzweckgarn oder Allesnäher aus Polyester.
- Der Unterfaden ist ungleichmäßig aufgespult.
- Bei sehr dünnen Stoffen transportiert die Maschine vielleicht nicht einwandfrei. Legen Sie Seidenpapier unter den Stoff, das nach dem Nähen herausgezogen wird.

Die Maschine transportiert unregelmäßig und läßt Stiche aus

- Es hat sich Nähstaub unter der Stichplatte gesammelt. Nehmen Sie die Stichplatte ab, und entfernen Sie den Staub zwischen den Zahnreihen des Transporteurs mit einem feinen Pinsel.
- Eventuell ist der Nähfuß lose, dann schrauben Sie ihn fest.
- Der Nähdruck ist zu schwach. Überprüfen Sie Transporteur und Nähfuß.
- Während des Nähens wurde zu stark am Stoff gezogen, so daß eine gleichmäßige Stichbildung nicht möglich war.
- Die Maschine ist nicht richtig eingefädelt.
- Haben Sie die Nadel richtig eingesetzt?

- Die Nadel ist verbogen oder stumpf.
- Die Nadel hat nicht die richtige Stärke für den Stoff, oder die Nadelart ist für den Stoff ungeeignet.
- Transportiert die Maschine gar nicht, prüfen Sie, ob der Transporteur versenkt ist.

Die Maschine läuft schlecht

- In der Greiferbahn haben sich Fadenreste eingeklemmt. Entfernen Sie sie vorsichtig (vor der Reinigung sicherheitshalber die Nadel herausnehmen). Geben Sie dann einen Tropfen Öl in die Greiferbahn.

Die Nadel bricht

- Die Nadel war nicht richtig eingesetzt. Schieben Sie sie bis zum Anschlag in die Halterung hinein.
- Die Nadel war verbogen.
- Die Nadel war zu fein für das zu verarbeitende Material. Beachten Sie auch die Einsatzbereiche der Spezialnadeln.
- Die Spulenkapsel ist vielleicht nicht bis zum Anschlag eingesetzt worden.
- Prüfen Sie die Nadelstellung; für den Geradstich die Nadel in die mittlere Position bringen.
- Benutzen Sie den richtigen Nähfuß?
- Durch Ziehen am Stoff kann die Nadel verzogen werden (Stichloch wird nicht getroffen). Die Maschine muß den Stoff allein transportieren, Sie dürfen dabei mit den Händen lediglich „führen".

Der Faden verschlingt sich am Nähanfang

– Der Stoff oder der Oberfaden wurde in den Spulenbereich gezogen. Durch das Hin- und Herbewegen des Handrades lösen Sie das Fadengewirr. Sie können dies Problem leicht vermeiden, wenn Sie die Nadel per Handrad in den Stoff führen, ehe Sie den Nähfuß herunterlassen.

– Das Garn ist nicht richtig eingefädelt.

– Die Stichplatte hat ein für den zu verarbeitenden Stoff zu großes Stichloch. Fragen Sie im Fachgeschäft nach einer Lösung.

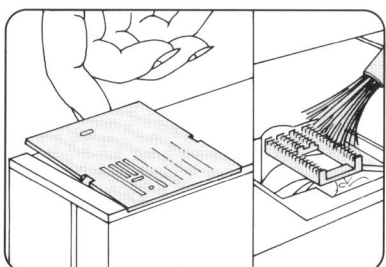

Hin und wieder die Stichplatte hochheben und Transporteur sowie Greifarm von Fadenenden und Fusseln befreien

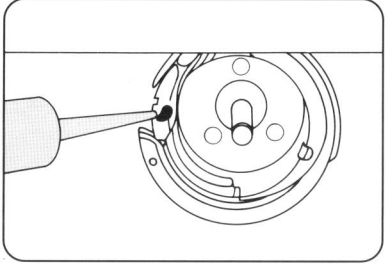

Haben Sie die Maschine geölt, nähen Sie zunächst eine Probenaht, um Ölspuren am Werkstück zu vermeiden

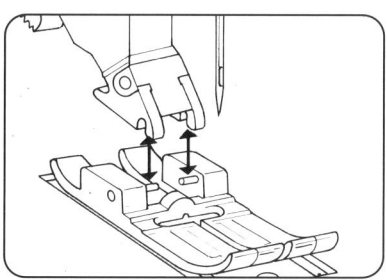

Beim Auswechseln der Nähfüße immer darauf achten, daß die Halterung auch richtig eingerastet ist

Wichtige Hinweise

– Leuchtet das Nählicht, aber die Maschine läuft nicht, so ist entweder die Sicherung oder der Motor defekt.

– Näht die Maschine nicht das eingegebene Programm, so schalten Sie sie zunächst aus. Nach dem erneuten Einschalten das gewünschte Programm neu eingeben.

– Die Nähmaschine sollte nicht in einem zu kalten oder zu feuchten Raum stehen. Gerade elektronisch gesteuerte Maschinen reagieren empfindlich auf „äußere Störungen".

– Setzen Sie die eingefädelte Maschine nicht ohne Stoff in Bewegung.

– Über dicke (mehrlagige) Stoffstellen immer langsam nähen.

– Beim Verlassen der Maschine, auch wenn es nur für wenige Minuten ist, den Hauptschalter ausschalten. Dies ist besonders wichtig, wenn Kinder in der Nähe sind.

– Zum Reinigen des Spulengehäuses die Stichplatte herausnehmen und mit dem Pinsel den Transporteur und den Greiferraum reinigen.

– Nie die Maschine zu sehr ölen. Nur ab und zu einen Tropfen Öl, wie die Zeichnung zeigt, in die Greiferbahn geben.

– Wenn Sie trotz des kleinen Pannenkurses nicht mit dem Nähergebnis zufrieden sind oder die Maschine immer noch nicht richtig funktioniert, fragen Sie den Fachhändler oder den Kundendienst.

Werkzeug und Schneiderzubehör

Gutes Werkzeug erleichtert Ihnen die Arbeit, und Sie haben sehr viel mehr Freude an Ihrem Hobby. Die Nähmaschine, das wichtigste Gerät, wurde auf den vorherigen Seiten beschrieben. Doch es gibt noch weitere Werkzeuge, die zur Grundausstattung gehören, außerdem werden in diesem Kapitel auch noch einige spezielle beschrieben.

Die Körpermaße werden mit dem **Maßband** gemessen. Falls nicht vorhanden, besorgen Sie sich ein flexibles **Kunststoffmaßband**, das an beiden Enden mit Metallklammern versehen ist und eine Länge von 1,50 m hat. Zusätzlich bieten einige Fachgeschäfte ein **Taillenmaßband** an, das neben der Skala noch 50 bis 125 Ösen hat.

Markieren Sie die Taillenlinie, indem Sie den Anfang des Maßbandes in die entsprechende Öse einhaken. Liegt das Maßband nun glatt um die Taille, ist das Bestimmen der anderen Körpermaße ein Kinderspiel.

Auch ein **Lineal** für das Zeichnen gerader Linien im Schnittmuster und ein **Kurvenlineal** zum Korrigieren des Arm- und des Halsloches sind zweckmäßig. Zum Zeichnen oder zum Abändern des Schnittmusters benötigen Sie dann noch einen weichen **Bleistift,** auch **Filzstifte** eignen sich zum Einzeichnen von Markierungspunkten und Änderungslinien.

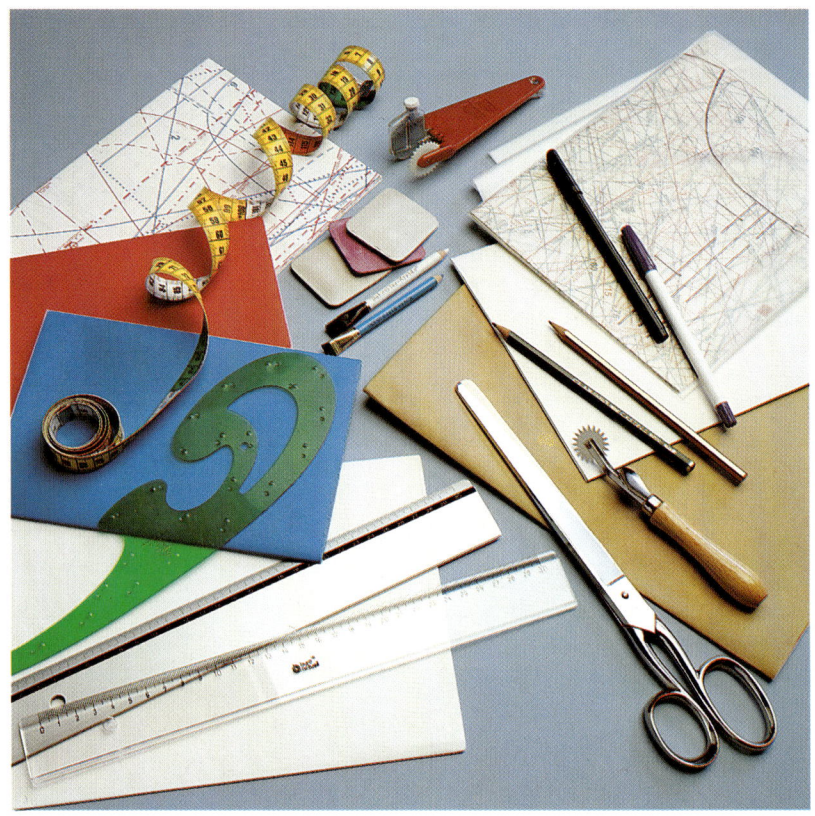

Verschiedene Kopierutensilien

Schnittfolie (im Kopierset mit wischfestem Filzschreiber) ist so durchsichtig, daß Sie den Schnitt direkt vom Bogen durchzeichnen können. Zum Abnehmen des Schnittes vom Schnittmusterbogen ist auch eine Rolle Damasttischtuch aus Papier sehr zu empfehlen. Legen Sie das Papier unter den Schnittmusterbogen, und radeln Sie Ihren Schnitt aus.

Zum Übertragen des Schnittes auf den Stoff brauchen Sie **Schneiderkreide** oder einen farbigen **Kreidestift.** Die Kreide gibt es in verschiedenen Farben. Probieren Sie sie immer zuerst auf einem Stoffrest aus, denn sie muß sich wieder ausbürsten lassen. Außerdem benötigen Sie **Kopierpapier** und ein **Kopierrädchen** mit scharfen Zähnen zum Übertragen der Schnitte und der Schnittzeichen auf das Schnittmusterpapier.

Das Übertragen der Schnittlinien auf den Stoff kann auch mit Hilfe von **Schneiderkopierpapier** und einem Rädchen mit möglichst stumpfen Zähnen erfolgen. Ein **Doppelkopierrädchen** markiert gleichzeitig die Naht- und die Schnittlinie.

Sparen Sie auch nicht an Ihrer **Schneiderschere**. Durch den Winkel im unteren Scherenblatt bleibt der Stoff beim Zuschnitt glatt liegen, und Sie haben einwandfreie Schnittkanten. Zusätzlich sollten Sie eine **Haushaltschere** oder eine **Papierschere** bereitlegen, denn es ist geradezu eine Sünde, mit der Zuschneideschere Papier zu schneiden. Eine normale **Stickschere**, die neben der Nähmaschine liegen sollte, ist ideal, um Fäden abzuschneiden, Kanten an Rundungen einzuschneiden, Ecken abzuschrägen und Knopflöcher aufzuschneiden. Mit einer **Zackenschere** können Sie sich das Versäubern von Nähten in Futterstoffen und wenig ausfransenden Stoffen ersparen. Der **Pfeil-** oder **Nahttrenner** erleichtert das Auftrennen von Nähten, eine scharfe **Knopflochschere** rundet Ihr Scherensortiment ab.

Nähnadeln in verschiedenen Stärken und Längen sind äußerst wichtig. Sie werden einzeln in Briefchen zu 25 Stück und als Nadelsortiment angeboten.

Stecknadeln gibt es im Handel ebenfalls in verschiedenen Stärken und Längen.

Achten Sie immer auf eine scharfe Spitze. Die feinen, nichtrostenden Nadeln mit Flachkopf sind für dünne Gewebe gedacht, in denen sie keine Einstichstellen hinterlassen dürfen. Stecknadeln mit großen, bunten Kugelköpfen aus Glas oder Kunststoff nimmt man für lose gewebte und dickere

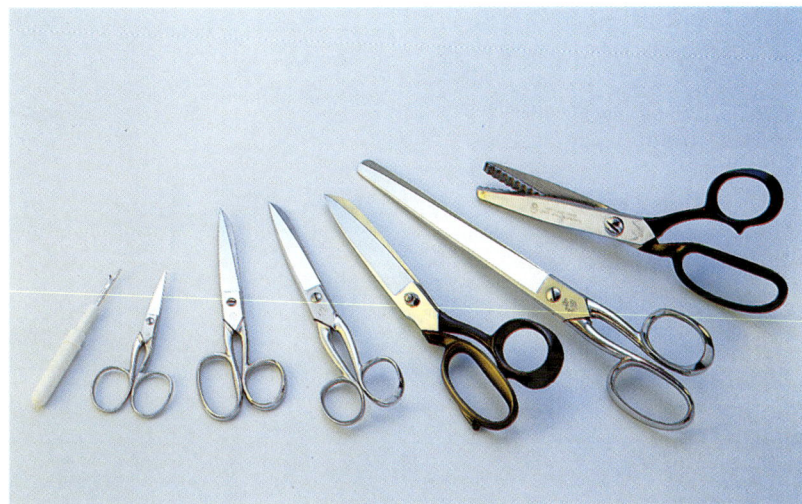

Ein kleines Scherensortiment erleichtert die Arbeit

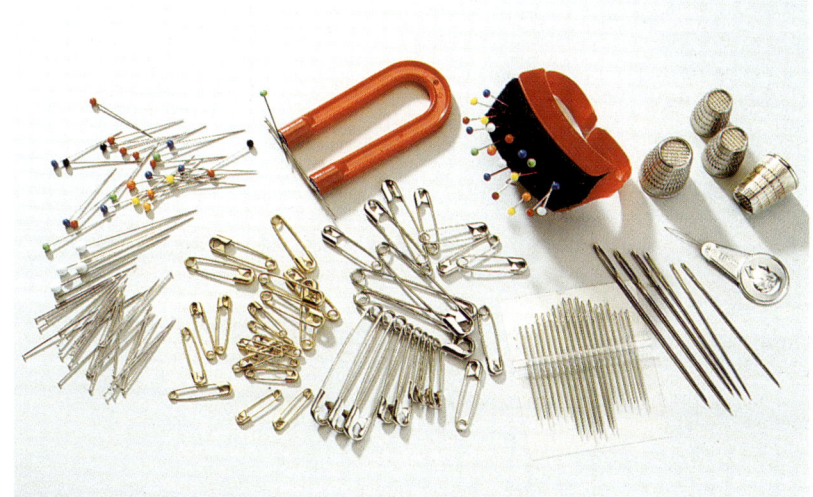

Ein Magnet ist hilfreich, um heruntergefallene Nadeln aufzuheben

Stoffe. Für sehr dicke Stoffe sollten Sie sogenannte **Schwestern-Nadeln** verwenden. Für die Nähnadeln ist ein **Nadelkissen** oder eine -mappe sehr von Nutzen. Sie haben so eine bessere Übersicht über Ihr Nadelsortiment. Ein zweites Nadelkissen dient zur Aufbewahrung von Stecknadeln. Manchmal sind auch **Sicherheitsnadeln** sehr hilfreich (zum Beispiel zum Einziehen oder Fixieren von Gummiband). Ein **Fingerhut** schützt Ihren Mittelfinger. Sie erhalten ihn in verschiedenen Größen; er darf nicht zu eng sitzen.

Legen Sie sich einen Vorrat an verschiedenen Nähgarnen an. Die Marken-**Baumwollgarne** haben eine hohe Reißfestigkeit, sie sollten zum Nähen von Baumwoll- und Leinenstoffen verwendet werden. Für Stoffe aus reiner Seide verwendet man eher **reinseidenes Nähgarn. Mehrzweckgarn** ist das gebräuchlichste Hand- und Maschinennähgarn. Es wird als Mischfasergarn angeboten, das pflegeleicht und bis zu 200° C hitzebeständig ist. **Garn aus Polyester** eignet sich durch seine hohe Elastizität besonders für Jerseystoffe. Mit **Knopflochgarn** steppen Sie Ziernähte und nähen Handknopflöcher.

Unentbehrlich ist eine Rolle **Heft-** oder **Reihgarn** zum Handheften, zum Markieren mit Durchschlagstichen und für Abänderungen.

Bei **Knöpfen** ist das Angebot riesengroß. Sie erfüllen einen praktischen und einen dekorativen Zweck. Achten Sie beim Einkauf der Knöpfe nicht nur auf deren schönes Aussehen, sondern auch darauf, daß sie den Pflegevorschriften des Kleidungsstückes entsprechen. Denken Sie daran, auch immer einen Ersatzknopf zu kaufen. Fällt Ihnen die Auswahl des Knopfes zu schwer, oder finden Sie nicht den richtigen dann beziehen Sie die Knöpfe selbst. Im Handel bekommen Sie Grundknöpfe (zum Selbstbeziehen) in verschiedenen Größen und das entsprechende Werkzeug.

Das Grundsortiment an verschiedenen Garnen können Sie nach und nach erweitern

Knöpfe gibt es in vielen Formen und Farben. Die Wahl des richtigen Knopfes ist nicht immer leicht

Je nach Schnitt, können Sie das Kleidungsstück auch unsichtbar mit **Haken und Ösen** (Augen) schließen. Neben Haken und Augen aus Metall, die in verschiedenen Größen angeboten werden, gibt es die überzogenen Haken und Augen, die man speziell für Mäntel und Jacken aus Pelz oder langflorigen Stoffen verwendet. Ist im Rock- oder im Hosenbund kein Knopfloch vorgesehen, wird ein **Taillenbundhaken** mit Öse angenäht oder nach Anleitung eingeschlagen.

In den Kurzwarenabteilungen der Warenhäuser oder im Fachgeschäft werden **Druckknöpfe** in den verschiedensten Ausführungen angeboten. **Annäh-Druckknöpfe** aus Metall oder Kunststoff sind nicht so strapazierfähig wie **nähfreie Druckknöpfe**, die in verschiedenen Größen und Farben hergestellt werden. Mit dem entsprechenden Werkzeug lassen sich diese Druckknöpfe schnell in das Kleidungsstück einnieten. Verarbeiten Sie häufig nähfreie Druckknöpfe, lohnt sich die Anschaffung einer Druckknopf-, Loch- und Nietenzange (**Vario-Zange**), die Sie auch zum Anbringen von Nieten und Knöpfen verwenden können.

Ein typischer Kurzwarenartikel – Haken und Ösen

Auch das Angebot an Druckknöpfen ist riesengroß

Nähfreie Druckknöpfe in vielen Farben und Größen

Reißverschlüsse sollten nicht nur farblich, sondern auch in ihrer Qualität zum Kleidungsstück passen

Bei **Reißverschlüssen** unterscheidet man zwischen dem Standardreißverschluß, dem Hosenschlitzreißverschluß und dem teilbaren Reißverschluß. Es gibt sie alle in verschiedenen Stärken, Längen und Farben. Wichtig ist aber, daß der Reißverschluß der Stoffstärke des Kleidungsstückes angepaßt ist.

Das Reißverschlußband ist aus Baumwolle, Baumwollgemisch oder Synthetik. Der **Standardreißverschluß** kann mit einer Spirale aus Synthetik oder mit Metall- oder Plastikzähnchen versehen sein. Der **Hosenschlitzreißverschluß** wird aber nur mit Zähnchen hergestellt. Er hat an der Unterseite des Anhängers einen Sicherheitshaken, der bei festem Andrücken das Zubleiben des Reißverschlusses gewährleistet. Den **teilbaren Reißverschluß** näht man in alle Kleidungsstücke mit durchgehender Öffnung ein, hauptsächlich in Jacken. Solche Reißverschlüsse werden in leichterer und schwerer Ausführung angeboten.

Wenn Sie viele Kleider und Röcke nähen, kaufen Sie sich einen **Rockabrunder**. Ihn kann man auf alle Rocklängen einstellen und so schnell die gewünschte Länge auf dem Stoff markieren.

Der Kauf einer **Schneiderbüste**, die sich auf Ihre eigenen Maße einstellen läßt, lohnt sich nur, wenn Sie Ihre gesamte Garderobe selbst nähen. Sie können an der Büste den Sitz des Kleidungsstückes, die Lage der Abnäher und der Taschen sowie die Paßform der Ärmel kontrollieren, ohne das Werkstück immer anprobieren zu müssen. Wird das Teil gefüttert, erleichtert Ihnen die Schneiderbüste auf jeden Fall das Einstecken des Futters.

Schulterpolster in mehreren Größen sind als fertige Polster aus unterschiedlichen Materialien im Handel erhältlich. Achten Sie beim Kauf auch auf die verschiedenen Ausführungen für eingesetzte Ärmel und Raglan- oder Kimonoärmel. Man kann die Polster aber auch selbst herstellen (siehe Seite 86).

Ein **Klettbandverschluß** ist ideal für Wickelröcke, Umstandsröcke und -hosen. Dieser Verschluß besteht aus zwei Bandstreifen, bei denen die Schlingen des einen Bandes beim Zusammendrücken in die kleinen Widerhaken des zweiten Bandes greifen. Der Handel bietet Klettbandverschluß meist nur in den Farben Weiß, Schwarz, Grau und Braun an.

Ihren Vorrat an **Schrägstreifen**, **Hosenschonband** (Nahtband) und **Gummibändern** in verschiedenen Breiten können Sie nach und nach ergänzen.

Schrägband können Sie leicht selber formen (siehe auch Seite 158)

Spezielle Hilfsmittel

Ein Sortiment von Sicherheitsnadeln im Nähkästchen aufzubewahren kann sehr hilfreich sein. Zum Einziehen von Gummiband oder von Kordeln in einen Zugsaum sind sie unentbehrlich.

Einen Textilspezialkleber sollten Sie haben, wenn Sie viel Leder oder Lederimitationen verarbeiten. Sie ersparen sich damit das Stecken und das Heften, durch das neben der Nahtlinie Löcher entstehen, die nicht mehr zu entfernen sind. Probieren Sie den Kleber und seine Wirkung aber immer an einer Nähprobe aus, damit Sie keine böse Überraschung erleben.

Sicherlich fallen auch bei Ihnen während des Nähens einige Stecknadeln auf den Fußboden. Damit Ihr Staubsauger nicht darunter leidet, empfiehlt es sich, einen kleinen Magneten zur Hand zu haben. Es gibt auch einen magnetischen Nadelhalter, den Sie an Ihrer Maschine befestigen können.

Der Schrägbandformer (s. Foto Seite 24) ist eine Anschaffung, die sich für professionelle Hobbynäherinnen lohnt.

Einkaufsliste

Um Erfolg in der Näherei zu haben, ist nicht nur das Beherrschen der Nähtechnik wichtig. Auch die richtige Stoffwahl, die Bügeltechnik und die Ausarbeitung der Paßform stellen entscheidende Kriterien bei der Herstellung eines Kleidungsstückes dar. Suchen Sie sich zunächst in Ruhe ein Schnittmuster (Fertigschnitt oder Musterheft) aus.

Vergleichen Sie Ihre Maße mit den in der Schnittbeschreibung angegebenen. Den Stoff wählen Sie nach Ihrem Geschmack aus. Berücksichtigen Sie dabei aber auch den späteren Verwendungszweck des Modells. Die Stoffmenge ist meist in zwei verschiedenen Breiten (90 cm und 140 cm) angegeben. Entscheiden Sie sich für einen gemusterten Stoff oder einen mit Rapport, achten Sie darauf, daß der Stoffverbrauch größer sein kann.

Zu dem Stoff passend (lieber einen Ton dunkler als der Oberstoff) kaufen Sie den Futterstoff und ebenso den Nähfaden.

Für Knopfleisten, Belege, Kragen und Manschetten brauchen Sie Einlagestoff (Vlieseline). Es gibt ihn als lose Einlage und als haftendes (aufbügelbares) Vliesmaterial im Handel. Achten Sie auf Stärke und Farbe der Einlage, auch sie muß mit dem Oberstoff harmonieren.

Nähen Sie einen Rock oder eine Hose, dann denken Sie an die Verstärkung des Bundes. Außer festem Gurtband wird auch Bundfix angeboten, eine starke, aufbügelbare Vlieseline, in der die Nählinien vorgestanzt sind.

Welcher Verschluß wird für das Modell benötigt? Beim Kauf der Knöpfe sollten Sie an einen Ersatzknopf denken, beim Reißverschluß achten Sie auf die richtige Farbe und Stärke – er muß dem Material des Oberstoffes angepaßt sein.

Benötigen Sie Gummiband, Borten oder Tressen, kaufen Sie auch diese gleich mit, ebenso Schulterpolster. Schauen Sie noch nach Accessoires; eine hübsche Gürtelschließe kann oft dem Modell den letzten Pfiff geben.

Haben Sie alles Zubehör griffbereit, macht Ihnen die Arbeit sicherlich besonders viel Freude.

Stoff- und Garnkunde

Stoffe haben ihre besonderen Eigenschaften, ihren Charakter und ihren Wert. Erst genaueres Wissen über den Stoff und die verwendete Faser enthüllt dies. Zudem wird klar, wie der Stoff zu pflegen ist und wie er am besten verarbeitet wird.

Stoffe und Garne müssen vielerlei Qualitätsmerkmale aufweisen, die sie zum Teil durch verschiedene Ausrüstungs- und Veredelungsverfahren bekommen. Ein Etikett am Stoffballen muß auf jeden Fall Faserzusammensetzung sowie eventuelles Einlaufen des Stoffes von mehr als 1% ausweisen. Eine Kennzeichnung der Ausrüstungsverfahren ist nicht Pflicht. Auf den nächsten Seiten finden Sie eine Aufstellung der wichtigsten Natur- und Chemiefasern mit ihren besonderen Eigenschaften, ihrem Verwendungszweck und ihrer Pflege.

Naturfasern	pflanzlich (Zellulose)	Baumwolle Leinen	Stoffe aus diesen Fasern sind: sehr saugfähig, hautsympathisch, wasch- und kochfest. Die Stoffe aus diesen Materialien werden mit dem Gütesiegel gekennzeichnet. Beachten Sie die Pflegehinweise, die je nach Faser- oder Stoffausrüstung variieren.
	tierisch (Hornsubstanz)	Wolle	Wollstoffe sind elastisch, wärmend und formbeständig. Stoffe aus Schurwolle werden mit dem Gütesiegel gekennzeichnet. Diese Stoffe nur reinigen lassen.
		Seide	Seide ist eine sehr feine und kostbare Naturfaser. Der Griff, die Farbbrillanz und der Fall von Seidenstoffen ist unübertroffen. Die Stoffe von Hand waschen, besser aber reinigen lassen.

| Chemiefasern | Zellulosefasern | Viskose (Cupro) Acetat (Rhodia) | Zellulosefasern haben nicht die Haltbarkeit der pflanzlichen Fasern. Sie werden durch Veredlungsverfahren knitterfrei und einlaufbeständig gemacht und vor allem für Futterstoffe, aber auch für Oberstoffe, die durch natürlichen Glanz bestechen, verwendet. |
| (Die Namen der synthetischen Fasern in den Klammern sind eingetragene Markennamen.) | Synthetische Fasern | Polyacryl (Dralon, Orlon) Polyamid (Nyltest, Perlon) Polyester (Trevira, Diolen) Triacetat (Arnel) | Synthetische Fasern können dem Aussehen von Naturfasern entsprechen: Die Stoffe sind strapazierfähig, einlauffest, pflegeleicht. Nachteil: die Wasseraufnahmefähigkeit ist gering. Polyester wird daher meist in Mischungen mit Naturfasern angeboten. Polyacryl ist der Wolle sehr ähnlich und wird hauptsächlich für Strickwaren verwendet. Bei allen Stoffen aus synthetischen Fasern sind unbedingt die Pflegesymbole zu beachten. |

Was sind textile Rohstoffe?

Textile Rohstoffe sind Fasern, die sich verspinnen oder zu einem textilen Flächengebilde verarbeiten lassen. Sie werden entweder von der Natur geliefert oder von Menschen auf chemischem Wege künstlich erzeugt.

Die reinen Naturfasern entstammen dem Pflanzen- oder dem Tierreich.

Leinen, das Flachsfasergarn, gehört zu den ältesten Spinnfasern. Der Anbau und die Verarbeitung des Flachses waren schon in der Steinzeit (3500 v. Chr.) bekannt.

Die Baumwolle kommt wahrscheinlich aus Indien, denn in einigen der ältesten indischen Schriften werden Baumwollgewebe erwähnt. Schon vor 3000 Jahren fertigten die Menschen aus Wolle Gewänder und Mützen. Bereits im Mittelalter züchtete man in Spanien Merinoschafe, deren Wollfasern als Spinngut schon damals begehrt waren.

China ist die Heimat der Seide. Seit mehr als 4000 Jahren ist den Chinesen die Zucht des Maulbeerspinners und die Gewinnung der Seide bekannt. In Deutschland förderte Friedrich der Große die Seidenverarbeitung unter anderem in den Städten Krefeld und Celle.

Die Erfindung der Chemiefaser am Ende des vorigen Jahrhunderts stellte einen bedeutsamen Fortschritt dar, denn mit natürlichen Spinnfasern konnte der Bedarf an Textilien der ständig wachsenden Bevölkerung nicht mehr voll gedeckt werden. Heutzutage ist die Chemiefaser in der Textilindustrie unentbehrlich, nicht zuletzt deshalb wird sie in vielen Ländern der Erde hergestellt, auch in solchen, in denen es genügend Naturfasern gibt.

Bei den Chemiefasern unterscheidet man die auf Zellulose- und Eiweißbasis hergestellten Fasern und die vollsynthetischen Chemiefasern. Die erste Gruppe basiert auf einem Grundstoff aus dem Tier- oder dem Pflanzenreich, den Rohstoff für vollsynthetische Fasern gewinnt man vorwiegend aus mineralischen Substanzen (Erdöl). Erste vollsynthetische Chemiefasern wie Polyamide und Polyacryle wurden im Jahre 1931 in Deutschland erfunden.

Seidenspinner
mit Kokon

Baumwolle

Baumwolle (cotton) ist die meist-verarbeitete Naturfaser. Sie wird aus den feinen Samenhaaren der Fruchtkapsel des Baumwoll-strauches gewonnen. Für die Beurteilung der Baumwollqualität spielen der Feinheitsgrad der Faser, die Farbe und vor allem die Faserlänge (Stapel) eine Rolle. Baumwollinters (Abfall beim Entkörnen) dient als Rohstoff für die Zellstoffindustrie.

Die Baumwollfaser läßt sich gut verarbeiten und veredeln. Baum-wollerzeugnisse sind recht preis-wert. Sie zeichnen sich durch ihre hautsympathischen Eigenschaf-ten aus, denn sie sind sehr saug-fähig und luftdurchlässig. Die Stoffe lassen sich problemlos wa-schen (kochen). Für die Mode-industrie ist ferner von Bedeutung, daß sich Baumwollgewebe gut einfärben lassen. Ohne Ausrü-stungsverfahren neigen die Stoffe sehr stark zum Knittern und wer-den fusselig. Durch die chemische Ausrüstung mit Natronlauge, das Mercerisieren, wird die Baum-wolle geschmeidiger, haltbarer und bekommt einen dezenten Glanz. Sanfor behandelte Baum-wolle läuft beim Waschen nicht mehr ein (Toleranz 1%).

Zu den Baumwollgeweben, die sich durch ihre Feinheit und ihr Gewicht unterscheiden, gehören: Kretonne, Kattun, Batist, Linon, Musselin und Nessel.

Leinen

Die Bastfaser Leinen wird aus dem Stengel der Flachspflanze gewon-nen. Flachs ist einer der ältesten Textilrohstoffe, er wächst in unse-rer Klimazone. Leinen, das Ge-webe aus der Flachsfaser, ist ein sehr hochwertiges, steifes und wenig geschmeidiges Material, das eine hohe Festigkeit im nas-sen und im trockenen Zustand hat. Es hat einen kühlen Griff und ei-nen schwachen Glanz. Leinen kann gekocht und gebleicht wer-den, es ist gut waschbar, fusselt nicht und läßt sich gut bügeln. Das Knittern dieses Stoffes kann durch Kunstharzausrüstungen vermin-dert werden. Da Leinen oft nur schwer Farbe annimmt, sollte beim Waschen darauf geachtet werden, daß das Waschmittel kei-nen optischen Aufheller enthält.

Leinengarn läßt sich kaum nop-penfrei spinnen, so daß Leinen-gewebe immer kleine Unebenhei-ten (Noppen) aufweisen.

Bei Halbleinen besteht die Kette aus Baumwollgarn und der Schuß aus Leinengarn. Der Anteil des Leinengarns muß mindestens 38% des Gewichts des gesamten Gewebes betragen.

Als Gütekennzeichen für Leinen-artikel darf entweder das Schwur-handzeichen oder das neue Leinensiegel „L", jeweils mit der Angabe „Rein Leinen" oder „Halb-leinen", verwendet werden.

Wolle

Als Schurwolle bezeichnet man die von lebenden Schafen durch Scheren gewonnene Wolle. Der Begriff wird unter anderem be-nutzt, um den Unterschied zur Reißwolle zu betonen. Diese Wolle ist wiederaufbereitete Wolle, sie besitzt daher oft weniger gute Eigenschaften, obwohl auch für sie die Bezeichnung „100% Wolle" verwendet werden darf.

Die unterschiedliche Feinheit der Schurwollfaser hängt von der Schafrasse und deren Herkunft (Land) ab. Textilien aus Schurwolle haben gute Trageeigenschaften, sind hautfreundlich und strapa-zierfähiger als Stoffe aus anderen Tierhaaren.

Wolle ist eine sehr leichte, elasti-sche und verformbare Naturfaser. Stoffe und Gestricke aus Wolle halten sehr warm, sind aber gleichzeitig luftdurchlässig. Die unbehandelte Faser kann etwa 40% Feuchtigkeit aufnehmen, ohne sich naß anzufühlen. Vorsicht ist beim Waschen gebo-ten, denn Wolle filzt leicht. Durch gutes Auslüften nach jedem Tragen kann man Wolltextilien bis zu einem gewissen Grade „reinigen".

Casycare, Filzfrei-Ausrüstung und andere faserspezifische Vered-lungen verbessern die ohnehin schon guten Natureigenschaften der Wollfaser je nach Verwen-dungszweck.

REINE SCHURWOLLE

Seide

Der Seidenfaden des Maulbeerspinners besteht aus der Seidensubstanz, der Leim- und der Bastschicht. Werden die äußeren Schichten abgelöst, so erhält man aus dem 3000 m langen Kokonfaden einen etwa 1200 m langen, hochwertigen Naturfaden, aus dem die noppenfreie Japanseide hergestellt wird. Aus dem nicht mehr ablösbaren Kokonfadenende gewinnt man die Schappeseide und die in der Qualität noch mindere Bouretteseide.

Tussahseide hat die Qualität der Schappeseide, da sie sich nicht haspeln läßt. Weil diese Fasern den Bast noch enthalten, bezeichnet man sie als Bastseide. Der Faden ist mittelfein und nicht immer gleichmäßig gesponnen, dadurch sehen die Wildseidenstoffe (Honan und Shanung) noppig und streifig aus.

Alle Seidenstoffe besitzen hervorragende Trageeigenschaften, denn sie sind sehr hautverträglich und isolieren gut gegen Wärme und Kälte. Neben dem seidigen Glanz und dem weichen Fall weist Naturseide weitere positive Eigenschaften auf. Sie ist ungewöhnlich reißfest und läßt sich gut einfärben. Die Bindungsarten beeinflussen Dichte, Festigkeit, Griff, Fall und Glanz der Stoffe.

Viskose

Viskose ist die wichtigste, preiswerteste und hautfreundlichste Chemiefaser. Sie besteht aus reiner Zellulose, die mit Natronlauge, Schwefelkohlenstoff und Schwefelsäure behandelt wurde. Die Viskosefaser kann mit der typischen Wollkräuselung oder der Welligkeit der Baumwollfaser gesponnen werden. Eine effektvolle Leinenstruktur mit spinntechnisch produzierten Faserverdickungen läßt sich ebenso problemlos herstellen.

Farbabstufungen bei der Viskose reichen von matt bis glänzend. Da die saugfähige Zellulose den Farbstoff leicht aufnimmt, ist auch das farbechte Einfärben kein Problem.

Die als Endlos- oder als Spinnfaser hergestellte Viskose hat ähnliche Eigenschaften wie die Baumwolle. Viskosestoffe fühlen sich angenehm kühl an, sie wärmen kaum. In nassem Zustand reißt die Faser leicht, deshalb dürfen Textilien aus Viskose nur im Schonwaschgang gewaschen werden. Bekleidung aus nicht pflegeleicht ausgerüsteter Viskose kann wegen der geringen Faserelastizität zum Knittern neigen.

Auch wenn Viskose aus Zellstoff gewonnen wird, ist die Aussage „aus Naturfasern" nicht ganz richtig, sondern eher irreführend.

Polyacryle

Der Ausgangsstoff für Polyacrylfasern ist das Acrylnitril, aus dem im Naß- oder im Trockenspinnverfahren die Spinnfaser gewonnen wird. Zu den Polyacrylen gehören die bekannten Markenstoffe Dolan, Dralon, Dunova und Orlon.

Polyacrylfasern sind reißfest und dehnbar. Stoffe und Maschenware aus Polyacryl halten die Körperwärme gut, da durch die Elastizität der Faser ein hoher Lufteinschluß im Gewebe möglich ist. Gewebe aus Polyacryl sind daher meist leichte, weiche, knitterarme und flauschige Stoffe oder Stoffe mit Flor.

Nachteil der Faser: sie lädt sich elektrostatisch auf und vergilbt leicht. Positiv zu bewerten ist hingegen die gute Licht- und Hitzebeständigkeit. Die Feuchtigkeits- und Schweißaufnahme ist gering. Um bei Bekleidungsstoffen optimale Eigenschaften zu erzielen, werden Polyacryle häufig mit anderen Fasern gemischt. Man verwendet Stoffe aus Polyacryl für Kleider, Regen- und Sportbekleidung, Maschen- und Strickbekleidung. Aus Polyacryl werden auch Fellimitationen und Vliesstoffe hergestellt. Mit wenigen Ausnahmen sind Kleidungsstücke aus Polyacryl gut waschbar. Achten Sie aber dennoch auf die Pflegesymbole.

Seide
Silk
Soie
Seta

Polyamide

Bei den vollsynthetischen Fasern müssen die Molekülketten aus Einzelmolekülen chemisch aufgebaut werden. Dies geschieht durch die Polymerisation oder die Polykondensation. Eine der so gewonnenen Fasern ist das Polyamid, dessen Spinnlösung oft schon Farbstoffe zugesetzt werden, so daß man eine spinngefärbte Faser erhält.

Zu den Polyamiden gehören die, oft besser unter ihrem Markennamen bekannten Polyamidtypen Antron, Nylon, Nyltest, Perlon und Quiana.

Polyamide werden häufig mit Woll- und Baumwollfasern gemischt, um diesen Festigkeit zu geben. Polyamid nimmt von allen Synthetiks die meiste Feuchtigkeit auf. Bekleidung aus dieser Faser hält die Körperwärme gut, ist knitterarm und kann bei bis zu 40° C gewaschen werden. Wie bei allen Stoffen aus Chemiefasern gilt auch hier: Achten Sie auf die Pflegesymbole am Stoffballen oder im Kleidungsstück.

Leider ist die Faser nicht lichtbeständig, und sie läßt das Sonnenlicht durch (Sonnenbrandgefahr bei dünnen Stoffen). Stoffe aus Polyamid werden zu Blusen, Kleidern, Strümpfen, Unterwäsche und Wäsche verarbeitet.

Polyester

Vermischt man eine organische Säure und Alkohol, so erhält man Ester, aus dem durch Polykondensation der Polyester entsteht. Die bekanntesten Polyester sind Trevira, Diolen und Dacron.

Polyester wird meist mit Naturfasern gemischt, zum Beispiel: 45% Schurwolle/55% Polyester oder 50% Polyester/50% Baumwollmischgewebe.

Zu den neuesten Entwicklungen der Polyesterfasern gehört die Treviramicrofaser, die, obwohl sehr dicht gewebt, „atmungsaktiv" ist.

Aufgrund der hohen Faserelastizität knittern Stoffe aus Polyester oder Polyestergemischen kaum. Gebügelte Falten halten sehr gut, ein Grund, warum Faltenröcke und Hosen gerne aus Polyesterstoffen gearbeitet werden.

Weitere Verwendung finden Polyesterstoffe bei der Erzeugung von Kleidern, Kostümen, Sportbekleidung, Unterwäsche und Wäsche. Polyesternähgarn ist ein dauerhafter, krumpffreier Nähfaden mit elastischer Dehnbarkeit. Die gegenüber Sonnenlicht unempfindlichen Polyesterfasern werden vor allem zu Gardinenstoffen verarbeitet. Wegen der hohen „Bauschelastizität" ist Polyester auch ein begehrtes Füllmaterial für Steppdecken.

Polyester läßt sich gut waschen, achten Sie aber dennoch auf die Pflegesymbole am Stoffballen oder im Kleidungsstück.

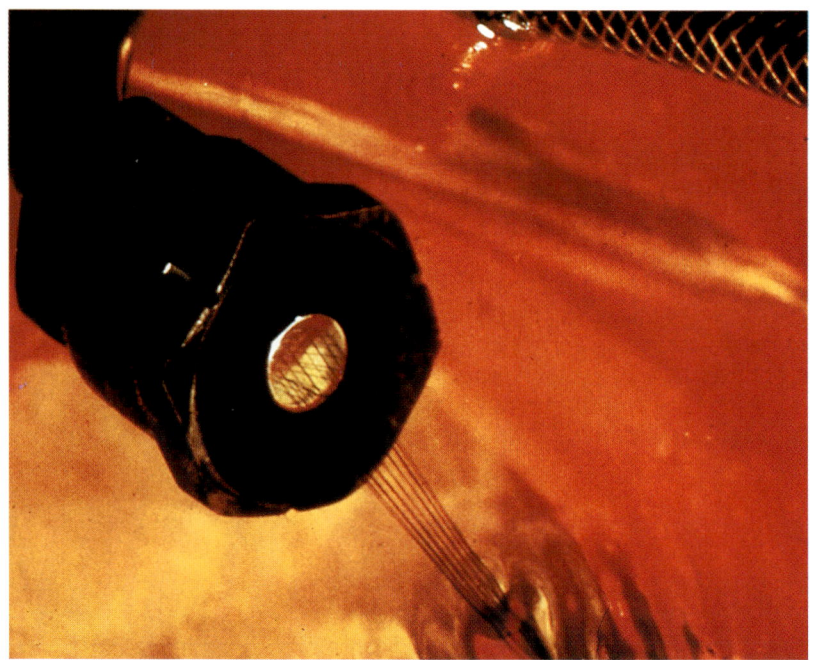

Gewinnung der Viskosefaser (Filamentdüse)

Von der Faser zum Stoff

Die Fasern der verschiedenen natürlichen Rohstoffe werden in den Spinnereien zu Garnen versponnen. Unter Spinnen versteht man das Bilden eines Fadens aus Fasern. Jede Faser erfordert eine ihren Eigenschaften angepaßte Art des Verspinnens.

Das Fasergut wird in Ballen oder in Packen an die Spinnereien geliefert. Es wird aufgelockert, von Staub und Schmutz und von fremden Bestandteilen, zum Beispiel Bast oder Samenkapseln gesäubert.

Mit dem Reinigen ist das Ordnen der Fasern zu einem Faserband (Krempel) verbunden, je nach Verwendungszweck des Garns folgt noch das Kämmen. Um Garne ganz gleichmäßig zu bekommen, muß man die Faserbänder mehrfach doppeln und strecken.

Manchmal werden auch mehrere Faserflore übereinandergeschichtet, um die Unebenheiten auszugleichen, erst dann wird das Band gestreckt.

Ist das Faserband egalisiert, und genügend ausgezogen, erhält es auf der Vorspinnmaschine (bei weiterer Streckung) eine geringe Drehung. Die Feinspinnmaschine verspinnt das Vorgarn zum fertigen Garn.

Je nach Stärke des Krempelbandes und nach der Anzahl der Drehungen kann vom feinen, fest gedrehten bis hin zum bauschigen, lockeren Garn jede Stärke gesponnen werden.

Bei der Fadenerzeugung auf chemischem Wege entfällt vielfach der mechanische Spinnprozeß, da die Fäden entsprechend ihrem Verwendungszweck in unterschiedlicher Stärke als Endlosfaser hergestellt werden können. Je nach Art des synthetischen Vorproduktes gewinnt man die Fäden im Naß-, Trocken- oder Schmelzspinnverfahren.

Es gibt aber bei den synthetischen Fasern auch sogenannte Stapelfasern (mit einheitlicher Länge, meist natürlichen Rohstoffen beigemischt, die man dann nach bewährter Methode zu Garnen verspinnt. Aus ihnen werden nun durch Weben, Stricken/Wirken oder Filzen Stoffe hergestellt. Die Qualität des Stoffes ist also nicht nur vom Rohstoff abhängig, sondern auch von dessen Weiterverarbeitung.

Auf diese speziellen Verfahren näher einzugehen würde den Rahmen dieses kleinen Kapitels bei weitem sprengen; bitte lesen Sie bei Interesse in entsprechenden Fachbüchern nach.

Auslieferung des Baumwollfasergutes in einer Spinnerei

Das Faserband wird zunächst gestreckt, dann vorgesponnen

Der fertige Faden ist so fein, daß er kaum erkennbar ist

Gewebe

Unter einem Gewebe versteht man ein textiles Flächengebilde, das durch Verkreuzen mindestens zweier Fadensysteme entsteht. Die in Längsrichtung des Gewebes (des Stoffes) verlaufenden Fäden sind die Kettfäden, die querlaufenden Fäden die Schußfäden. Nach dem Textilkennzeichnungsgesetz müssen zur Beschreibung des Gewebes folgende Kriterien angegeben werden: Rohstoff, Garnart, Webtechnik, Bindung, Art der Ausrüstung, evtl. Flächengewicht.

Die Art der Fadenverkreuzung, die sich meist mit gewisser Regelmäßigkeit wiederholt, heißt Bindung. Man unterscheidet zwischen einfacher Bindung und Jacquardbindung, Doppelbindung und durchbrochener Bindung. Die beiden letzteren interessieren hier aber nicht weiter.

Die einfachen Bindungen erkennt man daran, daß sie ein unverkennbares Warenbild haben und sich in kurzen, regelmäßigen Abständen wiederholen. Zu den einfachen Bindungen gehören die Leinwand-, die Köper- und die Atlasbindung sowie alle ihre Abwandlungen.

Ein- oder mehrfarbige Stoffe in Jacquardbindung zeichnen sich durch besondere Musterungen aus. Sie entstehen durch das Anheben einzelner Kettfäden (bei der Schaftmusterung werden gleichzeitig mehrere Kettfäden gehoben). Es können großflächige Musterungen oder kleinste Muster in den Stoff gewebt werden.

Viele Stoffe, vor allem Sommerstoffe, haben eine mustermäßig erhabene Oberfläche, die nicht durch das Weben entstanden ist. Für die sogenannte Strukturbindung verwebt man verschieden starke Fäden miteinander. Manchmal entsteht die Wirkung auch, indem ein zweiter Kett- oder Schußfaden oder andere Fasern mit eingewebt werden. Strukturgewebe werden je nach Modetrend in vielen Abwandlungen hergestellt.

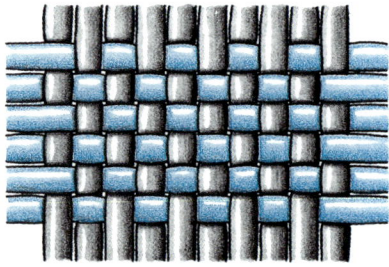

Leinwandbindung

Köperbindung

Atlasbindung

Luftdüsenwebmaschine mit Jacquardausführung (Frottierhandtücher)

Bei der Leinwandbindung haben Kett- und Schußfaden die gleiche Stärke, beide Warenseiten sehen gleich aus. Der Schußfaden liegt abwechselnd über und unter den einzelnen Kettfäden

Eine Variation der Leinwandbindung ist die Panamabindung, bei der die Fäden immer paarweise im Rhythmus der Leinwandbindung gekreuzt werden. Stoffe in Panamabindung fühlen sich weicher an als Stoffe in Leinwandbindung

Bei der Köper- oder Twillbindung geht der Schußfaden jeweils über zwei bis vier Kettfäden. In der folgenden Reihe beginnt er um einen Kettfaden versetzt mit dem Verkreuzen, dadurch entsteht ein diagonal laufendes Bindungsmuster

Eine Variation der Köperbindung ist die Fischgrat- oder Chevronbindung. Die besondere Gewebemusterung wird durch die wechselnde Gratrichtung und die Verwendung von verschiedenfarbigem Garn erzielt

Bei der Satin- oder Atlasbindung zeigen rechte und linke Stoffseite nie das gleiche Warenbild. Die rechte Seite wirkt glatt und glänzend

Jacquardstoffe werden auf einem Spezialwebstuhl hergestellt. Die Jacquardmuster sind Bindungsmuster mit sehr großem oder gar keinem Rapport

Maschenware

Als Maschenware bezeichnet man alle textilen Flächen, die durch das Ineinanderschlingen von Fadenschleifen entstanden sind. Typisch für die Kulier- und die Kettenwirkware ist die senkrechte Verschlingung des Fadens mit der vorherigen Maschenreihe. Der Unterschied zwischen diesen beiden Wirkwarenarten besteht in der Art und Weise der seitlichen Maschenverbindung (siehe auch Zeichnung).

Kettenwirkwaren (Wirkfrottier) sind weniger dehnfähig als Kulierwaren (Jersey, Rippwaren) und zeigen ein geschlosseneres, glatteres Oberflächenbild.

Unabhängig von der Herstellungstechnik zeichnet sich Maschenware durch eine hohe Elastizität und Porosität (Luftdurchlässigkeit) aus. Die Verwendung locker gedrehter Garne bewirkt, daß Maschenwaren die Körperwärme recht gut halten. Maschenware ist schmiegsam und neigt weniger zum Knittern als Webstoffarten mit gleicher Rohstoffzusammensetzung. Der Nachteil: beim Waschen kann sich Maschenware verziehen, sie sollte deshalb während des Trocknens in Form gezogen werden.

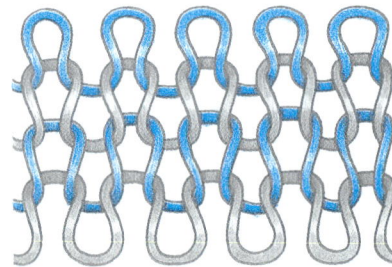

Kulierwirkware

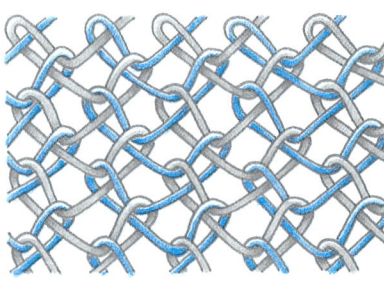

Kettenwirkware

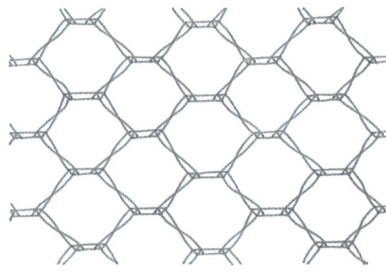

Tüll

Weitere Stoffherstellungsverfahren

Stoffe entstehen nicht nur durch Verweben oder Verschlingen von Garnen. Auch Tüll, ein netzartiges Gewebe mit sechseckigen (zellenartigen) Durchbrüchen, und Filz werden zu den Stoffen gezählt.

Filz ist eine nicht gewebte oder gewirkte Textilie, die aus „verfestigten" Wollfasern oder wollähnlichen Chemiefasern besteht. Das Verfestigen erfolgt mit Hilfe von Wärme, Feuchtigkeit und Druck durch Walzen.

Einlagen (Vlieseline) sind meist aus Stoffen, die als Wirrfaservlies (Fadengelege) hergestellt werden. Die ungeordneten Fasern werden mit Hilfe von Bindemitteln oder thermischen Verfahren zu einem porösen Stoff verfestigt.

Weitere Arten der Stoffherstellung (zum Beispiel die Nähwirktechnik) spielen für die Schneiderei keine Rolle.

Auf der Strickmaschine werden mit einem Faden in waagerechter Richtung Maschen geformt. Sie sind den handgestrickten sehr ähnlich. Maschenstoffe dehnen sich besonders in der Querrichtung zum Fadenlauf

Maschenwirkstoff (Wirkfrottier) mit zusätzlichem Musterfaden

Gefestigt werden die Vliesstoffe in verschiedenen Verfahren. Das bekannteste ist das Filzen.

Zu den durch Schmelzen gefestigten Faservliesstoffen gehören vor allem die Einlagestoff

Stoffausrüstungen

Stoffausrüstung bedeutet Textilveredelung; durch sie wird der Gebrauchswert einer Ware erhöht. Man unterscheidet zwischen der zweckmäßigen und der dekorativen Ausrüstung. Achten Sie beim Stoffeinkauf auf die Ausrüstung, damit Sie wissen, ob der Stoff auch für seinen Verwendungszweck geeignet ist.

Zweckmäßige Ausrüstungen
– Antibakterielle Ausrüstung ist eine keimwidrige Ausrüstung. Der Stoff wird beständig gegen Bakterien und wirkt gleichzeitig in geringem Maße desodorierend.
– Antiflammenausrüstung bedeutet, daß der Stoff nur schwer entflammbar ist. Dafür werden die Fasern oder die Stoffe mit Flammenschutzmitteln behandelt. Es bildet sich eine Schutzschicht, durch die der Sauerstoffzutritt zur Faser verhindert wird. Auch soll der Stoff ohne Flammenbildung zur Verkohlung kommen.
– Antistatische Ausrüstung ist eine nachträgliche Gewebebehandlung mit Chemikalien, die bewirkt, daß sich der Stoff nicht auflädt. Positiver Nebeneffekt: die Fasern nehmen mehr Feuchtigkeit auf.
– Appretur verleiht dem Stoff ein anderes Warenbild. Je nach Appreturmaßnahme wird die Rohware geglättet, der Glanz erhöht und dem Gewebe mehr Festigkeit durch Einlagerung von „Füllstoffen" gegeben. Man unterscheidet zwischen permanenten Appreturen, bei der die Stoffe chemisch so behandelt werden, daß sie auch nach häufigem Waschen ihre Festigkeit behalten. Die nicht permanent appretierten Stoffe verlieren mit der Zeit ihr schönes Aussehen.

- Fleckenschutzausrüstung bedeutet, daß der Stoff gegenüber Flecken auf Wasser-, Alkohol- oder Ölbasis unempfindlich ist. Diese Ausrüstung soll das Anschmutzen von Textilien erschweren und die Entfernung von Flecken erleichtern.
- Krumpfen ist die Vorwegnahme des Einlaufens von Textilien. Das Material läuft danach bei Beachten der Pflegeanleitung kaum mehr ein. Das Sanforverfahren garantiert ein Einlaufen der Ware von weniger als 1%.
- Imprägnieren ist ein Tränken der Gewebe mit wasserabstoßenden Chemikalien. Dadurch kommt es zum Abperleffekt, der das schnelle Eindringen von Wasser in die Faser verhindert. Diese Behandlung darf aber die Luftdurchlässigkeit des Stoffes nicht verändern. Zum Imprägnieren zählen auch Verfahren, die den Stoff fäulnissicher, flammensicher und mottensicher werden lassen.

- Merzerisiert (mit Natronlauge behandelt) werden Baumwollgarne und -stoffe. Durch diesen Prozeß gewinnt das Material an Festigkeit und bekommt einen waschbeständigen Glanz, die Fähigkeit, Farbstoffe aufzunehmen, wird erhöht. Das Gewebe schrumpft beim Merzerisieren und wird somit dichter und fester.
- Wasserdichte Ausrüstung (waterproof) verschließt die Poren im Gewebe; Luftdurchlässigkeit ist dann nicht mehr vorhanden. Die Stoffe werden je nach Verwendungszweck mit Kautschuk, Leinöl, Polyvinylacetat oder Polyamid beschichtet.
- Pflegeleichtausrüstung bedeutet, daß das Material waschfest, waschmaschinenfest und knitterarm ist und schneller trocknet. Mit dieser Ausrüstung gibt man Textilien aus zellulosischen oder tierischen Faserstoffen annähernd die Eigenschaften der Synthetiks. Beachten Sie aber auf jeden Fall immer die Pflegeanleitung auf dem Etikett.

Dekorative Ausrüstungen
- Bleichen wird erforderlich, wenn die fertige Ware (meist aus natürlichen Rohstoffen) weiß sein soll, oder auch, wenn man Stoffe färben oder bedrucken möchte. Das Bleichen erfolgt mit den verschiedensten Chemikalien; die Gefahr der Faserschädigung hat sich durch moderne Bleichmittel verringert. Die Stoffe können allerdings trotz Bleiche nach einiger Zeit wieder vergilben, vor allem dann, wenn sie starker Sonnenbestrahlung ausgesetzt sind.
- Die Faser oder Flockenfärbung bedeutet, daß Einzelfasern vor dem Verspinnen gefärbt werden. Diese Methode ist am intensivsten, aber auch am teuersten. Gefärbte Fasern lassen sich schwer verspinnen.
- Die Garnfärbung erfolgt im Strang, auf Kreuzspulen oder auf dem Kettbaum. Der Durchfärbegrad ist hierbei nicht so gut wie bei der Faserfärbung. Karostoffe, gestreifte Stoffe und alle Buntgewebe sowie gemusterte Maschenware werden aus garngefärbten Garnen gefertigt.
- Die Stückfärbung erfolgt nach Fertigstellung der Gewebebahnen. Es ist die preiswerteste Methode, den Stoff einzufärben, doch sind die Färbungen weniger gleichmäßig und nicht so echt wie bei anderen Färbemethoden.

Bedrucken eines Baumwollstoffes

Bedrucken

- Walzen- oder Rouleauxdruck ist ein Textildruck, der sehr rationell auf der Walzendruckmaschine durchgeführt wird. Auf verkupferten Walzen werden die Musterstellen, die Farbe abgeben sollen, ausgeätzt und die Vertiefungen bei jeder Walzenumdrehung mit Farbe gefüllt. Man braucht daher für jede Farbe eine andere Walze.
- Den Filmdruck wendet man bei vielfarbigen Mustern mit vielen Farbübergängen und großen Rapporten an. Die Farbe wird durch Druckschablonen (Schablonengitter) aufgetragen. Die Flächen, die ungefärbt bleiben sollen, sind auf der Schablone geschlossen. Für jede Farbe muß eine eigene Schablone hergestellt werden.
- Beim Umdruckverfahren bedruckt man zuerst ein Papierband mit dem Muster, das dann unter Druck- und Hitzeeinwirkung auf den Stoff übertragen wird. Die Umdruckvorlage kann man aber nur einmal benutzen.
- Beim Reservedruck bedeckt man die Musterstellen mit einer Schutzschicht (mit Wachs oder chemischen Mitteln). Die geschützten Gewebestellen nehmen beim folgenden Färben (Stückfärbung) keine Farbstoffe auf, sie bleiben weiß. Nach dem Auswaschen der Schutzschicht werden in einem weiteren Arbeitsgang die farblosen Stellen eingefärbt. Die bekannteste Reservedrucktechnik ist Batik.
- Chiné- oder Kettdruck ist eine hochwertige Stoffdrucktechnik. Vor dem Weben werden nur die gespannten Kettfäden mittels Walzen bedruckt. Erst dann werden die Schußfäden eingewebt. Den Kettdruck wendet man bei hochwertigen Kleiderstoffen aus Naturseide und bei exklusiven Dekorationsstoffen an.
- Mit dem Ausbrennverfahren wird eine der mustermäßig verwebten Garne durch Aufbringen von Ätzflüssigkeiten chemisch zerstört. Dies ist jedoch nur möglich, wenn die im Gewebe verwendeten Fasern unterschiedliche chemische Eigenschaften haben. Nach der Behandlung muß die Flüssigkeit auf jeden Fall gleich ausgewaschen werden.
- Beim Ätzdruck wird dem Stoff Farbe genommen. Durch Aufdrucken ätzender Pasten wird die Farbe des vorher gefärbten Gewebes zerstört. So entstehen häufig kleine, helle bis weiße Muster auf farbigem Grund.

Oberflächenbehandlung

- Das Kalandern (Mangeln) verleiht den Geweben durch das Breitquetschen der Fäden eine dichtere, geschlossene Oberfläche und gibt ihnen einen angenehmen Griff und einen leichten Glanz. Auf dem Kalander sind zwei oder mehr Walzen so angeordnet, daß jeweils paarweise zwei polierte, heizbare Metallwalzen über oder unter einer elastischen Walze laufen. Je nachdem, ob sich die Walzen mit gleicher Geschwindigkeit drehen, oder ob die elastischen Walzen langsamer als die Stahlwalzen laufen, unterscheidet man Roll- oder Friktionskalander. Beim Rollkalander wird das Gewebe durch jeweils 2–6 elastische und harte Walzen hindurchgeführt. Die Umdrehungsgeschwindigkeit aller Walzenoberflächen ist gleich. Beim Friktionskalander wird Leim oder Wachs auf den Stoff aufgetragen. Der Stoff läuft dann durch den beheizten Friktionskalander. Zweck dieses Verfahrens ist es, eine geschlossene Warendecke mit Hochglanzcharakter zu erhalten. Nach dieser Methode wird Chintz hergestellt.
- Gaufrieren bedeutet das Einpressen von Mustern in die Oberfläche glatter Gewebe, um bestimmte optische Effekte zu erzielen. Das Gewebe wird durch ein Walzenpaar hindurchgeführt, wobei in die eine Stahlwalze das Muster eingraviert ist und die andere eine elastische Oberfläche besitzt. Außer Wollstoffen können alle Gewebe gaufriert werden.
- Rauhen bezweckt zunächst das Auflockern und Aufrichten der an der Oberfläche der Gewebe liegenden Faserenden. Dadurch bildet sich eine feine Haardecke, der „Flor", der dem Stoff größere Weichheit verleiht und das Warmhaltevermögen erhöht. Übermäßiges Rauhen jedoch schadet der Haltbarkeit des Gewebes.

Futterstoffe

Ein Kleidungsstück wird meist gefüttert, damit es besser sitzt. Gleichzeitig bilden Futterstoffe eine Schutzschicht zwischen Oberstoff und Unterwäsche beziehungsweise Haut. Das Tragen gefütterter Mäntel, Röcke und Kleider ist auch meist für die Trägerin angenehmer, zudem halten Futterstoffe zusätzlich warm.

Man verwendet zum Füttern am besten einen glatten Stoff, der sowohl in der Qualität dem Oberstoff angepaßt als auch in den Pflegeeigenschaften (Waschfestigkeit, Bügelfestigkeit) auf ihn abgestimmt sein sollte. Die Farbpalette der meist undurchsichtigen Futterstoffe ist riesengroß, angeboten werden sowohl einfarbige wie auch gemusterte Materialien.

- Der Acetat-Bemberg-Pongé setzt sich aus 60% Acetat und 40% Cupro zusammen. Er hat einen seidenähnlichen Glanz und knittert wenig. Die elektrische Leitfähigkeit ist gering. Beim Bügeln das Bügeleisen auf Synthetik einstellen.
- Futterbatist ist ein Baumwollmousseline. Ein sehr eng anliegendes Baumwoll- oder Leinenoberteil (Dirndloberteil) sollte mit Futterbatist gefüttert werden, denn er trägt sich angenehm auf der Haut und nimmt Feuchtigkeit gut auf.
- Reinseidener Pongé ist das kostbarste Material zum Füttern eines Kleidungsstückes. Im Gegensatz zu den anderen Futterstoffen, die doppelt breit liegen (1,40 m), liegt Pongé nur einfach breit (90 cm). Doch wenn als Oberstoff eine hochwertige Seide gewählt wurde, lohnt es sich, das Kleidungsstück auch mit Seide zu füttern.
- Satinfutter ist ein glänzendes, glattes Gewebe in Atlasbindung. Satinfutter (70% Acetat und 30% Cupro) läßt sich bei der Herstellung gut einfärben. Mit diesem Stoff füttert man Mäntel und dickere Jacken, da er schwerer ist als Futtertaft.
- Viskosefuttertaft hat sich als Universalfutter durchgesetzt. Er ist ein pflegeleichter, waschbarer, einlauffester und bügelfreier Futtertaft. Viskosefuttertaft besteht aus reiner Zellulose, ist saugfähig und hautsympathisch.

Einlagestoffe (Vlieseline)

Die Einlagestoffe bilden das „Gerüst" der Kleidung. Sie dienen der Formgebung und Formhaltung. Man arbeitet sie zwischen Oberstoff und Futter ein.

Einlagestoffe können aus Natur- und aus Chemiefasern bestehen. Welches Fasermaterial man verwendet, hängt vom Oberstoff ab. Einlagestoffe werden zudem in verschiedenen Stärken und Farben angeboten. Es gibt sie als Gewebe und als Vliesstoffe. Die Vliesstoffe haben gegenüber den gewebten Einlagestoffen den Vorteil, nicht im Fadenlauf zugeschnitten werden zu müssen.

Die Auswahl an aufbügelbaren Einlagestoffen ist heute so groß, daß man meist diese verwendet. Ausnahme: wenn das Gewebe des Oberstoffes durch das Aufbügeln der Einlage (Vlieseline) seine Elastitzität nicht verliert.

Als Ersatz für die klassische Wattierung der Brustpartie von Anzügen, Mänteln und Kostümen hat sich die **Vlieseline**, ein atmungsaktiver, wasch- und reinigungsbeständiger Vliesstoff, durchgesetzt. Sie franst nicht aus und hält die Kleidung dauerhaft in guter Form. Das Fixieren der Bügeleinlage erfolgt bei Temperaturen zwischen 120 und 150° C und leichtem Druck (etwa 8 bis 10 Sekunden). Nach dem Fixieren lassen Sie das zu verarbeitende Teil flachliegend 20 bis 30 Minuten abkühlen.

Neben dem Angebot von leichter bis schwerer Ware und **speziellen Vliesstoffen** (Ledereinlage, Volumenvlies, beidseitig beschichtetes Haftvlies) zum Aufbügeln gibt es **Näheinlagen** für Stoffe (Crash, Cloqué, Plissée), die die Oberflächenstruktur durch das Fixieren verändern.

Statt der herkömmlichen Bundeinlage für Röcke und Hosen verwendet man heute **Vlieseline-Bundfix**, welches es in verschiedenen Breiten gibt. Es hat vorgestanzte Knicklinien. Für Knopfleisten, Schlitze, Säume, Taschen und Blenden eignet sich **Kantenfix**, ein 5 cm breites aufbügelbares Stanzband. Mit **Vlieseline-Nahtband** werden dehnbare Stoffe stabilisiert und perfekt in Form gehalten.

Verschiedene Einlagestoffe (links),
Bundeinlage, Kanten- und Saumfix
(rechts)

Nähgarne

Garne, die linienförmigen, endlosen textilen Gebilde, werden aus Spinnfasern oder aus mehreren Endlosfäden gesponnen, meist auch gezwirnt (hohe Reißfestigkeit). Neben der Feinheit des Garns sind das Spinnverfahren, der Rohstoff und das Aussehen für die spätere Verwendung von Bedeutung. Für Nähgarne werden hauptsächlich Fasern aus matter oder mercerisierter Baumwolle, aus Seide und aus Synthetik (Polyester, Polyamid) verwendet.

Reine Seide soll mit **Nähseide** genäht werden. Nähseide zum Handnähen, zum Beispiel die Knopflochseide, besteht aus 3 bis 8 verzwirnten Fäden aus gehaspelter Naturseide, die Seide zum Maschinennähen aus dreifachen Schappezwirnen. Nähseide hat eine hohe Reißfestigkeit, ist elastisch und gleichmäßig gesponnen.

Reines Baumwollgarn wird für Naturmaterialien wie Baumwolle und Leinen verwendet. Baumwolle gehört zu den Glattzwirnen, die meist als mehrstufige Zwirne hergestellt werden.

Mehrzweckgarne sind Umspinnzwirne, deren Kern aus Synthetik besteht. Dieser ist mit einem Baumwollgarn umwickelt oder umsponnen. In den Mehrzweckgarnen vereinigen sich die Vorteile des synthetischen Garns in bezug auf den Reißwiderstand und des Baumwollgarns, das den hitzeempfindlichen Polyesterkern bei hohen Bügeltemperaturen schützt.

Allesnäher sind gleichmäßige und haltbare Garne aus endlosen Chemiefasern. Der Allesnäher aus Polyester ist ein dauerhafter, krumpffreier Nähfaden mit elastischer Dehnbarkeit. Er wird zum Nähen synthetischer und pflegeleichter Stoffe und auch zur Verarbeitung von Maschenware verwendet.

Knopflochgarn ist ein schnurartiger Zwirn aus Seide oder Synthetik. Man verwendet es für Ziernähte und handgenähte Knopflöcher.

Heftgarn, auch Reihgarn genannt, ist ein lose gedrehter Baumwollzwirn, oft auch aus Abfallbaumwolle. Es besitzt nur geringe Reißfestigkeit und wird lediglich zum Heften genommen.

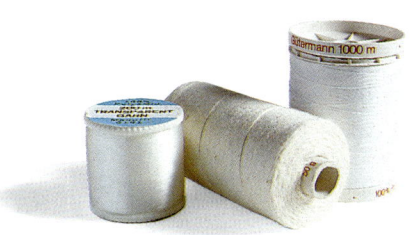

Erkundigen Sie sich im Fachgeschäft, welche Qualität am besten zu Ihrem Stoff paßt

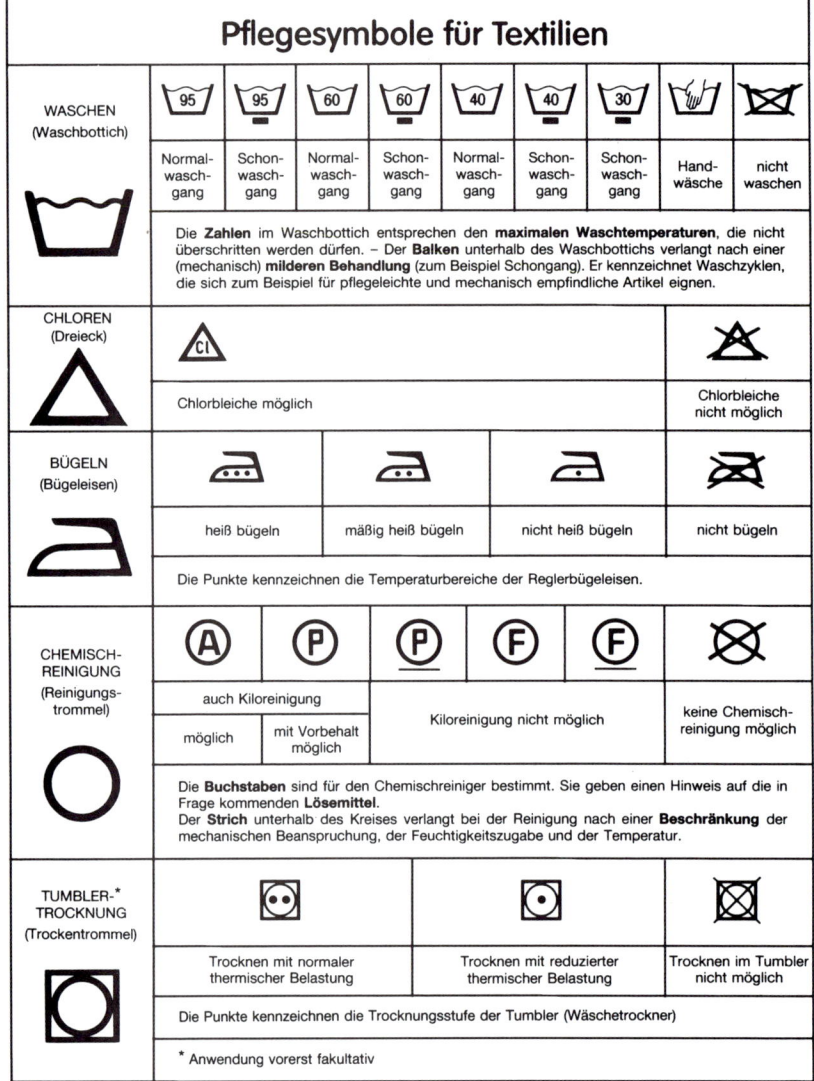

Pflegesymbole für Textilien

WASCHEN (Waschbottich)	95	95	60	60	40	40	30	Handwäsche	nicht waschen
	Normalwaschgang	Schonwaschgang	Normalwaschgang	Schonwaschgang	Normalwaschgang	Schonwaschgang	Schonwaschgang		

Die **Zahlen** im Waschbottich entsprechen den **maximalen Waschtemperaturen**, die nicht überschritten werden dürfen. – Der **Balken** unterhalb des Waschbottichs verlangt nach einer (mechanisch) **milderen Behandlung** (zum Beispiel Schongang). Er kennzeichnet Waschzyklen, die sich zum Beispiel für pflegeleichte und mechanisch empfindliche Artikel eignen.

CHLOREN (Dreieck)	Cl			nicht möglich
	Chlorbleiche möglich			Chlorbleiche nicht möglich

BÜGELN (Bügeleisen)	heiß bügeln	mäßig heiß bügeln	nicht heiß bügeln	nicht bügeln

Die Punkte kennzeichnen die Temperaturbereiche der Reglerbügeleisen.

CHEMISCH-REINIGUNG (Reinigungstrommel)	A	P	P	F	F	keine Chemischreinigung möglich
	auch Kiloreinigung		Kiloreinigung nicht möglich			
	möglich	mit Vorbehalt möglich				

Die **Buchstaben** sind für den Chemischreiniger bestimmt. Sie geben einen Hinweis auf die in Frage kommenden **Lösemittel**. Der **Strich** unterhalb des Kreises verlangt bei der Reinigung nach einer **Beschränkung** der mechanischen Beanspruchung, der Feuchtigkeitszugabe und der Temperatur.

TUMBLER-* TROCKNUNG (Trockentrommel)	Trocknen mit normaler thermischer Belastung	Trocknen mit reduzierter thermischer Belastung	Trocknen im Tumbler nicht möglich

Die Punkte kennzeichnen die Trocknungsstufe der Tumbler (Wäschetrockner)

* Anwendung vorerst fakultativ

Tips für den Stoffeinkauf

Wählen Sie einen Stoff aus, der zu Schnitt und Verwendungszweck des Modells paßt, das Sie sich schneidern wollen, und der Ihrem Personentyp enspricht.

Wichtig ist die Farbe. Warme und helle Farben lassen Sie größer erscheinen, in kalten und dunklen wirken Sie schlanker. Entscheiden Sie sich für einen gemusterten Stoff, achten Sie darauf, daß zum Beispiel ein großflächiger Druck an einer kleinen Person gar nicht zur Wirkung kommt. Wählen Sie dann lieber einen kleingemusterten Stoff. Streifenstoffe wirken bei einer großen, schmalen Figur in waagerechter Verarbeitung gut, doch eine vollschlanke Frau sollte Streifenstoffe nur tragen, wenn diese in Längsrichtung verarbeitet wurden. Auch bei Karostoffen müssen Sie auf die Größe des Karos und auf eventuell farblich dominierende, senkrechte Streifen achten.

– Drapieren Sie beim Kauf den Stoff um Ihre Schultern, und betrachten Sie sich dann kritisch im Spiegel.

Ist die Farbauswahl getroffen, prüfen Sie die Stoffqualität. Entscheiden Sie sich für ein schwierig zu verarbeitendes Material, überlegen Sie, ob Ihre Näh- und Bügelerfahrung entsprechend groß ist, so daß Sie nicht nach einer Weile die Lust am Nähen verlieren.

– Informieren Sie sich beim Kauf des Stoffes über dessen Zusammensetzung und Ausrüstung.

Anmerkung

Die Symbole wurden erstellt von der Arbeitsgemeinschaft Pflegekennzeichen für Textilien (Stand 1985). Die Ergänzung der Symbole für das Waschen und das chemische Reinigen durch den darunter gesetzten Strich kennzeichnet die mildere Behandlung bestimmter Textilien während des Reinigungsprozesses.

Bei den heutigen Waschmaschinen bedeutet dies, daß der für pflegeleichte Artikel vorgesehene Schonwaschgang zu wählen ist.

- Achten Sie darauf, daß das Gewebe gleichmäßig ist. Ungleichmäßige und dünne Stellen werden sichtbar, wenn Sie den Stoff gegen das Licht halten. Ist das Gewebe nicht fest, reißen die Nähte aus, und es können kleine Löcher um die Nähstiche entstehen.
- Wichtig ist auch eine gleichmäßige Färbung des Stoffes. Diese erkennen Sie am besten, wenn Sie den doppelt liegenden Stoff „aufschlagen". Im Stoffbruch bleicht die Farbe leicht aus oder reibt sich aus.
- Prüfen Sie, ob der Stoff stark knittert. Drücken Sie ihn fest zusammen, und lassen Sie ihn dann plötzlich los. Bei einem guten Stoff verschwinden die Kniffe schnell.
- Reiben Sie den Stoff zwischen den Fingern. Es darf sich kein Pulverstaub zeigen, denn minderwertiger Ware werden oft zuviel Leimstoffe zugesetzt, um ihnen ein besseres Aussehen zu geben.
- Ist der Stoff verzogen, stimmt der Fadenlauf nicht mehr. Achten Sie darauf, daß der Schußfaden im rechten Winkel zur Webkante und zum Stoffbruch liegt.
- Bei Stoffen mit Karos oder mit eingewebten symmetrischen Mustern muß das Muster im rechten Winkel zur Webkante verlaufen. Denken Sie daran, daß der Musterrapport genau sein muß, damit das Zuschneiden der Schnitteile nicht zum Such- und Geduldspiel wird. Nicht aufeinander passende Musterteile, zum Bei-

spiel an Teilungsnähten, können das ganze Kleidungsstück verderben.
- Wenn Sie sich für Maschenware entscheiden, sollten Sie wissen, daß sie sich in beide Richtungen dehnt. Man unterscheidet gering, mittel und stark dehnbar. Überprüfen Sie die Dehnbarkeit an einer Skala. Ziehen Sie ein Stück Stoff von 10 cm Breite über die 10-cm-Markierung der Skala. Nimmt der Stoff nach der Dehnung seine ursprüngliche Breite wieder ein, können Sie davon ausgehen, daß er beim Tragen seine Form behält.

Stoffbreiten

Der Handel führt Stoffe in verschiedenen Breiten. Stoffe bis zu 100 cm Breite gelten als einfach breit. Als doppelt breit werden Stoffe zwischen 100 und 160 cm Breite bezeichnet. Die gängigsten Stoffe sind 90 cm und 140 cm breit. Weißwaren wie Damast und Linon variieren zwischen 80 und 200 cm Breite.

Stoffverbrauch bei verschiedenen Stoffqualitäten und Stoffbreiten

Auf der Schnittmustertüte ist immer die Stoffmenge angegeben, die Sie benötigen, wenn Sie das Kleidungsstück nach dem vorgegebenen Muster (Originalmodell) fertigen. Wählen Sie nun aber eine andere Stoffart, eventuell auch noch in einer anderen Breite, so verändert sich der Stoffverbrauch. Lassen Sie sich in diesem Fall im Fachgeschäft – auch über den Zuschnitt – beraten. Beachten Sie auch die Größe des Modells. Vergleichen Sie die angegebene Länge mit Ihrer Länge.

Hier ein paar allgemeine Anmerkungen: Entscheiden Sie sich für einen Stoff mit großem Muster, mit Musterrichtung oder mit Strich, ist der Stoffverbrauch wesentlich höher.

Laufen Streifen parallel in eine Richtung, erfordert dies bei der Verarbeitung in Längsrichtung keine Stoffzugabe. Verarbeiten Sie einen quergestreiften Stoff, so erhöht sich der Stoffverbrauch generell um einen Rapport Musterrapport.

Bei diagonal gestreiften Stoffen (Streifen schräg zur Webkante), kann sich sich der Stoffverbrauch sehr erhöhen, wenn die Streifen verschiedenfarbig und sehr breit sind. Wählen Sie diagonal gestreifte Stoffe nur für Modelle mit wenig Teilungsnähten.

Schon beim Kaufen eines Karostoffes müssen Sie die Größe des Rapports beachten. Ist das Karo einseitig ausgerichtet, erhöht sich der Stoffverbrauch ebenfalls. So gilt zum Beispiel bei einem Karostoff nicht die Regel „für einen Rock zweimal die Rocklänge plus Saumzugabe kaufen", sondern Sie müssen darauf achten, daß Sie genügend Stoff haben, um zwei Rockbahnen mit dem gleichen Muster zuschneiden zu können.

Bei großgemusterten Stoffen müssen die Muster gleichmäßig auf dem Modell verteilt sein, um harmonisch zu wirken. Je nach Wiederholung und Größe des Stoffmusters und der Größe des Schnittmustermodells ist also der Stoffverbrauch neu zu errechnen. Am geringsten ist der Verbrauch bei einfarbigen oder kleingemusterten Stoffen ohne Strich, bei denen Sie die Schnitteile nicht in eine Richtung legen müssen, sondern sie ineinander und gegeneinander auflegen können. Ausnahmen bilden schillernde Stoffe wie Satin und Moiré. Legen Sie die Schnitteile immer nur in eine Richtung, je nach gewünschtem Glanzeffekt.

Stoffverbrauchsangaben für die Grundgarderobe

Enger Rock – Bis Größe 44 rechnet man bei 140 bis 150 cm Stoffbreite einmal die Rocklänge plus Saumzugabe und eventuellem Rapport. Bei 80 bis 90 cm Breite kaufen Sie zweimal die Rocklänge plus Saumzugabe und eventuellem Musterrapport.

Ab Größe 46 benötigen Sie bei beiden Stoffbreiten zweimal die Rocklänge plus Saumzugabe und eventuellem Rapport.

Weiter Rock, angekräuselt oder in Falten gelegt – Für alle Größen benötigen Sie zweimal die Rocklänge plus Saumzugabe und eventuellem Rapport bei einer Stoffbreite von 140 bis 150 cm. Bei einer Breite von 80 bis 90 cm rechnet man drei- bis viermal die Rocklänge plus Saumzugabe und eventuellem Rapport.

Klassische Hemdbluse – Bei einer Stoffbreite von 140 bis 150 cm benötigen Sie 1,50 m Stoff. Liegt Ihr Stoff 80 bis 90 cm breit, brauchen Sie 2,50 m Stoff.

Klassischer Blazer – Liegt Ihr Stoff 140 bis 150 cm breit, müssen Sie 2,00 m Stoff einkaufen. Ist Ihr Stoff 80 bis 90 cm breit, liegt der Stoffverbrauch bei 3,00 m.

Klassische Hose – Kaufen Sie 1,50 m bei einer Stoffbreite von 140 bis 150 cm für alle Größen bis 42. Ab Größe 44 erhöht sich der Stoffverbrauch auf 1,70 m. Ist der Stoff 80 bis 90 cm breit, benötigen Sie zweimal die Hosenlänge plus Saumzugabe (2,50 bis 2,70 m).

Weite Hose – Soll die Hose sehr weit sein, erhöht sich der Stoffverbrauch für alle Größen. Kaufen Sie dann bei einer Stoffbreite von 140 bis 150 cm zweimal die Hosenlänge plus Saumzugabe. Liegt der Stoff 80 bis 90 cm breit, brauchen Sie viermal die Hosenlänge plus Saumzugabe.

Bevor es richtig losgeht

Die wichtigste Voraussetzung für das Gelingen einer Arbeit ist die sorgfältige Ausführung der vorbereiteten Arbeitsschritte. Eine gute Vorbereitung dauert fast so lange wie das Nähen selbst. Doch wer am Anfang keine Zeit findet, sorgfältig zu messen, zuzuschneiden, zu stecken und zu heften, wird dies spätestens bei der Anprobe bereuen.

Maßnehmen

Maßtabellen

Für die Bestimmung der richtigen Schnittgröße ist es wichtig, die eigenen Körpermaße genau zu kennen. Ihre Grundkörpergröße stellen Sie am besten fest, wenn Sie nur mit Unterwäsche bekleidet sind. Am einfachsten ist es, wenn Ihnen eine zweite Person beim Maßnehmen hilft.

Zum Vergleich sind hier die in der Konfektion üblichen Figurentypen und ihre Maße angegeben. Auch ohne Maßband können Sie bei einem kritischen Blick in den Spiegel erkennen, zu welchem Typ Sie gehören.

Normale Damengröße

Maße (Größe in cm)	38	40	42	44
Oberweite	88	92	96	100
Halsweite	36	37	38	39
Schulterbreite	12,5	13	13	13,5
Brusttiefe	27	28	29	30
Ärmellänge	60	60	60	61
Oberarmweite	28	29	30	32
Rückenlänge	41	41	42	42,5
Vordere Taillenlänge	45	46	47	48
Taillenweite	70	72	78	82
Hüftweite	94	98	102	106

Zwischen den Teenager- und den Normalgrößen liegt die zierliche Damengröße (a)
Wie in der Konfektion, so liegen auch in der Schneiderei die statistisch ermittelten Durchschnittsmaße für die normale Damengröße zugrunde (b)

Für kleine Damen, deren Längenmaße etwas von den normalen Damengrößen abweichen, gelten die Zwischengrößen (c)
Als vollschlank werden die Figuren bezeichnet, die in den Proportionen den Normalgrößen entsprechen, insgesamt aber fülliger sind (d)

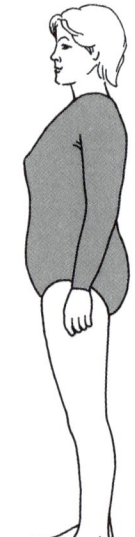

a)   b)   c)   d)

Zierliche Dame

Maße (Größe in cm)	34	36
Oberweite	78	81
Halsweite	32	33
Schulterbreite	10	10,5
Brusttiefe	24	25
Ärmellänge	60	60
Oberarmweite	24	25
Rückenlänge	40	40,5
Vordere Taillenlänge	42,5	43,5
Taillenweite	61	64
Hüftweite	85	88

Damen-Zwischengrößen

Maße (Größe in cm)	19	20	21	22	23	24
Oberweite	88	92	96	100	104	110
Halsweite	36	37	38	39	40	41
Schulterbreite	12,5	13	13	13,5	13,5	14
Brusttiefe	26	27	28	29	30	31
Ärmellänge	58	58	58	59	59	59
Oberarmweite	28	29	30	32	33	35
Rückenlänge	39	39,5	40	40,5	41	41,5
Vordere Taillenlänge	43	44	45	46	47	48
Taillenweite	70	74	78	82	86	92
Hüftweite	94	98	102	106	110	115

Vollschlanke Damengrößen

Maße (Größe in cm)	46	48	50	52
Oberweite	104	110	116	122
Halsweite	40	41	41	43
Schulterbreite	13,5	14	14	14,5
Brusttiefe	31	32	33	34
Ärmellänge	61	61	61	62
Oberarmweite	32	34	36	38
Rückenlänge	43	43,5	44	44,5
Vordere Taillenlänge	49	50	51	52
Taillenweite	86	92	98	104
Hüftweite	110	115	125	125

Maßnehmen am Körper

Für die Bluse sind Brustumfang, Halsweite, Rückenbreite, Schulterbreite, Brusttiefe, Achselhöhle, Oberarmweite, Ellenbogenweite, Handgelenkumfang und Ärmellänge wichtige Maße. Für eine lange Bluse kommt die Hüftweite hinzu.

Die Oberweite wird rund um den Oberkörper (über die stärkste Wölbung der Brust und der Schulterblätter, unter den Armen hindurch) gemessen. Dabei liegt das Maßband im Rücken etwas höher als im Brustbereich (1). Die Halsweite ergibt sich durch das lockere Anlegen des Maßbandes um den Halsansatz (2). Die Rückenbreite wird vom linken zum rechten Armansatz quer über den Rücken gemessen (3).

Um das Maß der vorderen Breite zu nehmen, legen Sie nun das Maßband vom linken Armansatz über die Brust bis zum rechten Armansatz an.

Vom höchsten Schulterpunkt aus messen Sie die Schulter- oder Achselbreite (4) und die Brusttiefe (5). Letztere ist sehr wichtig, wenn in die Bluse ein Brustabnäher eingearbeitet werden soll. Zum Messen der Achselhöhe klemmen Sie sich ein Lineal unter den Arm und legen dann das Maßband von Linealrand zu Linealrand über die Armkugel an (6).

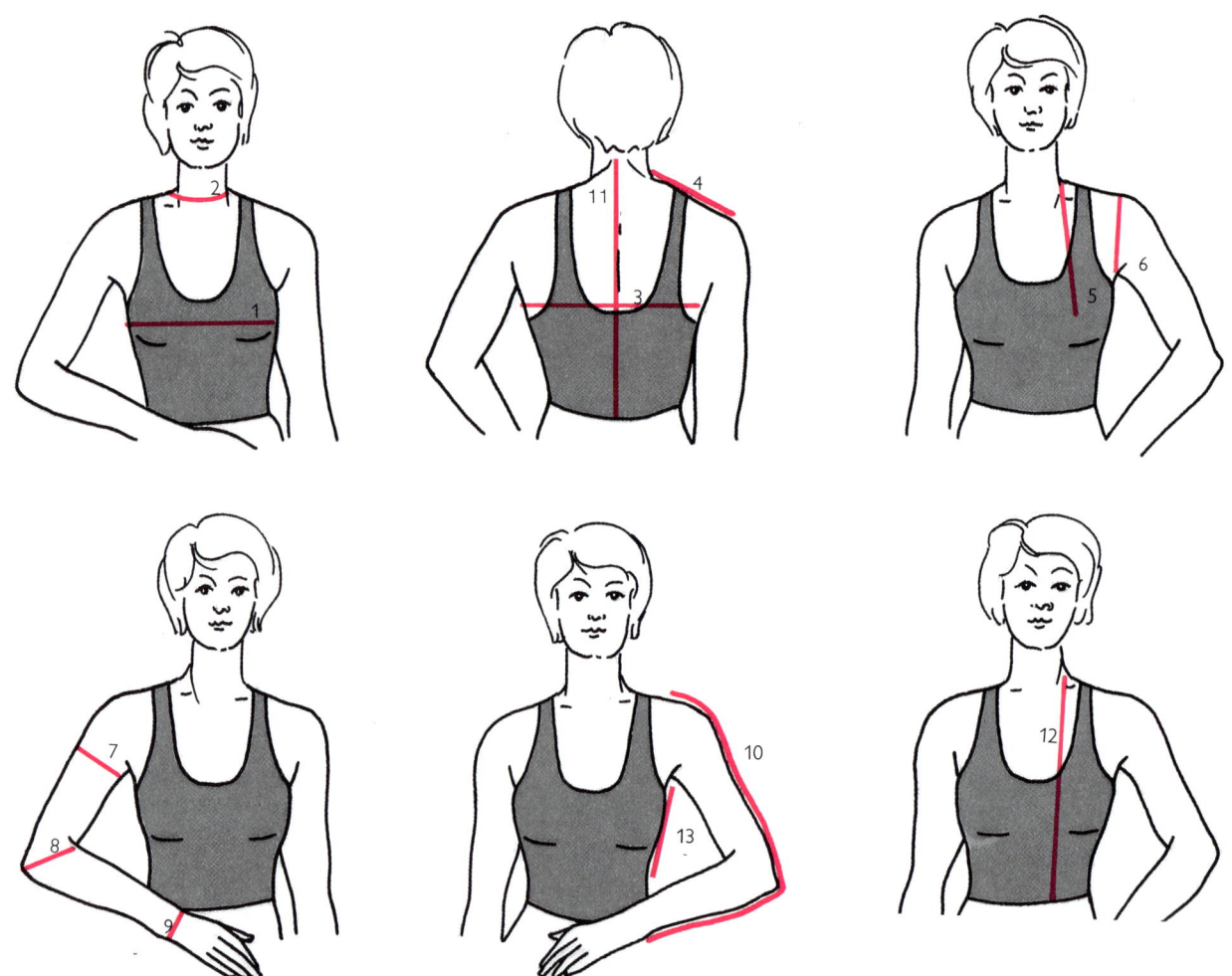

Winkeln Sie den Arm etwas an, und messen Sie die Oberarmweite (7) rings um die stärkste Stelle Ihres Oberarmes, bei stark gebogenem Arm die Ellenbogenweite (8) und die Armellänge (10) abnehmen. Die Ärmellänge wird von der Schulter bis zum Handgelenk gemessen, die Handgelenkweite rings um das Handgelenk (9).

Bestimmen Sie die Länge der Bluse, indem Sie das Maßband vom Halsausschnitt in der rückwärtigen Mitte bis zur Hüfttiefe oder auch darüber hinaus (je nach Bedarf) anlegen (11).

Zu den Grundmaßen der Bluse kommt für ein Kleid als Maß noch die vordere Taillenlänge hinzu. Sie wird vom höchsten Schulterpunkt über die Brust zur Taille gemessen (12). Für das Maß der Seitenhöhe das Lineal unter den Arm klemmen und vom oberen Rand des Lineals bis hinunter zur Taille (13) messen.

Die Länge des Kleides ergibt sich, wenn Sie vom Halswirbel bis zur Saumlänge messen.

Für einen Rock sind Hüftweite, Taillenweite, Hüfttiefe und Rocklänge die Maßstrecken, die Sie kennen sollten. Die Hüftweite (15) wird über die stärkste Stelle der Hüfte gemessen. Knoten Sie anschließend ein Band um Ihre Taille und messen an dieser Stelle die Taillenweite (14). Die Hüfttiefe läuft seitlich von der Taille bis zur stärksten Stelle der Hüfte (17). Ihre Rocklänge messen Sie seitlich von der Taille bis zur Saumlinie (16).

Für eine Hose brauchen Sie außer Hüftweite und Taillenweite noch die Sitzhöhe, die Oberschenkelweite, die vordere und die hintere Schrittlänge sowie die innere und die äußere Beinlänge.

Um die Sitzhöhe festzustellen, setzen Sie sich auf einen Stuhl, wobei Sie die Füße flach auf den Boden stellen. Messen Sie seitlich von der Taille bis zur Stuhlfläche (18). Legen Sie Ihr Maßband über die stärkste Stelle der Oberschenkel, um die Oberschenkelweite zu bestimmen (19). Die Schrittlänge messen Sie von der hinteren Mitte der Taille zwischen den Beinen hindurch bis zum Bauchnabel (20). Wenn die Hose richtig sitzen soll, so muß die hintere Schrittlänge im Schnittmuster immer länger sein als die vordere. Bestimmen Sie die äußere Hosenbeinlänge durch das Anlegen des Maßbandes von der seitlichen Taille über den Hüftbogen bis zum Saum (21) und die innere Beinlänge durch Messen von der Mitte der Schrittlänge bis hinunter zum Saum (22).

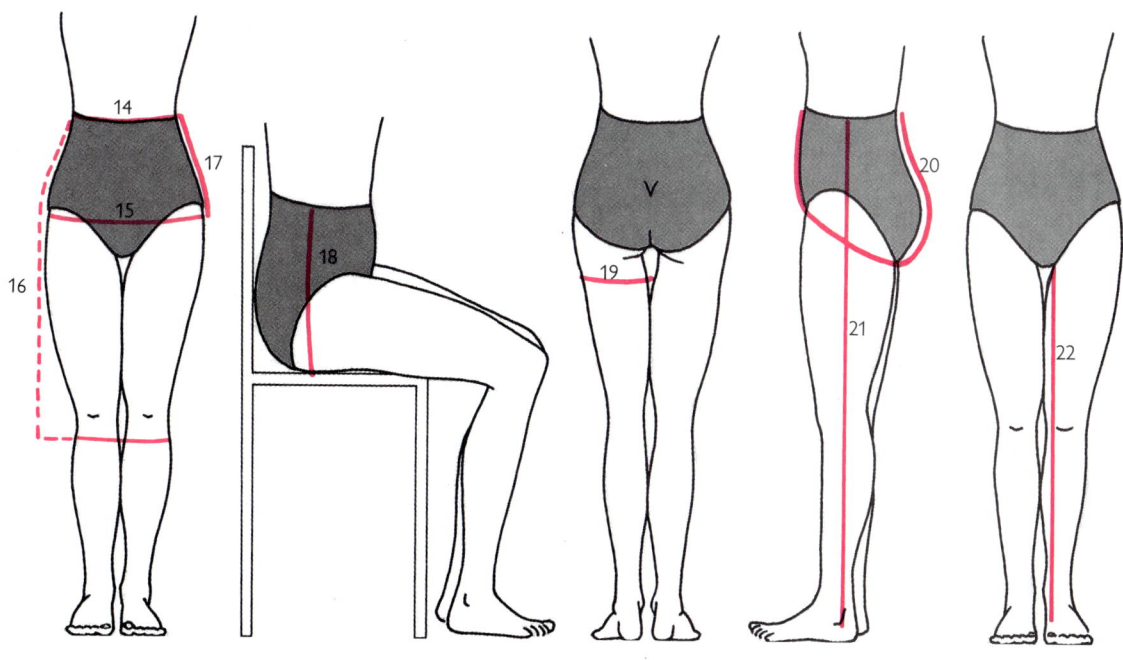

Eigene Maße

Haben Sie Ihre Maße festgestellt, vergleichen Sie sie mit den auf dem Schnittmuster angegebenen. Sie wissen dann gleich, ob und wo Sie den Schnitt ändern müssen. Stehen keine Maße auf dem Schnittmuster, messen Sie den Papierschnitt aus. Eventuell müssen Sie zu den Grundmaßen immer noch einige Zentimeter zugeben (Bewegungsweiten). Durch den wechselnden Modestil sind es dann mal mehr, mal weniger Zentimeter. Je nach Modell geben Sie bei Ober- und Hüftweite 4 bis 6 cm, in der Taille 2 cm hinzu. Bei Hosenschnitten vor allem die Hüftweite beachten, denn Länge und Taillenweite können bei der Anprobe verändert werden.

Maßnehmen bei Kindern

Bei der Kinderbekleidung variieren die Maße für die Konfektionsgrößen von Mädchen und Jungen minimal. In den Maßtabellen sind die Konfektionsgrößen und die Körpergrößen angegeben.
Die Maße der Kinder sollten öfters überprüft werden, denn die Längenmaße verändern sich meist schneller als die Umfangmaße.
Liegen die Maße Ihres Kindes zwischen den auf der Schnittmustertüte angegebenen Werten, so nehmen Sie sicherheitshalber die größere Größe.
Knicken Sie eventuell das „Zuviel" am Schnitt weg, nicht abschneiden, damit Sie den Schnitt später wieder gebrauchen können.

Denken Sie daran, daß Ihr Kind schnell wächst; planen Sie deshalb bei Längen- und Weitenmaßen genügend Saum- und Nahtzugaben ein.
Kinderbekleidung muß bequem und pflegeleicht sein, also keine aufwendigen und schnell schmutzenden Accessoires vorsehen. Achten Sie darauf, daß die Kleidungsstücke leicht an- und auszuziehen sind.

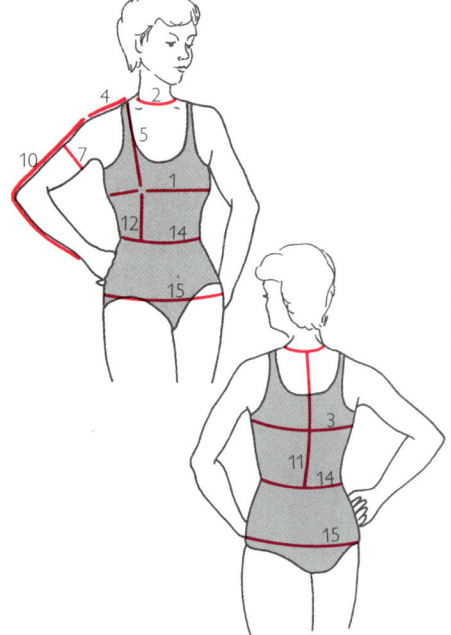

Hier noch einmal alle Maßstrecken in einer schematischen Übersicht

Maßstrecken	meine Maße	Tabellenmaße	Differenz
Oberweite			
Halsweite			
Rückenbreite			
Schulterbreite			
Brusttiefe			
Oberarmweite			
Ärmellänge			
Rückenlänge			
Vordere Taillenlänge			
Taillenweite			
Hüftweite			

Mädchengrößen

cm	cm	92	98	104	110	116	122	128	134	140	146	152	158	164	170
Oberweite	cm	56	57	58	59	60	62	64	66	68	72	76	80	84	88
Taillenweite	cm	53	54	55	56	57	58	59	60	61	63	65	67	69	71
Hüftweite	cm	58	60	62	64	66	68	70	72	74	78	82	86	90	94
Rückenlänge	cm	23	24	25	26,5	27,5	29	30	31,5	32,5	34	36	38	39,5	41,5
Ärmellänge	cm	31	33,5	36	38,5	41	43,5	46	48,5	51	53	55	57	59	61
Halsweite	cm	25,5	26,5	27,5	28	29	29,5	30,5	31,5	32	33	33,5	34,5	35,5	36

Jungengrößen

cm	cm	92	98	104	110	116	122	128	134	140	146	152	158	164	170
Oberweite	cm	56	57	58	59	60	63	66	69	72	75	78	81	84	87
Taillenweite	cm	53	54	55	56	57	58	60	62	64	66	68	70	72	74
Hüftweite	cm	58	60	62	64	66	68	70	72	75	78	81	84	87	90
Rückenlänge	cm	23	24	25	26,5	27,5	29	30	31,5	33	35	37	39	41	43
Ärmellänge	cm	31	33,5	36	38,5	41	43,5	46	48,5	51	53	55	57	59	61,5
Halsweite	cm	25,5	26,5	27,5	28	29	29,5	30,5	31,5	32	33	33,5	34,5	35,5	36,5

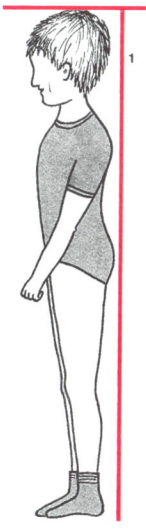
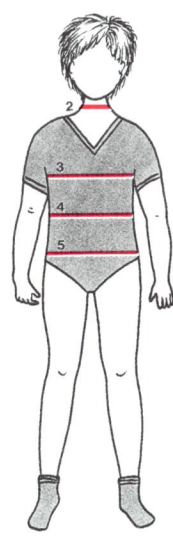
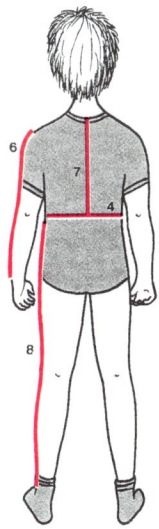

Maßstrecken bei Kindern:
1 Körpergröße
2 Oberweite

3 Taillenweite
4 Hüftweite
5 Rückenlänge

6 Ärmellänge
7 Halsweite
8 Seitliche Hosenlänge

Schnitte

Wenn Sie Ihren **Schnitt ohne Schnittvorlage** schematisch entwickeln wollen, ist es wichtig, daß Sie Ihre Größe und Ihre Maße genau kennen. Übertragen Sie sich das ausgesuchte Modellteil in Ihren Maßen auf Schnittmusterpapier. Ehe Sie diesen Schnitt zum Zuschneiden auf den Stoff legen, stecken Sie das Schnittmuster mit einem Papier- oder einem Klebestreifen Kante auf Kante zusammen und probieren es an. Sie können dann eventuelle Unstimmigkeiten schon am Papierschnitt korrigieren. Der Nähanfängerin rate ich zu einem Kurs „Schnittentwicklung", denn das nebenstehende Beispiel deckt bei weitem nicht die ganze Problematik der Schnitterstellung ab.

Hier ein Beispiel für einen geraden Rock mit vorderer Kellerfalte in Größe 42. Die Maßtabelle gibt folgende Werte an:

Hüftweite: 102 cm
Taillenweite: 78 cm
Hüfttiefe: 20 cm
Rocklänge: 70 cm
Faltentiefe: 10 cm

Die Berechnung der Abnäher:
1) 1/2 Hüftweite plus 2 cm > 53 cm
2) 1/2 Taillenweite plus 2 cm > 41 cm
3)   53 cm
  minus <u>41 cm</u>
          12 cm : 4 = 3 cm
4) vorderer Abnäher
   (3 − 1 = 2) > 2 cm
5) Rückenabnäher > 3 cm; seitlicher Abnäher > 3 cm plus 0,5 cm.

Die **Fertigschnitte** sind Mehrgrößenschnitte, die anhand von Schnittmusterkatalogen ausgesucht werden können. Diese Kataloge sind in verschiedene Modellgruppen wie Kleider, Kostüme, Hosen, Mäntel und Umstandsmode eingeteilt. Außerdem gibt es besondere Kataloge für Kinder- und für Freizeitkleidung, für Braut- und Ballkleider, für Accessoires und sogar für Spielzeug. Jedes Modell ist mit einer Schnitt-(Such-)nummer versehen. Auf der Titelseite der Schnittmustertüte finden Sie meist drei Abbildungen des Modells, das Original und dessen mögliche Abwandlungen (verschiedene Stoffarten, Längenänderung...) und außerdem die Rückenansicht.

Außer der Schnittnummer stehen die Größen des Modells und eventuell auch die Oberweitenangaben auf der Titelseite des Schnittmusters. Auf der Rückseite der Schnittmustertüte ist der Stoffverbrauch für das Modell in verschiedenen Stoffbreiten angegeben, außerdem finden Sie eine schematische Darstellung des Zuschneideplans und eine Kurzanleitung für die Fertigung. Achten Sie beim Stoffeinkauf darauf, ob auf dem Schnitt der notwendige Stoffverbrauch für einen Stoff mit Strich oder Karomuster angegeben ist. Wenn nicht, müssen Sie beim Stoffeinkauf einen eventuell höheren Stoffverbrauch berücksichtigen.

Beim Auseinanderfalten des Schnittes stellen Sie fest, welche Linie zu Ihrer Größe gehört: die durchgezogene, die gestrichelte oder die gepunktete.

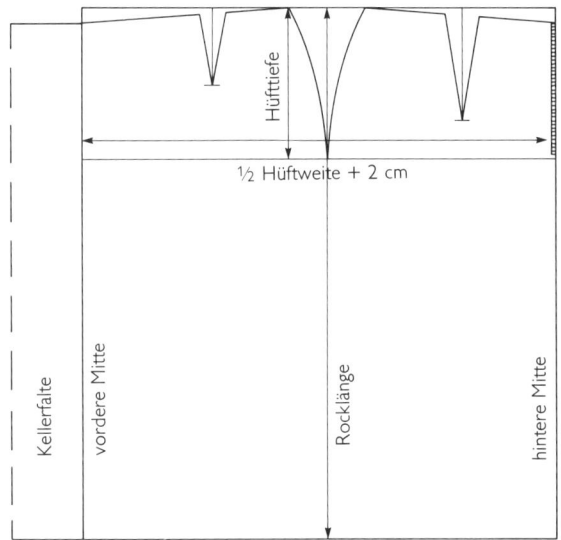

Alle Teile des Schnittes sind numeriert und benannt. Vergleichen Sie Ihre Maße mit denen des Schnittmusters, bevor Sie den Schnitt ausschneiden.

Bei den Fertigschnitten sind alle Markierungen wie Abnäher, vordere Mitte und Taschen mit durchgezogenen Linien gekennzeichnet. Es ist wichtig für das spätere Nähen, daß Sie alle kleinen Zeichen, Sternchen, Kerben oder ähnliches beachten. Diese Zeichen geben zum Beispiel das Ende der Abnäher, die Reißverschlußlage oder die Ärmeleinsatzpunkte an. In welcher Reihenfolge gearbeitet werden soll, ist auf dem Schnitt vermerkt. Bei Fertig- oder Mehrgrößenschnitten müssen Sie beim Zuschneiden Naht- und Saumzugaben berücksichtigen.

Die Schnitterstellung **nach Schnittmusterbogen** deckt sich zum Teil mit der nach Fertigschnitten. Alle Modelle sind numeriert, und es ist angegeben, in welcher Größe sie auf dem Schnittmusterbogen abgebildet sind. Außer dem Schnittmusterbogen befindet sich in jeder Modezeitschrift ein Arbeitsheft mit Anleitungen. Darin sind unter den Modellnummern die Seite des Schnittmusterbogens, die Ausradellinie, der Stoffverbrauch, die Zusatzmaterialien wie Futterstoff, Einlagestoff und Knöpfe, die Arbeitsanleitung und ein Zuschneideplan aufgelistet.

Am oberen und am unteren Rand des Schnittmusterbogens erscheinen die Nummern der Schnitteile im Zahlensucher. Suchen Sie in Höhe der Zahl nach der angegebenen Kontur, und verfolgen Sie diese auf dem Schnittmusterbogen. Sie erhalten so den gesamten Umriß des Schnitteiles. Mit einem Blei- oder einem Buntstift zeichnen Sie den Schnitt nach.

Es gibt zwei Möglichkeiten, die Schnitteile zu übertragen:

– Sie legen sich Schnittmusterpapier unter den Bogen und radeln den Schnitt aus.
– Sie legen transparentes Papier oder Kopierfolie auf den Schnittmusterbogen und pausen die Schnitteile durch.

Achten Sie darauf, daß Sie alle Teile mit den richtigen Umrissen und mit allen Bezeichnungen vom Schnittmusterbogen abnehmen.

Wenn Ihr Modell einen Knopfverschluß erhält, sollten Sie auf jeden Fall die vordere und die hintere Mitte markieren.

Sehr wichtig ist, sich den Fadenlauf einzuzeichnen. Er spielt beim Zuschneiden die wesentlichste Rolle. In den großen Teilen sind Taschen, Kragen, Blenden und Besatzteile eingezeichnet. Vergessen Sie nicht, auch diese auszukopieren.

Lange Rockteile lassen sich oft nicht ganz auf dem Schnittmusterbogen unterbringen. Es ist aber immer angegeben, um wieviele Zentimeter Sie verlängern müssen.

Haben Sie alle Linien und Punkte abgezeichnet, dann vergleichen Sie die Schnitteile mit Ihren Maßen. Stimmen sie, schneiden Sie den Schnitt aus und stecken ihn zum Zuschneiden auf den Stoff. Weitere Informationen zum Zuschnitt finden Sie auf Seite 62.

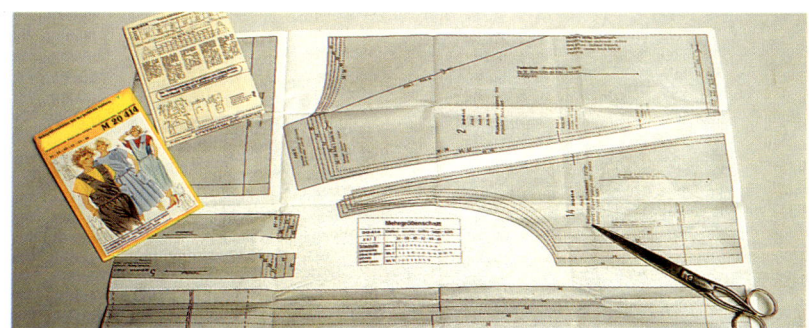

Schnittmusterbogen (oben) und Fertigschnitt (unten)

Schnitt- korrekturen

Längenkorrekturen

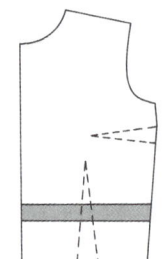 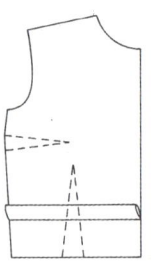 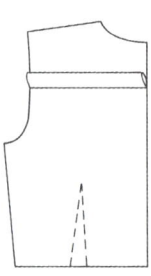 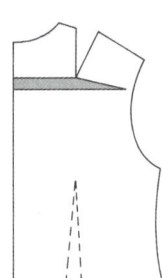

Längenänderungen sollten Sie immer vor den Weitenänderungen machen, damit letztere an der richtigen Stelle des Schnittmusters erfolgen. Für eine eventuelle Längenkorrektur kontrollieren Sie die Taillenlänge, die Gesamtlänge und Rücken-, Rock- und Beinlänge sowie die Ärmellänge. Zuletzt überprüfen Sie die Abnäher. Laufen sie auf die richtige Stelle zu, und haben sie die richtige Länge? Die eingezeichneten Fadenlauf- und auch die Stoffbruchlinien müssen nach allen Schnittkorrekturen gerade verlaufen.

Erweisen sich vordere und hintere Taillenlänge als zu kurz, ist der Schnitt etwa 8 cm über der Taillenlinie aufzuschneiden und auseinanderzuschieben. Kleben Sie einfach einen entsprechend breiten Papierstreifen zwischen die Teile.
Ist Ihnen die Taillenlänge zu lang, legen Sie an gleicher Stelle eine Falte ein.

Bei einer sehr geraden Haltung kann der Schnitt über den Schulterblättern beulen. Legen Sie eine gerade Falte ein.
Ist der Rücken stärker gekrümmt, so wird das Rückenteil unterhalb des Schulterabnähers quer durchgeschnitten. Den Einschnitt je nach Stärke der Rückenrundung sperren. Begradigen Sie die rückwärtige Mitte, legen Sie den Schulterabnäher neu ein.

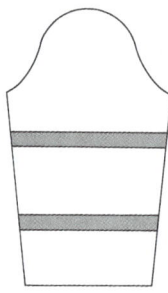 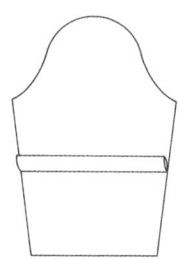 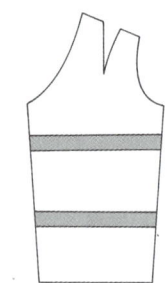 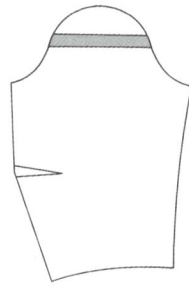

Beim Verlängern eines Ärmels schneiden Sie den Ärmelschnitt an zwei Stellen auseinander. Messen Sie vom Ellenbogen aus 10 cm zur Armkugel und 10 cm zum Handgelenk hin. Zeichnen Sie sich eine gerade Linie ein. Schieben Sie die Schnitt-

teile entsprechend auseinander, und unterkleben Sie den Schnitt mit Papierstreifen. Dies gilt auch für Raglanärmel.
Beim Verkürzen des Ärmelschnittes legen Sie an beiden Abänderungslinien dann kleine Falten ein.

Wurden Vorder- und Rückenteil in Höhe des Armausschnittes verlängert, so muß auch die Armkugel entsprechend vergrößert werden. Schneiden Sie den Papierschnitt der Armkugel auf, und legen Sie einen Papierstreifen unter.

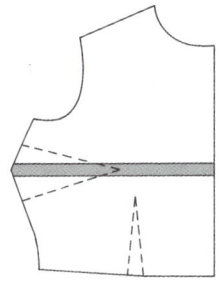 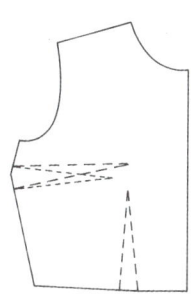 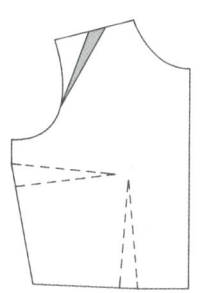 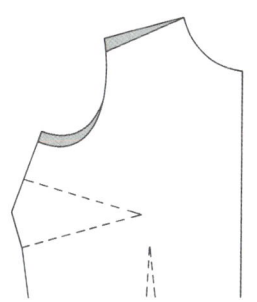

Eine Frau mit vollschlanker Figur und großer Oberweite hat meistens einen verkürzten Rücken und eine im Vorderteil nach unten verschobene Taillenlinie. In diesem Fall muß ein seitlicher Brustabnäher eingelegt und der Taillenausschnitt im Vorderrock (vor der Mitte) eventuell bei der Anprobe um etwa 2 cm tiefer ausgeschnitten werden.

Wenn Sie einen Brustabnäher verlegen müssen, markieren Sie sich die neue Abnäherspitze. Zeichnen Sie die neuen Nahtlinien so ein, daß sie an den Enden in die vorgesehenen Nahtlinien übergehen.
Ist die Schulternaht zu kurz, also die Schulter des Schnittes nicht breit genug, so schneiden Sie ihn von der Mitte der Schulternaht zur

Armlochlinie hin ein und schieben den Keil so weit wie erforderlich auseinander.
Bei hohen, meist geraden Schultern wird die erforderliche Höhe an den Schultern des Vorder- und des Rückenteils zugegeben. Durch eine entsprechende Verlängerung der Seitenlänge bleibt so die Größe des Armausschnittes gleich.

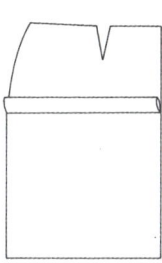 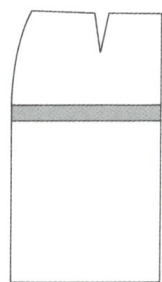 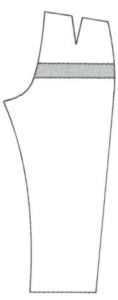 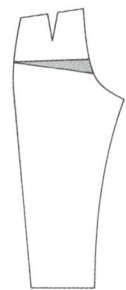

Hosen und Röcke verlängern oder kürzen Sie am Saum. Wenn Sie die Länge bei einem Rockschnitt stark abändern müssen, schneiden Sie den Schnitt waagerecht in Hüfttiefe durch und schieben ihn auseinander. Beim Kürzen eine Falte einlegen. Die Form des Kleidungsstücks wird dadurch nicht verändert.

Muß die Sitzhöhe des Hosenschnittes geändert werden, unterhalb der Hüfttiefe im vorderen und im hinteren Hosenteil eine waagerechte Linie einzeichnen. Ist die Sitzhöhe zu kurz, schneiden Sie die Linie auf und schieben die beiden Hosenschnitteile auseinander. Ist die Sitzhöhe zu lang, legen Sie eine Falte. Anschließend noch

die Rundung der Schrittnaht ausgleichen.
Ist die hintere Schrittnaht zu kurz, wird sie im rechten Winkel über dem Gesäß zur Seitennaht hin eingeschnitten. Zum Kürzen eine entsprechende Falte einlegen. Bei beiden Änderungen darf die Seitennaht aber nicht verändert werden.

Weitenkorrekturen

Sie wollen einen Schnitt erweitern oder Weite wegnehmen: Für solch eine Erweiterung des gesamten Oberteils wird das Schnittmuster wie bei der Längenkorrektur durchgeschnitten, auseinandergezogen und mit einem Papierstreifen ergänzt. Sollte Ihr Schnitt zu groß sein, verfahren Sie ebenso, nur schneiden Sie den Schnitt nicht durch, sondern legen Sie Falten in das Schnittmuster.

Halsausschnitt, Schulter und Taillenlinie nach der Änderung begradigen.

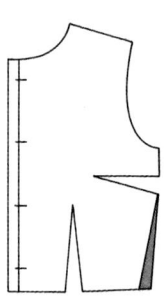 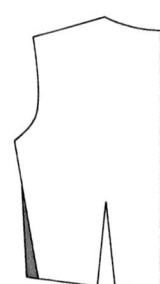

Wenn Sie nur in der Taille zugeben oder abnehmen müssen, verteilen Sie die Zugabe oder die Abnahme zu je einem Viertel auf die Seitennähte der Vorder- und der Rückenteile. Bei einer größeren Zugabe beziehen Sie zusätzlich die vorderen, gegebenenfalls auch noch die hinteren Taillenabnäher mit ein.

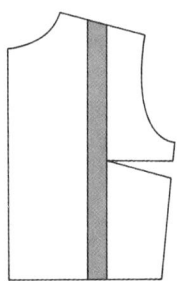 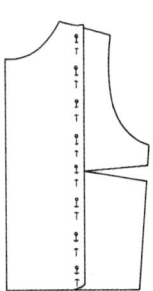 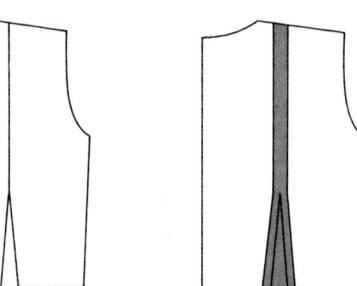

Muß das Oberteil insgesamt erweitert werden, so wird das Vorderteil parallel zur vorderen Mitte über den Brustpunkt zur Schulternaht durchgeschnitten. Das Rückenteil schneiden Sie parallel zur hinteren Mitte, eventuell über die Spitze des hinteren Taillenabnähers, bis zur Schulternaht durch. Die erforderliche Zugabe teilen Sie durch 4 und unterkleben die Schnitte (jeweils Vorder- und Rückenteil) mit entsprechend breiten Papierstreifen. Zeichnen Sie sich noch die neue Brustabnäherlinie ein.

 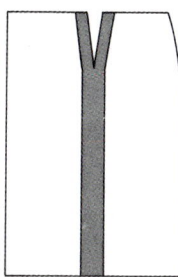 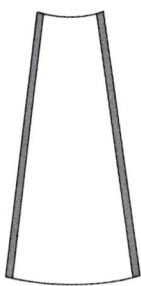

Ist die Hüftweite bei Röcken zu weit oder zu eng, dann dürfen Sie bis zu 5 cm der Zugaben oder Abnahmen auf die Seitennähte verteilen. Sind es mehr als 5 cm,

schneiden Sie den Schnitt (Vorder- und Rückenteil) senkrecht durch und schieben ihn jeweils um ein Viertel der Zugabe auseinander. Papierstreifen einkleben.

Bei Bahnenröcken verteilen Sie die Weite auf alle Nähte.

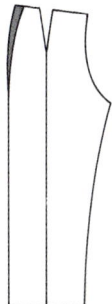 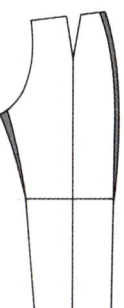 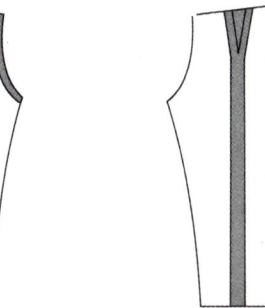

Bei Hosenschnitten nehmen Sie eine geringe Weitenzugabe oder Abnahme im Hüftbereich an den Seitennähten vor. Die neue Schnittlinie muß am Oberschenkel in die Originalschnittlinie übergehen.
Wenn Sie bis zur Kniekehle zugeben oder abnehmen, muß die Weite auch zu einem Viertel auf

die Hoseninnenbeine verteilt werden, da sich sonst die Bügelfalte verschiebt und die Hose nicht mehr gut fällt.
Sollte in der Taille eine größere Weite zu- oder abgenommen werden, müssen Sie die Weite auf die Seitennähte und die vordere und hintere Schrittnaht gleichmäßig verteilen.

Muß der ganze Hosenschnitt erweitert werden, schneiden Sie das Vorderteil und das Rückenteil der Hose genau in der Mitte längs durch, und schieben Sie die Teile entsprechend auseinander. Kleben Sie Papierstreifen unter, und zeichnen Sie sich die neue Mitte ein. Bei einer Verkleinerung in der Mitte eine Falte legen.

Korrekturen am Ärmel

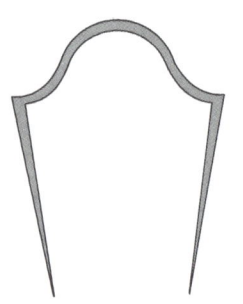 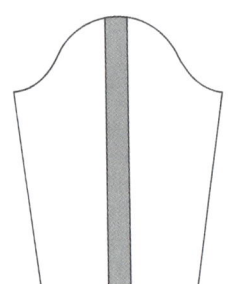 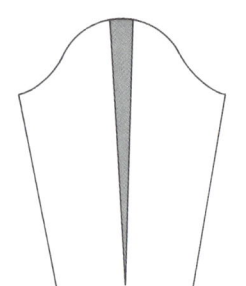 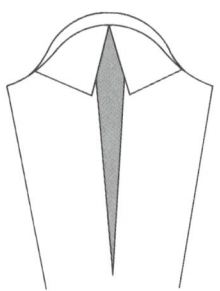

Bei einer geringen Oberarmweitendifferenz geben Sie diese an den Seitennähten zu oder nehmen sie ab. Richten Sie sich dabei auch nach eventuellen Zugaben oder Abnahmen an Vorder- und Rückenteil. Bei einer größeren Erweiterung schneiden Sie den Ärmelschnitt in der Mitte längs durch und schieben ihn entsprechend auseinander.

Soll die Handgelenkweite nicht vergrößert werden, schieben Sie den Schnitt nur oben auseinander. Trotz eines sehr starken Oberarmes ist es oft nicht erwünscht, daß die Kugel größer wird, da das Armloch seine Größe behalten muß. Schneiden Sie in diesem Fall den Ärmelschnitt senkrecht durch, und ziehen Sie ihn dann unterhalb der Kugel auseinander. Legen Sie

dabei keilförmige Falten (zur Kugel hin auslaufend) ein. Stellen Sie nach dieser Erweiterung die alte Kugelhöhe wieder her.

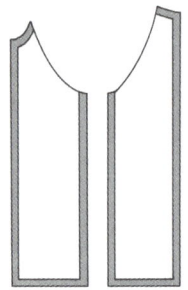 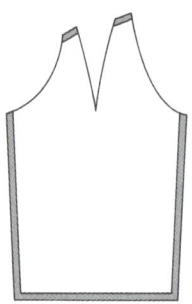 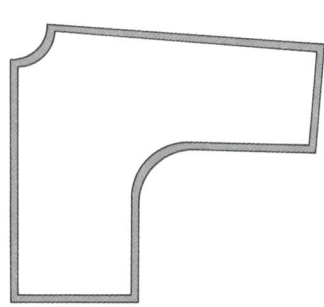

Schnittvergrößerungen und -verkleinerungen nimmt man bei Raglanschnitten an den Seitennähten sowie in der jeweiligen Mitte des Vorder- und des Rückenteiles vor. Dabei muß die Zugabe oder die Abnahme auch beim Ärmel durchgeführt werden. Durch Zugabe oder Abnahme in

der vorderen und der hinteren Mitte verändert sich das Halsloch. Verlängern oder verkürzen Sie die Raglannaht des Ärmels an der Ansatzlinie um genau diesen Betrag.
Bei Kimonoschnitten geben Sie in der vorderen und der hinteren Mitte sowie an den Seitennähten

die gewünschte Differenz zu oder nehmen sie ab.
Um auch mehr Weite in den Kimonoärmel zu bekommen, erhöhen Sie vom Schulterpunkt aus die Kimonomittelnaht. Kontrollieren Sie nach dieser Änderung auf jeden Fall auch die Halsausschnittweite.

Schnittauflage

Legen Sie alle für das Modell benötigten Schnitteile für den Zuschnitt bereit. Bevor Sie die Schnittteile auf den Stoff auflegen, bestimmen Sie die rechte Seite des Stoffes. Da sie der Kleidungsoberseite entspricht, ist sie meistens ausdrucksvoller und farbintensiver als die linke. Bei glatten Stoffen hat die rechte Seite oft einen schwachen Glanz. In vielen Fällen können Sie sich auch nach der Art richten, wie der Stoff zusammengelegt ist. So liegt bei Baumwolle und Leinen meistens die rechte Seite außen, bei Wolle die linke. Die Webkante ist bei allen Stoffen auf der Stoffoberseite glatter.

Wenn der Unterschied zwischen der rechten und der linken Seite schlecht erkennbar ist, markieren Sie sich vor dem Zuschnitt die linke Seite (Unterseite) mit Kreide.

Für den Zuschnitt legen Sie den Stoff Webkante auf Webkante, wobei die rechte Seite innen liegt, damit auf der linken Seite die Schnittteile mit Kreide aufgezeichnet werden können. Parallel zur Webkante verläuft der Fadenlauf, auf den Sie besonders achten müssen. Den Fadenlauf des Schnittes sollten Sie nicht ohne weiteres verändern, weil Sitz und Fall eines Kleidungsstückes sehr davon abhängen.

Für die Schnittauflage beachten Sie am besten zuerst das Schnittauflagebild. Der Zuschneide- oder Schnittauflageplan auf der Schnittmustertüte ist im allgemeinen für zwei Stoffbreiten aufgezeichnet. Legen Sie die Schnitteile so auf, daß Sie den Stoff optimal ausnutzen. Einige Schnitteile werden einfach zugeschnitten, das heißt, der Stoff liegt nicht doppelt. Diese Teile können Sie später immer noch zuschneiden.

Streichen Sie die Schnitteile glatt, und stecken Sie sie vom Stoffbruch zur Webkante fest. Jedes Schnitteil zuerst entlang des Fadenlaufpfeiles und dann an den Ecken fixieren.

Beispiel
Schnittauflage einer Jacke:
  90 cm Stoffbreite
140 cm Stoffbreite
Nr. 1 = Vorderteil
Nr. 2 = Rückenteil
Nr. 3 = Beleg
Nr. 4 = Oberärmel
Nr. 5 = Unterärmel
Nr. 6 = Tasche
Nr. 7 = Oberkragen
Nr. 8 = Unterkragen

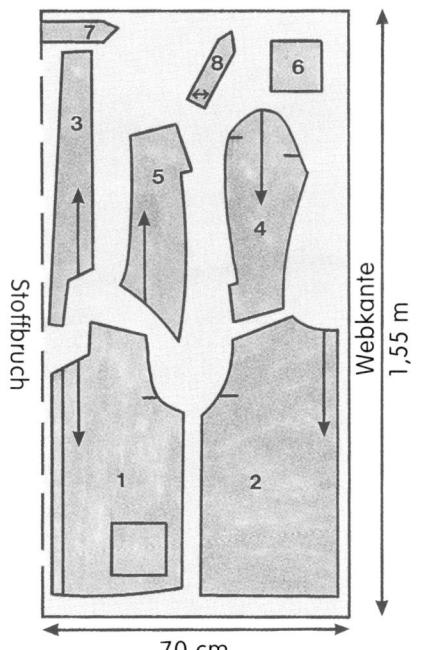

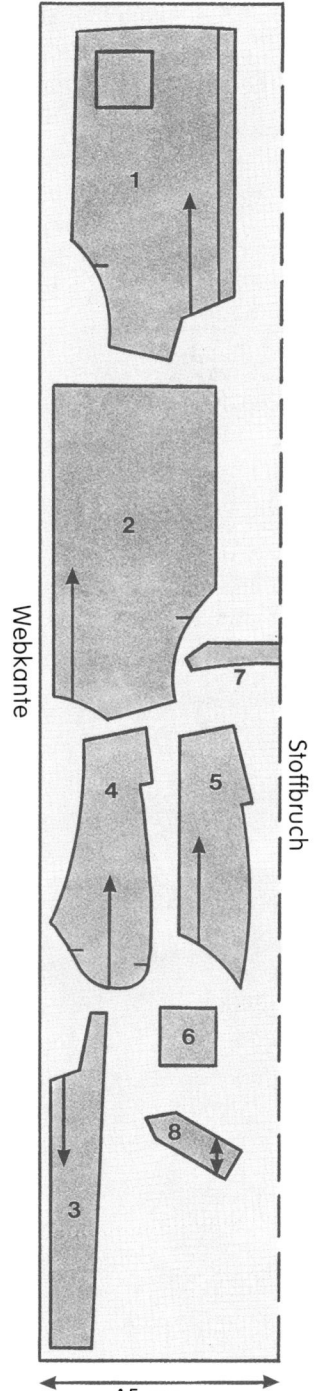

Zu den Stoffen mit **Strich** gehören Stoffe mit Flor, mit einseitig ausgerichteten Mustern und schattierende Stoffe, die je nach Richtung des Fadenlaufs das Licht anders reflektieren (zum Beispiel Samt, Cord, Leder, Velourslederimitate). Wenn Sie mit der Hand über den Stoff streichen, wird der Unterschied zwischen der rechten und der linken Stoffseite schnell sichtbar. Gegen den Strich ist die Farbe leuchtender, mit dem Strich wirkt sie grau. Sie werden auch feststellen, daß sich die Oberfläche eines Florstoffes in Strichrichtung glatter anfühlt.

Bei den Stoffen mit Strich müssen alle Schnitteile unbedingt in einer Richtung (Fadenlaufpfeil) aufgelegt werden. Es ist jedoch zu beachten, daß Samt, Cord und Veloursstoffe gegen den Strich und alle anderen Stoffe mit dem Strich zugeschnitten werden.

Sie können für den Zuschnitt diese Stoffe nicht quer zusammenfalten. Sollte Ihr Zuschneideplan dies vorsehen, legen Sie Ihren Stoff quer zusammen und schneiden ihn in der Faltlinie durch. Drehen Sie die obere Lage um, damit der Strich wieder in gleicher Richtung läuft.

Auch Stoffe mit einer sich wiederholenden **Musterung** erfordern von Ihnen beim Zuschnitt eine besondere Aufmerksamkeit.

So sollte das Modell nicht zu viele Teilungsnähte aufweisen, damit die Muster nicht zu oft zerschnitten werden und damit ihre Wirkung verlieren. Drapieren Sie beim Stoffkauf den gemusterten Stoff um Ihre Schultern, um festzustellen, wie das Muster am besten wirkt. Vermeiden Sie auffallende Motive über dem Busen und der Hüfte. Der Stoffverbrauch ist bei gemusterten Stoffen höher als bei unifarbenen oder kleingemusterten. Dies gilt auch für Bordürenstoffe. Sind Sie sich bei der Stoffauswahl nicht ganz sicher, so lassen Sie sich von der Fachverkäuferin beraten.

Die meisten Stoffe mit Musterrapport sind einseitig ausgerichtet und müssen auch in einer Richtung zugeschnitten werden. Markieren Sie sich auf dem Papierschnitt entlang den Nahtlinien einige Ansatzpunkte. Achten Sie bei der Stoffauflage darauf, daß die Musterung in Höhe dieser Ansatzpunkte gleich ist.

Diagonalstreifenstoffe schneiden Sie besser aus einer einfachen Stofflage zu. Damit Sie nicht zwei gleiche Teile erhalten, legen Sie das Schnittmuster einmal wie gewohnt auf den Stoff (rechte Seite nach oben), ein zweites Mal spiegelverkehrt (linke Seite nach oben).

Karostoffe können symmetrisch oder asymmetrisch gewebt sein. Stellen Sie dies bei der Stoffauswahl fest, da sich der Stoffverbrauch bei asymmetrischen Karos wesentlich erhöhen kann. Wenn sich die Farbstreifen in gleichmäßigem Abstand waagerecht und senkrecht wiederholen, ist das Karo symmetrisch. Ist das Karo in beiden Richtungen asymmetrisch, müssen alle Schnitteile unbedingt in einer Richtung aufgelegt werden.

Zuerst bestimmen Sie, welcher Streifen des Karos in der Kleid- oder Rockmitte sein soll. Der Stoff wird an dieser Stelle gefaltet. Fixieren Sie durch beide Lagen hindurch den Stoff mit Stecknadeln an den übereinstimmenden Streifen der Rapporte. Die Mitte (Stoffbruch) muß mit der vorderen und der hinteren Mitte des Oberteiles, des Rockes, der Mitte in den Ärmeln und des Kragens übereinstimmen. Legen Sie die Schnitteile so auf, daß sie auch in Querrichtung aneinanderpassen. Zum Beispiel muß das Karo in der Taillenlinie und auch an den Saumkanten übereinstimmen. Vermeiden Sie bei Karostoffmodellen Mittelnähte, Prinzeßnähte und Raglanärmel.

Wollen Sie den Karostoff schräg verarbeiten, zeichnen Sie den neuen Fadenlauf ein. Legen Sie den Stoff einfach mit der linken Seite nach oben, und stecken Sie die Schnitteile einzeln auf.

Achten Sie beim Zuschnitt auf Fadenlauf und Musterung des Stoffes. Die Zeichnungen zeigen das Ergebnis des richtigen oder falschen Zuschnitts (oben – Stoff mit Strich, Mitte – Stoff mit Muster, unten – Karostoff).

falsch

richtig

falsch

richtig

falsch

richtig

Kurz noch einige Worte zu **besonders schwierigen Stoffarten**. Maschenware wie Nicky- und Sweatshirtstoffe werden ähnlich wie Webware für den Zuschnitt vorbereitet. Maschenware hat manchmal den Webkanten vergleichbare perforierte Längskanten, die jedoch oft verzogen oder leicht gewellt sind. Damit Sie den Stoff aber dennoch „fadengerade" bekommen, ziehen Sie an den Schnittenden einen Kontrastfaden entlang einer Maschenreihe und in der Mitte des Stoffes (Stoffbruch) entlang einer Maschenrippe ein. Diese Linien entsprechen dem senkrechten und dem waagerechten Fadenverlauf.

Bei Nickystoff legen Sie alle Teile in eine Richtung (Nickystoff hat Strich), bei Sweatshirtstoffen können Sie Ihre Schnitteile in beiden Richtungen auflegen.

Beim Arbeiten mit Leder, Lederimitationen und beschichteten Stoffen dürfen Sie keine Stecknadeln für das Befestigen der Schnitteile verwenden, denn sie hinterlassen kleine Löcher, die immer sichtbar bleiben. Beschweren Sie die Schnitteile mit kleinen Gewichten, oder verwenden Sie Klebeband. Wildleder und auch beschichtete Stoffe mit rauher Oberfläche werden mit dem Strich zugeschnitten. Glatte Leder und beschichtete Stoffe mit glatter Oberfläche können Sie in beiden Richtungen zuschneiden.

Um bei einem sehr dünnen Stoff das Wegrutschen zu verhindern, stecken Sie den Stoff auf Seidenpapier, das Sie später beim Nähen zum Unterlegen weiterbenutzen können.

Zuschnitt

Nahtzugaben und Zuschnitt

Für den Zuschnitt muß der Stoff glatt auf dem Tisch liegen. Überprüfen Sie noch vor dem Feststecken des Papierschnittes, ob alle Schnitteile aufgelegt wurden und auch der richtige **Fadenverlauf** berücksichtigt ist. Die Teile dürfen nicht zu eng aneinanderliegen, weil sonst nur noch minimale oder keine Nahtzugaben mehr möglich sind.

Nahtzugaben in der Modellschneiderei betragen: an den Schultern 1,5 bis 2 cm, am Armloch und am Halsausschnitt 0,5 bis 0,75 cm, an Seiten- und Teilungsnähten 1,5 bis 2,5 cm, an gerundeten Nähten 1 bis 1,5 cm.

Nahtzugaben bei Blenden, Besätzen und Taschen betragen rundherum 1 cm. An Rock- oder Hosenbund geben Sie 3 cm für den Ober- oder den Untertritt zu.

Als **Saumzugabe** rechnen Sie an Kleidern, Röcken, Jacken, Mänteln, Hosen und Ärmeln 5 bis 6 cm. Diese Angaben gelten für gewebte Stoffe. Bei Strickstoffen können Schulter-, Seiten- und Teilungsnähte mit dem Overlockstich zusammengenäht werden. Die Nahtzugabe beträgt in diesem Falle 0,5 bis 1 cm.

Markieren Sie die Nahtzugaben mit Schneiderkreide. Mit dem Doppelkopierrädchen können Sie in einem Arbeitsgang die Schnitt- und die Nahtlinie einzeichnen. Auf der Linie der Nahtzugabe wird dann geschnitten.

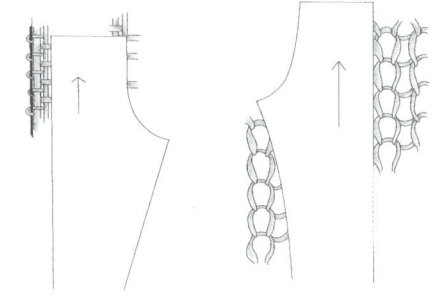

Beachten Sie den Fadenlauf sowohl bei Geweben wie auch Maschenware

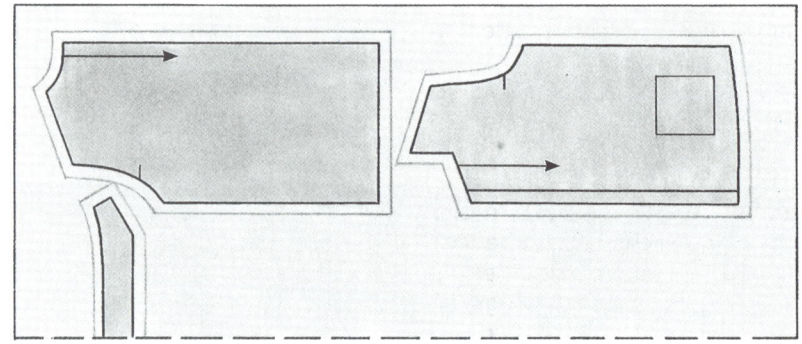

Naht- und Saumzugabe nicht vergessen

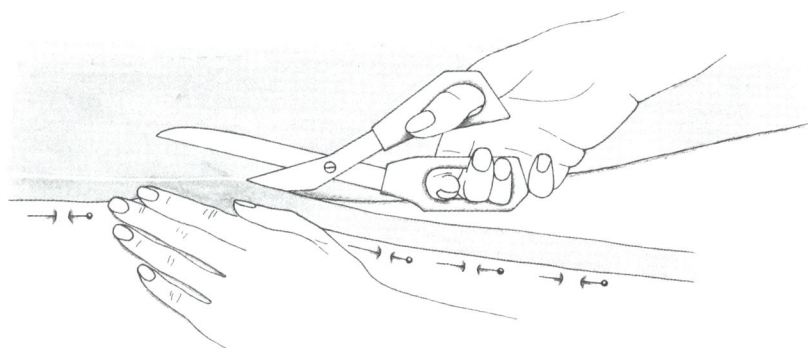

Eine große Hilfe beim **Zuschnitt** ist die spezielle Schneiderschere (Länge etwa 18–20 cm). Die Schneiden müssen scharf sein; schneiden Sie nie mit einer Stoff- oder Nähschere Papier.

Die untere Schneide der Schere wird beim Zuschnitt direkt über die Tischplatte geführt. Den Stoff beim Zuschneiden nicht anheben, da sich sonst die Schnittkanten leicht verschieben. Schneiden Sie mit langen, festen Schnitten. Damit der Stoff nicht verrutscht, halten Sie ihn mit der freien Hand dicht neben der Schnittlinie fest.

Zuschnitt von Einlagestoffen

Dem Material des Oberstoffes entsprechend werden in Kanten, Verschlußrändern, Belegen, Manschetten, Taschen und im Kragen Einlagestoffe verarbeitet.

Die Vlieseinlagen können Sie sehr sparsam zuschneiden, denn Sie brauchen nicht auf den Fadenlauf zu achten. Nur bei den Roßhaareinlagen oder bei den gewebten Einlagestoffen muß der Fadenlauf berücksichtigt werden.

Schneiden Sie den gewebten Einlagestoff mit einer knappen Nahtzugabe von 1 cm zu. Er wird in den Nähten mitgefaßt, an freien Kanten befestigen Sie ihn mit losen Hexenstichen am Oberstoff. Nach dem Nähen schneiden Sie die Nahtzugabe der Einlage bis knapp vor die Stepplinie zurück.

Am einfachsten zu verarbeiten ist ein fixierbares Vliesmaterial, das von links auf das zu verstärkende Teil aufgebügelt wird. Diese Einlage schneiden Sie ohne Nahtzugabe zu.

Größe und Form des Einlagestoffes richten sich nach dem Kleidungsstück. Bei leichten Blusen oder Kleidern legen Sie einen schmalen Streifen in die Verschlußkante. Bei größeren Belegen schneiden Sie den Einlagestoff nach dem Schnittmuster zu.

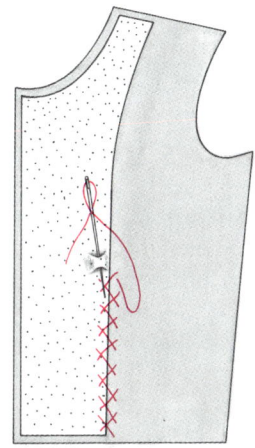

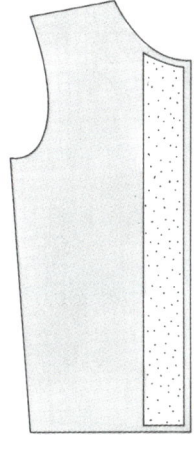

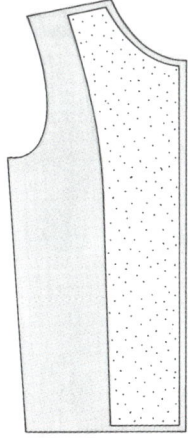

Futterzuschnitt

Das Zuschneiden des Futters erfolgt im Prinzip wie das des Oberstoffes mit den gleichen Nahtzugaben. Bei Kleidungsstücken mit Belegen werden diese nicht aus Futterstoff zugeschnitten. Das Futter für das Oberteil schneidet man ohne die Belege zu. Bei Jacken und Mänteln berücksichtigen Sie in der hinteren Mitte eine etwa 2 cm breite Bewegungsfalte. Diese wird am Halsansatz und am Saumabschluß 4 bis 6 cm weit zugenäht. Das Futter schneiden Sie ohne Saumzugabe zu, da es immer 2 cm kürzer sein soll als das fertige Kleidungsstück.

Achten Sie auf eine größere Nahtzugabe an der Armkugel, um genügend Spielraum für das Ansäumen des Ärmels an den Armausschnitt zu haben. Denken Sie an schmale Futterstreifen, die Sie zusammennähen, um eventuelle Aufhänger für Jacken, Mäntel und Röcke zu erhalten.

Auch auf den Futterschnitteilen markieren Sie alle Nahtlinien, Abnäher und Markierungspunkte mit Schneiderkopierpapier und Kopierrädchen.

Markieren

Bevor Sie den Papierschnitt vom Stoff entfernen, müssen Nahtlinien, Abnäher und Markierungspunkte wie Ärmeleinsatzpunkte, außerdem Einhaltlinien (Kräusellinien), Ansatzpunkte, Taschen, Knopflöcher und vordere sowie hintere Mitte bezeichnet werden. Es gibt verschiedene Möglichkeiten, alle Markierungen auf den Stoff zu übertragen.

Bei doppelt liegenden, undurchsichtigen Stoffen ist das Kopieren mit **Schneiderkopierpapier** die schnellste aller Methode des Übertragens.

Überprüfen Sie unbedingt auf einem Stoffrest, ob sich die Farbe des Kopierpapiers auch leicht wieder entfernen läßt.

Breiten Sie auf einer Kartonunterlage das Schneiderkopierpapier mit der Farbschichtseite nach oben aus, und legen Sie die zugeschnittenen Teile auf. Mit dem Kopierrädchen fahren Sie mit kurzen, festen Strichen die Linien und die Markierungspunkte ab. Die zugeschnittenen, kopierten Teile werden gewendet. Übertragen Sie nun in gleicher Weise alle Konturen auf die untere Stofflage. Nehmen Sie den Papierschnitt vorsichtig ab.

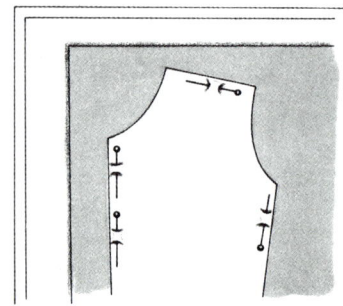

Abschließend zeichnen Sie mit Schneiderkreide Querstriche an den Abnäherspitzen ein, damit diese auf beiden Seiten gleich lang werden.

Die bekannteste Übertragungsart erfolgt mit Stecknadeln und **Schneiderkreide**. Stecken Sie Stecknadeln an den Nahtlinien und den Markierungspunkten durch beide Stofflagen hindurch. Nach Entfernen des Schnittmusters verbinden Sie die Punkte mit Schneiderkreide.

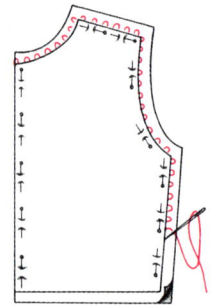

Durchschlagen benötigt leider die meiste Zeit, doch ist diese Methode absolut unentbehrlich bei durchsichtigen und empfindlichen Stoffen.

Die Markierungen werden mit Schlingstichen gleichzeitig und exakt auf beide Stofflagen übertragen.

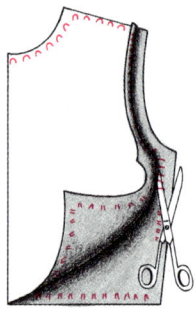

Nach dem Auseinanderziehen der beiden Stofflagen schneiden Sie die Schlingen zwischen den Lagen auf.

Nach dem Zusammenheften der Schnitteile und der Anprobe zupfen Sie die Schlingfäden heraus, damit Sie sie nicht miteinnähen.

Stecken

Nach dem Zuschneiden und den Markierungsarbeiten, jedoch vor dem Zusammennähen der Schnitteile sind noch zwei wichtige Arbeitsschritte notwendig, von deren sorgfältiger Ausführung nicht selten der gute Sitz des Kleidungsstückes abhängt. Vor allem Nähanfängerinnen sollten diese Vorarbeiten sehr genau ausführen.

Ein erstes Fixieren der Nähte erfolgt mit Stecknadeln. Diese sollten in Stärke und Länge immer auf die Stoffqualität abgestimmt sein. Die zusammengehörenden Stoffteile werden (mit wenigen Ausnahmen) rechts auf rechts gelegt. Achten Sie darauf, daß sich auch alle Markierungspunkte decken. Stecken Sie die Nadeln quer zur Nahtlinie. So können Sie bequem über die Nadeln hinweg heften oder als geübte Näherin sogar mit der Maschine darübersteppen. Anmerkung: Nähen Sie aber langsam über die Nadeln, um die Nähmaschinennadel nicht zu beschädigen.

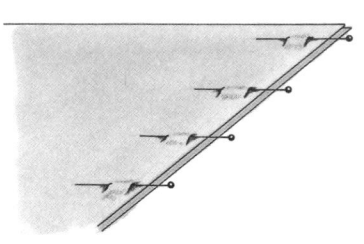

Heften

Für die erste Anprobe, die noch vor dem Zusammennähen erfolgen sollte, werden die Schnitteile zusammengeheftet. Das Heften sollten Sie als nicht so geübte Näherin nie „vergessen", denn das Auftrennen einer bereits gesteppten Naht ist viel mühsamer als das Ziehen eines Heftfadens. So mancher Zwischenschritt wird auch in der Modellschneiderei geheftet, zum Beispiel die Kante nach dem Verstürzen von Kragen und Manschetten, und auch Reißverschlüsse fixiert man zunächst mit Heftstichen. Beginnen Sie beim Heften immer mit den Abnähern, dann folgen Schulter-, Seiten-, Rock- und Ärmelnähte.

Die **Heftstiche** sind etwa 1 cm lang. Sie werden in gleichmäßigem Abstand von rechts nach links gearbeitet, wobei das Ein- und Ausstechen in einem Arbeitsgang erfolgt. Nähen Sie dann dicht neben der Heftlinie; der Heftfaden kann so leichter gezogen werden, als wenn Sie direkt auf der Heftlinie steppen.

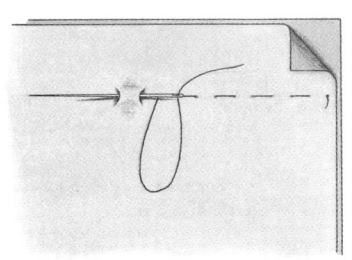

Zum Heften der Seitennähte oder des Saumes können Sie den **Eilstich** verwenden. Er ist wie der Heftstich ein Vorstich, nur wird er in größeren Abständen (1,5 cm) gearbeitet.
Verwenden Sie zum Heften das preiswerte Heftgarn.

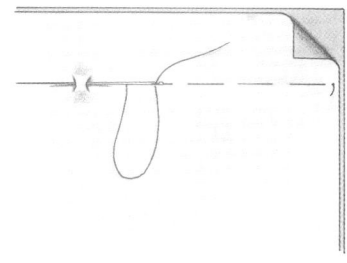

Auch **mit der Nähmaschine** lassen sich die Schnitteile (für eine Anprobe) zusammenheften. Versenken Sie den Transporteur Ihrer Maschine, so daß Sie den Stoff beliebig nach hinten durchziehen können. Damit sich der Unterfaden nach dem Nähen leichter herausziehen läßt, lösen Sie die Oberfadenspannung etwas.

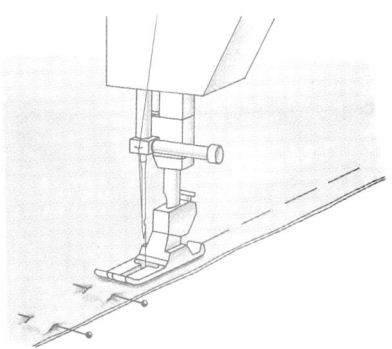

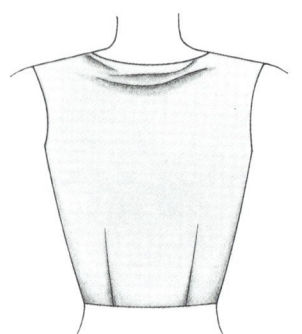 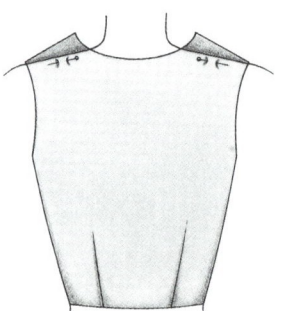 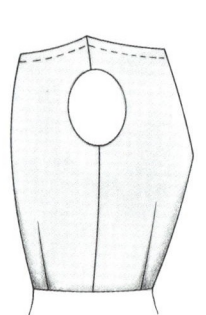 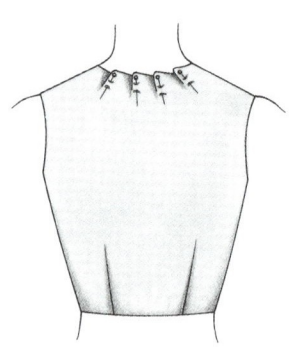

Anprobe

Für die Anprobe des Oberteiles stecken Sie die vordere oder die hintere Mitte zu. Kontrollieren Sie den Sitz des Kleidungsstückes. Durch zu gerade Schultern bilden sich leicht Falten am Halsausschnitt. Trennen Sie die Schulternaht auf, und heben Sie die Naht von der Schulterspitze aus. Der Halsausschnitt wird dadurch enger. Stecken Sie nach der Anprobe das Kleidungsstück Mitte auf Mitte und Schulternaht auf Schulternaht, und schneiden Sie das Halsloch etwas nach.

Ist der Halsausschnitt zu weit, heben Sie auch in diesem Fall die Schulternähte. Beachten Sie, daß Sie zum Armloch hin einen glatten Übergang in die alte Schulternahtlinie bekommen. Ist der Halsausschnitt viel zu weit, stecken Sie zunächst die ganze Weite ab, und teilen Sie dann die überschüssige Weite in mehrere kleine Abnäher auf. Beleg und Kragenweite ebenfalls korrigieren.

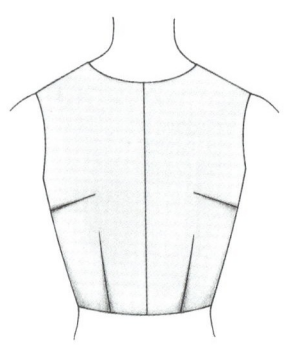 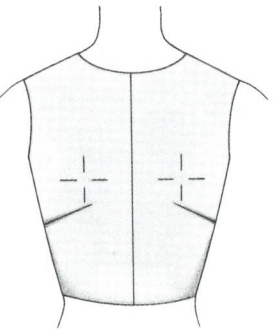 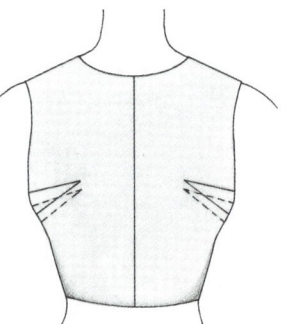 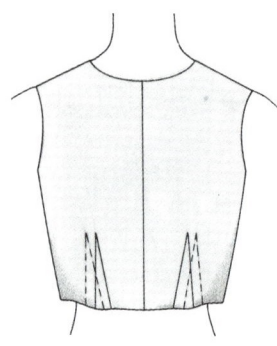

Kontrollieren Sie bei der Anprobe, ob die Taillenabnäher senkrecht verlaufen und der Brustabnäher (meist bei größeren Oberweiten) zum stärksten Punkt der Brust verläuft. Oft muß der Brustabnäher tiefer eingelegt werden, da sich seitliche Querfalten bilden. Trennen Sie also die Seitennähte und den Abnäher auf. Den Brustabnäher entsprechend der Figur neu abstecken und nähen. Schließen Sie dann die Seitennähte, und korrigieren Sie den unteren Ärmelausschnitt. Damit das Armloch nicht zu groß wird, sollte immer genügend Nahtzugabe am Ärmelausschnitt zugegeben werden.

Sitzt der Brustabnäher nicht an der richtigen Stelle, können Sie dies eventuell schon durch Heben oder Herauslassen der Schulternähte korrigieren. Bei Änderung der von der Taille ausgehenden Abnäher achten Sie darauf, daß die vordere Mitte nicht verzogen und das Vorderteil nicht zu eng wird.

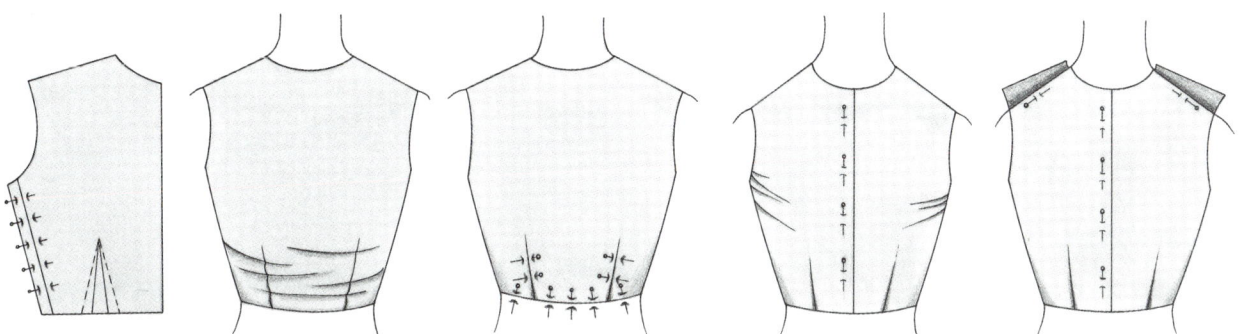

Die Taillenweite kann zusätzlich zu den Seitennähten durch Abnäher im Vorderteil (von der Taille zur Brustspitze) und im Rückenteil (von der Taille bis maximal in die Höhe des Armloches) verringert werden.

Stauft das Vorderteil oder das Rückenteil, dann sind diese Schnitteile zu lang. Trennen Sie die

Taillennaht auf, und setzen Sie den Rock um so viel höher, daß Vorder- und Rückenteil glatt anliegen.

Entstehen am Ärmelausschnitt Falten durch zu abfallende Schultern, muß die Schulternaht gehoben werden. Trennen Sie dazu diese Naht auf, und heben Sie sie so weit hoch, daß Vorder- und

Rückenteil glatt liegen. Nähen Sie nun die Schulternaht neu zusammen. Beachten Sie, daß durch diese Änderung das Armloch kleiner geworden ist.

Ist die Schulter nicht so schräg wie im Schnitt angegeben, dann entstehen um den Halsausschnitt Falten. Heben Sie auch in diesem Fall die Schulternaht ein wenig.

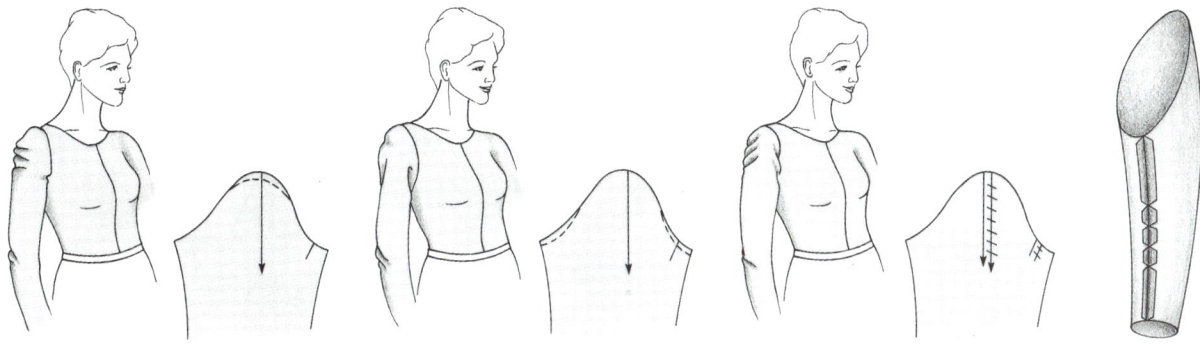

Je nach Modetrend wechselt die Schnittform des Ärmels. Bei gerade eingesetztem Ärmel entfällt meist eine Korrektur, da die Nahtlinie weit von der Schulter entfernt ist. Ein exakter Sitz wird jedoch bei Ärmeln mit Armkugel verlangt. In diesem Falle sollten Sie den Ärmel nie ohne Anprobe einsteppen.

Bilden sich leichte Wellen auf der Armkugel, so ist sie zu hoch. Verkürzen Sie die Kugel durch Verschieben der Ansatznaht. Ein leichtes Korrigieren der seitlichen Ansatznaht ist notwendig, wenn vom Ellenbogen zur Armkugel hin leichte Quer- oder Längsfalten entstehen. Zeigen sich im Bereich

der Armkugel Querfalten, so muß der Ärmel leicht nach vorn gedreht werden; Schulternaht und Schultermarkierung am Ärmel sind gegeneinander verschoben.

Im Bereich des Ellenbogens sollte die Nahtzugabe gerade bei sehr engen Ärmeln etwas eingeschnitten werden.

Ist bei einer Hose die Schrittnaht zu lang, das Zuviel am hinteren Taillenrand abnehmen. Dadurch verschiebt sich die Ansatzlinie für den Bund. Ist die Taille zu weit, gleichmäßig an der vorderen und der hinteren Schrittnaht, eventuell auch an den Seitennähten abnehmen oder kleine Abnäher einlegen. Bei einer zu engen Taille erfolgt die Korrektur durch Zugeben aus den Nähten oder durch Herauslassen der Abnäher.

Eine geringe Weitenzugabe oder -abnahme im Bereich der Hüfte kann an den Seitennähten vorgenommen werden. Die neue Nahtlinie muß am Oberschenkel glatt in die Originallinie übergehen. Erweitern oder verengen Sie die Hose am Oberschenkel bis zur Knielinie, so muß die Korrektur zu je einem Viertel auf die Hoseninnenbeine verteilt werden. Wenn Sie nur an den Seitennähten ändern, fällt das Hosenbein nicht mehr gerade.

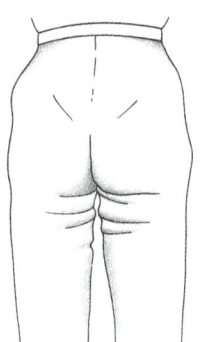 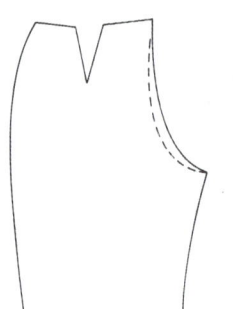 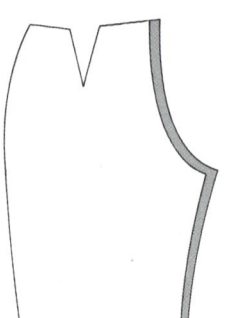 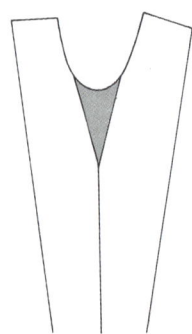

Durch ein zu flaches Gesäß entsteht ein Faltenzug. Für die Korrektur drehen Sie die Hose auf die linke Seite und zeichnen mit Kreide eine vertiefte Rundung in die hintere Schrittnaht ein. Anschließend die neue Rundung steppen. Die Nahtzugabe in der Rundung auf knapp 1 cm zurückschneiden, da sie sonst spannt und die Naht sich sonst zieht.

Diese Korrektur wird auch durchgeführt, wenn die Schrittnaht etwas kneift. Ist der Schritt an der Hose viel zu eng, kann er durch das Einsetzen eines Zwickels weiter werden. Trennen Sie die gehefteten inneren Hosenbeinnähte 15 cm und die vordere sowie die hintere Schrittnaht je 4 cm auf. Bei einer Verlängerung der Schrittnaht um 4 cm schneiden Sie sich einen Zwickel, der 4 cm breit und 10 cm lang ist. Vergessen Sie die Nahtzugabe nicht, und beachten Sie den Fadenlauf. Setzen Sie den Zwickel an die vorderen und die rückwärtigen Hosenbeine, so daß er spitz in die innere Hosenbeinnaht ausläuft. Anschließend die Schrittnaht wieder schließen.

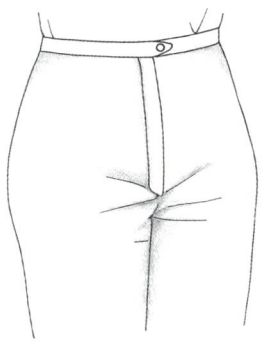

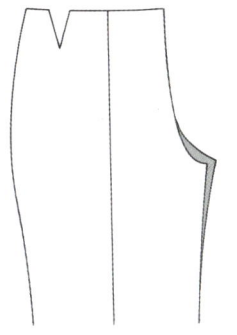

Hinweis

Korrekturen der Hosenbeinlänge nehmen Sie am unteren Hosenrand vor. So lassen sich die Hosenbeine ohne Schwierigkeiten kürzen. Unsichtbare Verlängerungen können jedoch nur entsprechend der Saumzugabe durchgeführt werden.

Fällt die Bügelfalte nicht korrekt, so kann dies durch einen falschen Zuschnitt, bei dem der Fadenlauf nicht beachtet wurde, oder durch erhebliche Veränderungen an den Seitennähten bedingt sein.

Bilden sich unterhalb des Schlitzes kleine Fältchen, so muß die Rundung leicht korrigiert werden, das heißt, die vordere Schrittnaht (Kreuznaht) wird flacher genäht.

Bedingt durch sehr dicke Oberschenkel kann eine weitere Zugabe aus der Seitennaht (sofern genügend Nahtzugabe vorhanden) erforderlich sein.

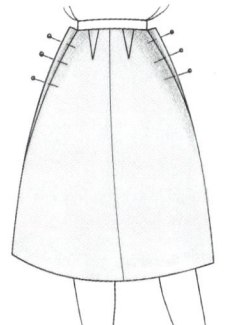

Bei einem Rock führt man die Korrekturen zuerst an der Taillenkante aus. Hängt der Rock hinten durch, so heben Sie die Taillennaht an, indem Sie die rückwärtige Taillenlinie entsprechend „ausrunden". Ist der Rock in der Taille zu weit, so können kleine Änderungen an der Seitennaht vorgenommen werden. Dabei dürfen sich vordere und hintere Mitte aber nicht verschieben. Ist der Rock viel zu weit, legen Sie lieber kleine Fältchen oder einen Abnäher ein.

Bei Bahnen- oder Faltenröcken müssen der Fall der Falten und der Verlauf der Nähte überprüft werden. Gegebenenfalls die Taillenlinie etwas mehr ausrunden, um dadurch den Rock zu heben. Bei einem Rock mit unterschiedlich tief eingelegten Falten genügt es meist, die inneren Faltenbrüche leicht über die Taillenlinie hinaus zu heben.

Volant- und Stufenröcke sollten schon vor dem Zusammennähen auf ihre endgültige Länge hin überprüft werden. Eine eventuell erforderliche Längenkorrektur an allen Stufen gleichmäßig durchführen.

Versäuberungs-arten

Durch die Versäuberung der Schnittkanten wird vor allem das Ausfransen des Stoffes verhindert. Es gibt verschiedene Versäuberungsarten, deren Ausführung vom verwendeten Material abhängt. Generell sollte man die Schnittkanten vor dem Zusammennähen versäubern, denn bei den einzelnen Schnitteilen liegen die Nahtzugaben noch flach, und Sie brauchen auf keine Nahtverbindungspunkte oder auf Nahtübergänge zwischen mehreren Schnitteilen zu achten.

Die **Zackenschere** gibt es in verschiedenen Längen. Das Beschneiden der Schnittkanten mit der Zackenschere ist die einfachste und billigste Art der Versäuberung. Wenden Sie diese Methode aber nur bei Kleidungsstücken an, die Sie selten tragen oder deren Stoff nicht leicht ausfranst, denn das Auszacken verhindert das Ausfransen nicht unbedingt. Futter oder Einlagestoffe können hingegen ohne Bedenken mit der Zackenschere versäubert werden.
Zacken Sie die Kanten in einfacher Stofflage aus, schneiden Sie aber Ihre Schnitteile nicht mit der Zackenschere zu.

Außer die Nahtzugaben zu versäubern können Sie mit der Zackenschere zum Beispiel bei Leder oder Kunstleder zudem effektvolle Verzierungen gestalten.

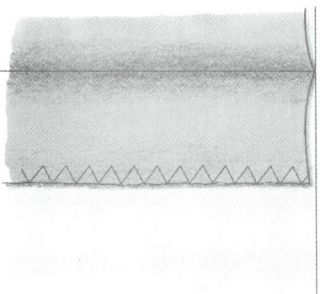

Die Versäuberung mit dem **Zickzackstich** ist die gebräuchlichste Methode. Stellen Sie den Stich in Breite und Größe der Stoffart entsprechend ein. Legen Sie die Nahtzugabe so unter den Nähfuß, daß die Nadel abwechselnd einmal in den Stoff und einmal daneben einsticht. Beachten Sie die Fadenspannung.

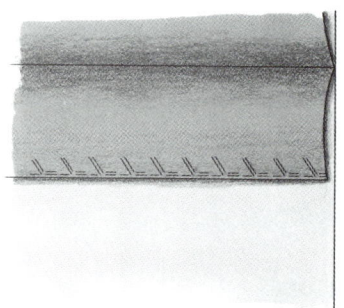

Nähte, die nicht ausgebügelt werden müssen, können mit dem **Overlockstich** in einem Arbeitsgang gesteppt und versäubert werden. Vor allem bei gewirkten, gestrickten und elastischen Stoffen empfiehlt sich die Anwendung dieses Stiches, den es in diversen Varianten an allen modernen Nähmaschinen gibt.

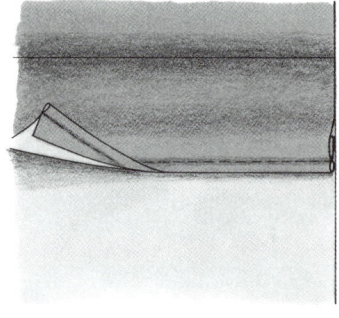

Bei leichten bis mittelschweren, leicht ausfransenden Stoffen werden die **Schnittkanten umgesteppt** (jedoch nicht angesteppt). Die Nahtzugaben 0,5 cm nach links umbügeln und dicht neben der Bruchlinie absteppen. Achten Sie beim Ausbügeln der Naht darauf, daß sich die Ränder nicht durchdrücken.

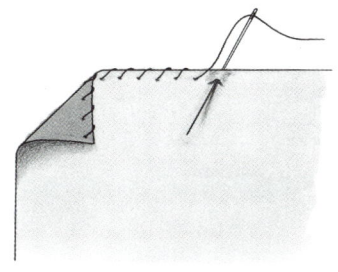

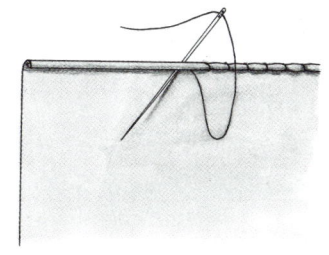

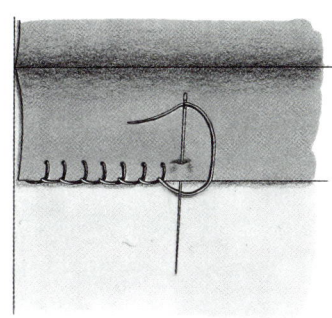

Die älteste Methode der Kanten-versäuberung ist das **Einfassen mit dem Überwendlingsstich.** Dies erfolgt von Hand. Mit einem einfachen Faden nähen Sie in gleichmäßigen Abständen 0,5 cm tiefe Stiche um die Schnittkanten. Die Kanten dürfen sich nicht rol-len; ziehen Sie deshalb den Faden nur leicht an.

Sichern Sie die Schnittkanten sehr leichter, duftiger Stoffe nach dem Zusammennähen der Schnitteile mit einem **Rollsaum.** Dabei wird die Kante zwischen Daumen und Zeigefinger leicht gerollt und mit kleinen überwendlichen Stichen festgenäht.

Soll die Stoffkante nicht nur ver-säubert, sondern gleichzeitig de-korativ verziert werden, so bietet sich neben dem Zickzack- und dem Overlockstich auch noch der **Festonstich** an. Den aus der Stickerei bekannten Stich arbeitet man mit Knopflochgarn von links nach rechts.

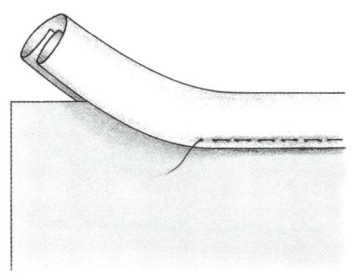

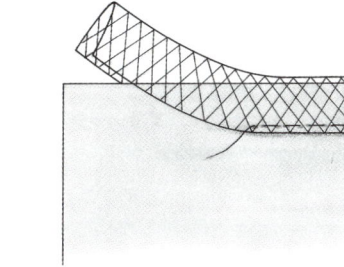

Die sauberste Art, in ungefütterten Jacken und Mänteln die Nähte zu versäubern, ist das Einfassen der Schnittkanten mit **Schrägstreifen.** Um die sauber geschnittenen Kanten wird das gefaltete Schräg-band gelegt. Steppen Sie es von der rechten Seite her fest.

In gleicher Weise wird auch das **Tresseband** um die Schnittkanten gearbeitet. Mit diesem versäubert man jedoch nur gerade Schnitt-kanten, während sich Schräg-streifen auch für gerundete Schnittkanten sehr gut verwenden lassen.

Zusammen-
nähen
der Schnitteile

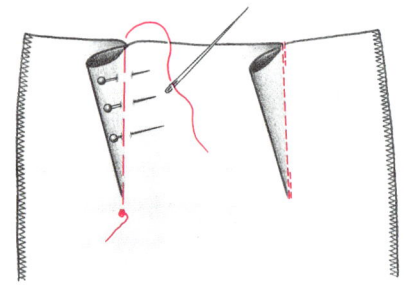

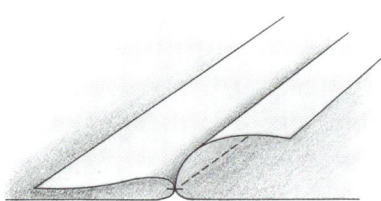

Arbeiten Sie vor dem Zusammennähen der Schnitteile eine Probenaht auf einer Stoffprobe. Stimmen Sie die Stichlänge auf die Stoffart ab. Kontrollieren Sie dabei, ob die Ober- und die Unterfadenspannung richtig eingestellt sind und ob die Garnstärke sowie die Maschinennadel dem Stoff entsprechen. Für die verschiedenen Materialien gibt es jeweils spezielle Nadeln. Achten Sie auch immer darauf, daß Sie mit einer einwandfreien Nadel arbeiten.
Bügeln Sie die Naht in Nährichtung aus.

Mit den **Abnähern** beginnen Sie das Zusammennähen. Die Abnäher, die von der Spitze zur Breitseite hin geheftet wurden, steppen Sie nun in umgekehrter Richtung. Vernähen Sie den Faden mit ein paar Rückstichen. Von der linken Stoffseite aus wird der Abnäher zur entsprechenden Seite umgebügelt.

Nähen Sie Schulter-, Teilungs- und Seitennähte mit einer **Flachnaht**. Sie verbindet zwei Stoffteile durch eine Geradstichreihe miteinander. Anfang und Ende der Naht sichern Sie mit 3 bis 4 Vor- und Rückstichen. Diese Nähte flach auseinanderbügeln.

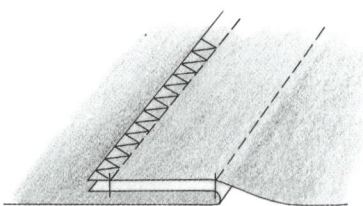

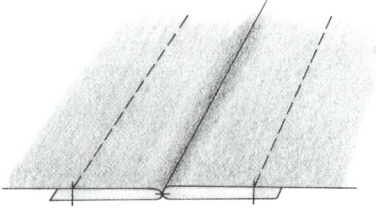

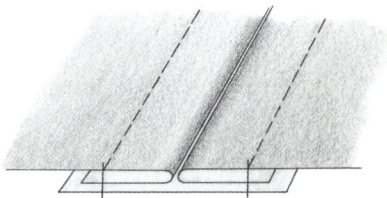

Für die **einfache Kappnaht** schließen Sie die Naht entlang der Nahtlinie. Im zweiten Arbeitsgang versäubern Sie die beiden Schnittkanten. Anschließend bügeln Sie die Nahtzugaben nach einer Seite um. Von der rechten Seite steppen Sie die Nahtzugaben mit füßchenbreitem Abstand zur ersten Steppnaht fest.

Ziernähte sind meistens Abwandlungen der Flachnaht, so daß diese durch zusätzliche Steppnähte betont wird. Sehr dekorativ ist die auseinandergebügelte Naht, bei der die Nahtzugaben von der rechten Stoffseite aus festgesteppt werden. Die Zierstepplinien laufen parallel zur Nahtlinie.

Für die **Kellernaht** wird die geheftete Flachnaht auseinandergebügelt und mit einem Stoffstreifen unterlegt. Auf beiden Seiten der Nahtlinie werden von der rechten Seite aus die Stofflagen aufeinandergesteppt. Nach dem Bügeln ziehen Sie dann den Heftfaden heraus, so daß die Naht aufspringen kann.

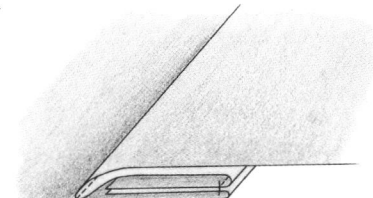 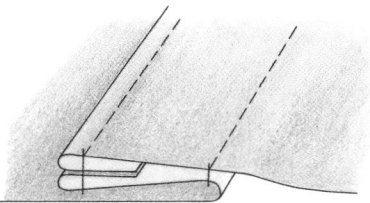 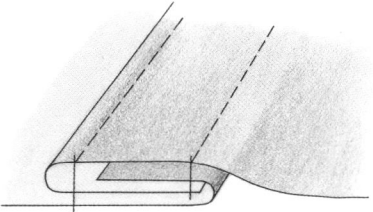

Für dünne, duftige Kleidung wählen Sie die **Französische Naht**. Beide Stofflagen links auf links zusammennähen. Nahtzugabe kürzen. Vor dem Wenden die Naht ausbügeln. Auf der linken Seite nähen Sie die zweite Naht, so daß die Schnittkanten der Nahtzugaben (erste Naht) ganz eingeschlossen sind.

Bei Rundungen arbeiten Sie die **falsche Französische Naht**. Legen Sie die Stofflagen rechts auf rechts, und nähen Sie sie zusammen. Die Schnittkanten der etwa 1,5 cm breiten Nahtzugaben bügeln Sie zur Stepplinie hin, und legen Sie Bruchkante auf Bruchkante. Steppen Sie diese Kanten dann zusammen.

Für die strapazierfähige **flache Kappnaht** legen Sie den Stoff links auf links und steppen die Nahtlinie. Schneiden Sie eine Nahtzugabe auf 0,5 cm zurück. Schlagen Sie die längere Nahtzugabe um die zurückgeschnittene Kante, und steppen Sie diese von der rechten Stoffseite aus schmalkantig auf.

Wird bei Ihrem Modell der Halsausschnitt oder das Armloch mit Futterstoff verstürzt oder mit einem Formstreifen belegt, dann nähen Sie eine **Untersteppnaht**. Dadurch vermeiden Sie, daß der Beleg hervorrutscht.

Schneiden Sie die Nahtzugaben stufenweise zurück, dann bis 2 mm vor die Stepplinie ein. Nähen Sie die Untersteppnaht von rechts, knapp an der Nahtlinie entlang, durch Formstreifen und Nahtzugaben.

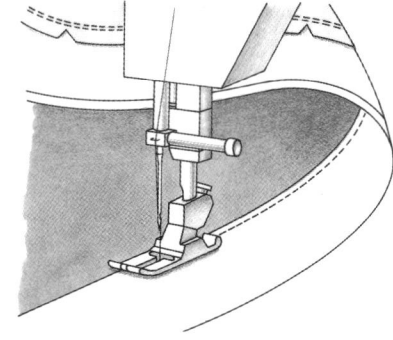

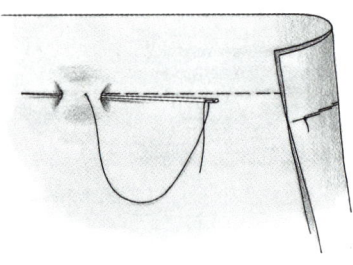

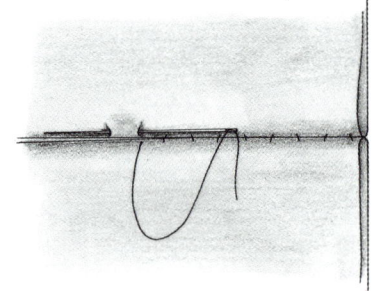

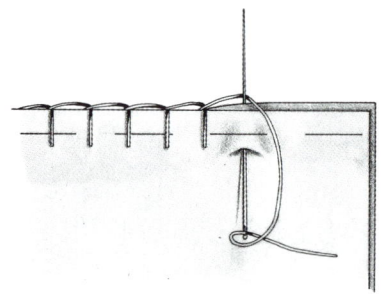

Von Hand werden heute nur noch kurze (meist aufgeplatzte) Nahtstrecken geschlossen. Verwenden Sie für eine Flachnaht den Steppstich. Nadel einstechen, einige Gewebefäden mit ihr aufnehmen, ausstechen. Zurück zur Ausstichstelle des letzten Stiches, einstechen zum neuen Stich.

Kann die Ausbesserung einer Naht nur von der rechten Seite erfolgen, arbeiten Sie den **hohlgenähten Staffierstich** von rechts nach links. Führen Sie die Nadel durch eine Bruchkante, wechseln Sie dann nach dem Ausstich zur gegenüberliegenden Bruchkante.

Auch mit dem **Feston- oder Languettenstich** können Sie kleine Nahtstrecken zum Beispiel an einem T-Shirt von der linken Stoffseite aus schließen. Stechen Sie hinter der Nahtlinie in den Stoff, und führen Sie die Nadel rechtwinkelig zur Kante. Legen Sie den Faden unter die Nadel, so daß sich eine Schlinge bildet, wenn der Faden herausgezogen wird.

Hinweis
Bei dünnen Stoffen oder Stoffen, die sich leicht verziehen, legen Sie beim Nähen Seidenpapier unter. Der Stoff wird besser durch die Maschine transportiert, gleichzeitig verhindert das Papier ein „Verletzen" des Stoffes durch die Stichplatte.
Nach dem Nähen entfernen Sie das Seidenpapier vorsichtig, zuerst auf der einen, dann auf der anderen Stoffseite.

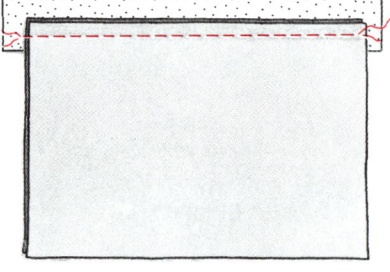

Abstepparbeiten

Mit dekorativen Steppnähten können Sie das Kleidungsstück verschönern, Details betonen, besondere Effekte erzielen oder Nahtränder flachhalten. Arbeiten Sie die Zierstepperei immer auf der rechten Seite. Sollen Nähte besonders plastisch wirken, so steppen Sie mit Maschinenstick- oder -stopfgarn. Bekommen Sie kein farblich passendes Garn, fädeln Sie den Nähfaden doppelt ein. Dabei liegen beide Nähfäden über der Spannungsscheibe und werden gemeinsam durch das Nadelöhr geführt.

Als Unterfaden verwenden Sie immer normales Nähgarn. Auch die Oberfadenspannung entsprechend regulieren.

Je größer der Stich, desto höher die Oberfadenspannung.

Je nach gewünschtem Effekt, nach Garn und nach Stoffmaterial stellen Sie die Stichlänge ein. Bei weichen Stoffen empfiehlt sich die größte Stichlänge.

Setzen Sie den Klarsichtnähfuß ein. Bei sehr dicken Stoffen schalten Sie die Nähmaschine auf doppelten Stofftransport. Das Führungslineal und die auf der Stichplatte eingravierten kleinen Führungslinien erleichtern das exakte, gleichmäßige Absteppen. Die Ziernaht knappkantig oder in füßchenbreitem Abstand zur Kante arbeiten.

Das knappkantige Absteppen wird durch Änderung der Nadelposition erleichtert. Stellen Sie je nach Bedarf die rechte und die linke Nadelstellung ein.

Verwenden Sie immer eine einwandfreie Nadel, da sonst Ziehfäden im Gewebe entstehen. Die Nadelstärke muß dem Material angepaßt sein.

Hinweis

Ein beliebter Ziersteppstich ist der 3fach-Ziersteppstich, den die meisten modernen Nähmaschinen in ihrem Programm haben. Dieser Stich wird mit normalem Nähgarn genäht.

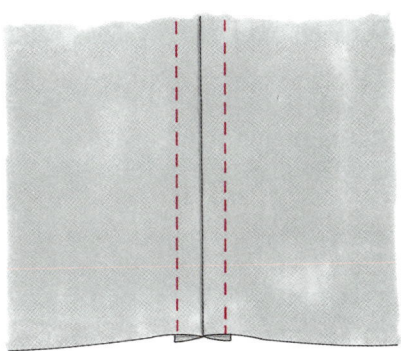

Schon eine einfache Naht kann durch Zierstiche betont werden. Bügeln Sie die Naht auseinander, und steppen Sie in gleichen Abständen zur Nahtlinie durch den Oberstoff und die Nahtzugaben hindurch.

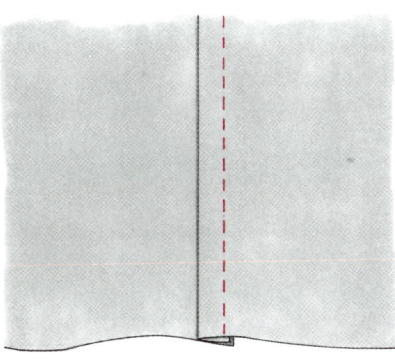

Den optischen Effekt einer Kappnaht erreichen Sie, wenn Sie beide Nahtzugaben zu einer Seite hin bügeln und dann durch Oberstoff und Nahtzugaben hindurch füßchenbreit von der Nahtlinie entfernt eine Ziernaht steppen.

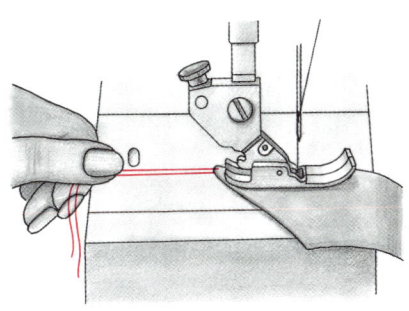

Für das Absteppen von Kragenecken befestigen Sie in jeder Kragenecke einen Faden. Ziehen Sie zum Nähen der ersten Stiche den Faden in Nährichtung, dadurch unterstützen Sie den Stofftransport.

Bügeln

Bügelausstattung

Richtiges Bügeln ist das A und O in der Schneiderei. Bügeln Sie immer zwischen den einzelnen Arbeitsschritten. Dann hat das Kleidungsstück schon bei der Anprobe ein gutes Aussehen und der Sitz kann besser überprüft werden.

Bügeln bedeutet das Glätten von Nähten und Falten in Kleidungsstücken oder Stoffen unter Einwirkung von Feuchtigkeit, Wärme und Druck. Seit sich die **Regulierbügeleisen** durchgesetzt haben, ist das Einstellen der zulässigen Bügeltemperatur für die Hobbyschneiderin kein Problem mehr.

Neben den Regulierbügeleisen erleichtern heute die **Dampfbügeleisen** das Bügeln. Das meist störende feuchte Tuch wird nur noch bei sehr empfindlichen Wollstoffen oder zum „Glanz abziehen" gebraucht. Dampfbügeleisen gibt es in schwerer und in leichter Ausführung, mit allen können Sie auch trocken bügeln. Die Bügelkomfortausstattung verfügt zum Beispiel über einen abnehmbaren Tank, eine Sprayeinrichtung, den extra starken Dampfstoß, die Feinschliffsohle und die Kontrolleuchte.

Welches Wasser für Ihr Dampfbügeleisen geeignet ist, richtet sich nach dem Härtegrad des Wassers. Hat Ihr Leitungswasser keine höhere Gesamthärte als 3 mmol (17° deutsche Härte), kann es für Dampfbügeleisen verwendet werden. Ist Ihr Leitungswasser härter, bereiten Sie es mit Schnell-

Pflegesymbol	Temperatur	Fasern
•	80–120 °C	Polyamid, Polyacryl
	130 °C	Viskose, Polyester
••	140–160 °C	Wolle, Seide
•••	180–220 °C	Leinen, Baumwolle

entkalker auf, der das Leitungswasser von Kalk und gelösten Metallsalzen befreit.

Destilliertes Wasser muß prinzipiell mit Leitungswasser im Verhältnis 1:1 gemischt werden. Bei Verwendung reinen destillierten Wassers wird die Dampferzeugung erschwert, und es kann zum Wasseraustritt (Tropfenbildung) aus der Sohle kommen. Verwenden Sie niemals Zusätze wie Stärke, Weichspüler, Parfüm oder Appretur. In der Verdampfungskammer bilden sich Rückstände, die das Gerät schädigen und zu Verunreinigungen des Bügelgutes führen. Gießen Sie bei einer längeren Bügelpause das Restwasser aus.

Die richtige **Pflege** schont Bügeleisen und Stoff. Achten Sie darauf, daß Ihr Bügeleisen immer eine glatte Bügelsohle hat. Benutzen Sie keine rauhen Untersetzer zum Abstellen des Eisens, kratzen und schaben Sie nicht mit einem Messer auf der Sohle. Ist sie verschmutzt, nehmen Sie zum Reinigen ein Metallpflegemittel ohne Schleifmittel, auf keinen Fall scharfe und scheuernde Reinigungsmittel. Wischen Sie von Zeit zu Zeit das abgekühlte Bügeleisen mit einem feuchten Tuch ab. Neben einem guten Bügeleisen und einem in der Höhe verstell-

baren **Bügelbrett** gibt es noch weitere Hilfsmittel, die Ihnen das Bügeln erleichtern. Das **Ärmelbrett** ist unentbehrlich für das Bügeln von Ärmeln und Hosenbeinen. Aber auch Nahtstellen in engen Kleidungsstücken werden glatt auf das Ärmelbrett gelegt.

Ein eiförmiges, fest gestopftes **Bügelkissen** ist ideal für leicht gerundete Nähte, zum Beispiel für Ärmeleinsatz- oder Teilungsnähte. Auch lassen sich Brustabnäher und stark gerundete Hüftnähte mit Hilfe eines Bügelkissens leichter formen. Das Bügelkissen ist auf einer Seite mit Wollstoff bezogen, so daß die Feuchtigkeit besser gehalten wird, die Rückseite ist mit Baumwollstoff bezogen. So können Sie auch bei höheren Temperaturen darauf bügeln.

Den dick gestopften **Bügelhandschuh** schiebt man mit der Hand in enge Stellen des Kleidungsstückes, um darüberbügeln zu können.

Verarbeiten Sie häufig Florstoffe, empfiehlt es sich, ein **Samtbrett** oder eine Drahtbügeldecke zu kaufen. Auf einer festen Unterlage sind viele Stahldrähte gearbeitet. Legen Sie die Stoffoberseite auf diese Drahtdecke, so schiebt sich der Flor zwischen die Drähte und wird nicht flachgebügelt.

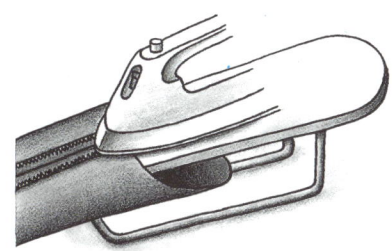

Ärmelbrett

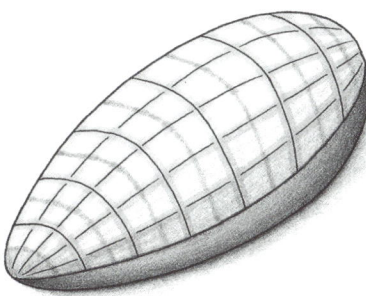

Bügelkissen

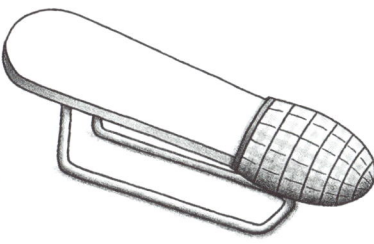

Bügelhandschuh auf Ärmelbrett

Samtbrett

Stoffe und ihre Bügeleigenschaft

Ehe Sie Ihr Kleidungsstück bügeln, probieren Sie an einer Stoffprobe aus, wie sich der Stoff bügeln läßt. Dabei sollten Sie nicht nur auf die richtige Temperatur achten, sondern auch auf Stoffeigenschaften, die sich durch das Bügeln verändern können. Wenn das Bügeleisen leicht über das Gewebe gleitet, hat es die richtige Temperatur. Ist sie zu hoch, kann es bei Synthetiks leicht passieren, daß das Eisen anklebt.

Denken Sie auch daran, daß zum Beispiel die Metallfäden bei Brokat keinen Dampf vertragen; sie werden matt. Bügeln Sie Brokat mit einem trockenen Bügeltuch bei niedriger Temperatur. Eingehaltene Weite kann bei Brokat nicht eingebügelt werden.

Crêpestoffe drücken sich leicht durch, laufen unter Dampfeinwirkung etwas ein und kräuseln sich. Bügeln Sie deshalb bei diesen Stoffen nur ganz leicht über die Nähte, und legen Sie unter die Nahtkanten Seidenpapier.

Damit die kleinen Florhärchen nicht flachgebügelt werden, bügeln Sie Streich- und Flauschstoffe immer nur von der linken Seite. Bei sehr edlen Wollstoffen legen Sie außerdem noch ein trockenes Flanelltuch auf die zu bügelnde Fläche. Ein Tip: Wollstoffe vor dem Zuschnitt ganz abbügeln.

Zum Bügeln von Florstoffen eignet sich am besten ein Samtbrett oder eine Drahtbügeldecke. Verarbeiten Sie selten Florstoffe, so können Sie sie auch auf Samt bügeln.

Sind bei einem permanent gebügelten Stoff Nähte, Kanten und Falten einmal fixiert, lassen sich die Bügelknicke nicht mehr entfernen. Daher geheftete Nähte nur leicht bügeln, erst nach dem Nähen und dem Herausziehen der Heftfäden dauerhaft bügeln.

Kleidungsstücke aus Doubleface werden mit Kappnähten verarbeitet. Sie müssen auf beiden Seiten gebügelt werden. Um die Nähte plätten zu können, ohne daß Glanz entsteht, benutzen Sie zusätzlich zu Ihrem Dampfbügeleisen ein feuchtes Tuch. Bügeln Sie mit mittlerem bis starkem Druck.

Dehnbare Stoffe, wie Maschenware, verziehen sich leicht und die Nahtzugaben drücken sich bei zu starkem Bügeldruck auf der rechten Seite durch. Legen Sie Ihr Teil ganz glatt auf das Bügelbrett oder den Bügeltisch, und schieben Sie Seidenpapier unter die Nahtzugaben.

Tafte, weiche und durchsichtige Stoffe werden ohne Dampf bei niedriger Temperatur gebügelt. Die zu bügelnden Stellen noch mit einem trockenen Bügeltuch abdecken, um eventuelle Wasserflecken zu vermeiden.

Um Ledernähte auseinanderzulegen, drücken Sie die Nähte mit der Spitze des kalten Bügeleisens auseinander. Eventuell benutzen Sie einen Textilkleber, um die Nahtzugaben flachzuhalten.

Bügeltips
und Bügeltechnik

- Setzen Sie das Bügeleisen nicht zu fest auf, sondern lassen Sie es gleiten.
- Es ist wichtig, nach jedem Arbeitsgang zu bügeln. So werden zum Beispiel Brust- oder Schulterrückenabnäher vor dem Schließen der Schulter- und der Seitennähte gebügelt und die Seitennähte, ehe man die Saumzugabe umsteckt.
- Bügeln Sie nicht über Stecknadeln, Sie zerkratzen sonst die Bügelfläche des Eisens, auch können kleine Löcher in Ihrem Stoff entstehen.
- Bürsten Sie Kreidelinien immer vor dem Bügeln aus.

- Die Kanten, Falten und Nähte müssen immer glatt und gerade vor Ihnen auf dem Bügelbrett liegen.
- Sollten Sie einmal trotz aller Vorsichtsmaßnahmen „Glanz gebügelt" haben, gibt es Möglichkeiten, diesen Schaden zu beheben. Es gibt eine Dampfbürste, mit der Sie nicht nur Glanz abziehen, sondern auch Ihre Oberbekleidung wieder glätten und das Gewebe auffrischen können. Halten Sie die betriebsbereite Bürste über die Glanzstelle, und sprühen Sie Dampf darauf. Mit der flachen Hand die eingesprühte Stelle leicht „beklopfen", damit die Feuchtigkeit noch tiefer ins Gewebe eindringt. Lassen Sie

Ihr Kleidungsstück flach auf dem Bügelbrett liegen, bis das Teil vollständig getrocknet ist.
Sollten Sie keine Dampfbürste besitzen, verwenden Sie zusätzlich zu Ihrem Dampfbügeleisen ein feuchtes Tuch, das Sie auf die Glanzstelle legen. Halten Sie das heiße Bügeleisen darüber, auf keinen Fall darauf stellen. Lassen Sie die Feuchtigkeit des Tuches und den Dampf des Bügeleisens in die Glanzstelle einziehen; eventuell den Vorgang mehrmals wiederholen.
Klopfen Sie auch bei dieser Methode mit der flachen Hand auf die mit Dampf behandelte Stelle, und lassen Sie das Kleidungsstück ruhen, bis es völlig trocken ist.

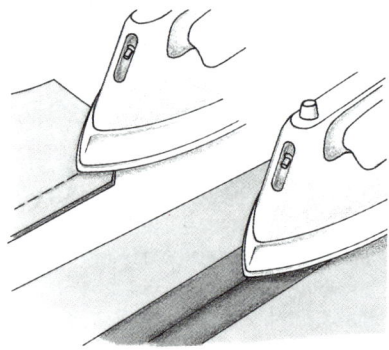

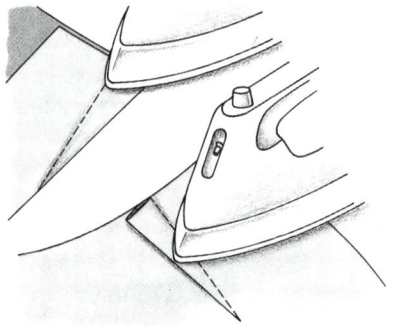

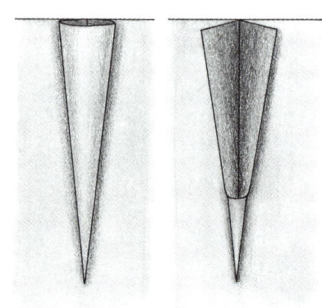

Bügeln Sie die Nähte zuerst flach (über Stichlinie und Nahtzugabe), ehe Sie sie auseinanderbügeln. Bügeln Sie feste, dicke Stoffe so lange, bis die Feuchtigkeit ganz verdampft ist. Bleibt noch eine „Restfeuchte" im Stoff, kann es passieren, daß Ihr Kleidungsstück Beulen und Wellen bekommt.

Abnäher werden zuerst flachgebügelt, dann zu einer Seite hin (Körpermitte oder Körperseite) umgebügelt. Die Abnäher in einem Futterrock bügeln Sie entgegengesetzt zu denen des Oberrockes, auf diese Weise wird die Taillennaht im Bereich der Abnäher nicht so dick.

Abnäher in dicken Stoffen schneiden Sie bis 3 cm vor die Spitze auf. Ist der Abnäher sehr tief eingelegt, schneiden Sie die Nahtzugaben zurück, dann bügeln Sie ihn auseinander. Abnäher in feinen Stoffen werden auf den Kopf gebügelt, das heißt, man bügelt den Abnäher flach auseinander.

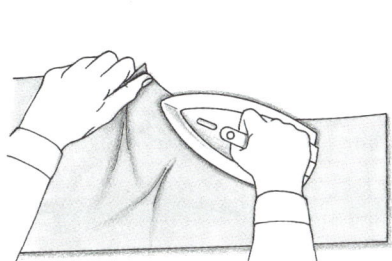

Wenn auf dem Schnitt „Dehnen"angegeben ist, erfolgt dies vor dem Zusammennähen der Teile. So wird zum Beispiel die hintere Schrittnaht einer Hose mit dem Dampfbügeleisen etwas gedehnt. Wichtig ist, daß gleiche Schnitteile gleich viel gedehnt werden.

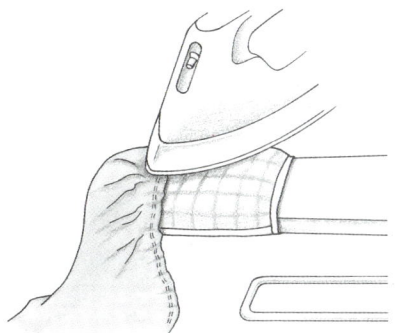

Eine Armkugel hält man immer etwas ein. Ziehen Sie 2 Kräuselfäden ein (Vorstich). Ziehen Sie die Kräuselfäden leicht an, die Weite gleichmäßig verteilen und etwas einbügeln. Mit Hilfe eines Bügelkissens können Sie schon vor dem Einsetzen des Ärmels die Armkugel formen.

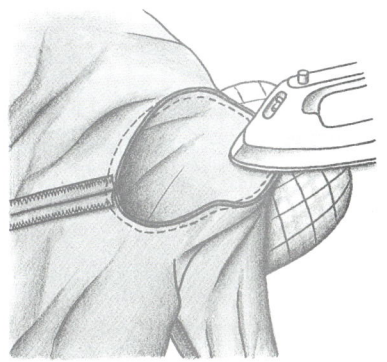

Die Naht eines eingesetzten Ärmels mit Kugel wird nicht auseinandergebügelt. Die Nahtzugaben versäubert man zuerst zusammen. Auf einem Bügelkissen bügeln Sie anschließend die Nahtzugaben von der Ärmelinnenseite zum Ärmel hin sorgfältig um.

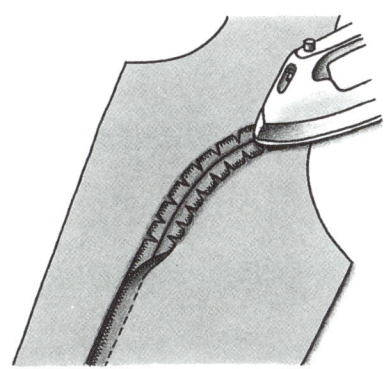

Bei abgerundeten Teilungsnähten bügeln Sie zuerst flach über die Stichlinie und die Nahtzugaben. Dann schneiden Sie die Zugaben im Abstand von 1 bis 2 cm vorsichtig bis kurz vor die Stepplinie ein. Anschließend bügeln Sie sie auseinander.

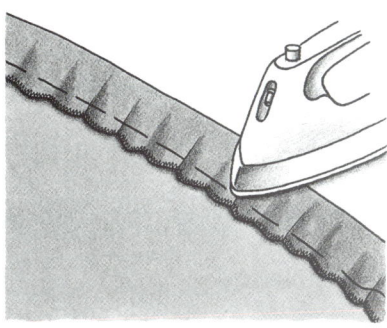

Die Saumzugabe bei einem Glockenrock hat sehr viel Weite. Ziehen Sie zunächst 2 Kräuselfäden 1 cm unterhalb der Schnittkante ein, die Fäden leicht anziehen. Die Saumzugabe von der Saumkante zur Schnittkante hin (mit wenig Druck) leicht bügeln.

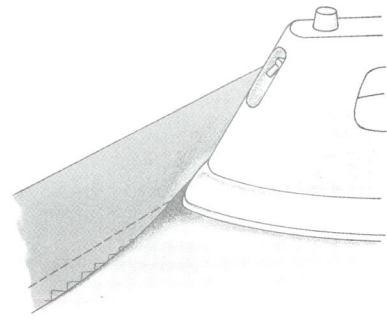

Stoffe, bei denen sich die Nahtzugaben durchdrücken, noch einmal unter der Nahtzugabe bügeln. Bei sehr empfindlichen Stoffen (Woll- oder Seidenstoffen) legen Sie während des Flachbügelns einen Papierstreifen unter die Nahtzugaben.

Einlage als Verstärkung

Einlagestoffe werden in Kleidungsstücke gearbeitet, damit diese einen besseren Sitz bekommen und die Formbeständigkeit erhöht wird.

Als Einlagen verwendet man meist dünne, filzartige Vliesstoffe. Die bekannteste Einlage ist die Vlieseline. Der Handel bietet sie als aufbügelbare Näheinlage (Vlieseline) an.

Neben Vlieseline gibt es den gewebten, aufbügelbaren Nessel, seltener verwendet wird die einzunähende Roßhaareinlage.

Hinweis

Bevor Sie die aufbügelbare Vlieseline verarbeiten, machen Sie immer eine Bügelprobe auf einem Stoffrest. Die gängigsten Vlieselinearten lassen sich mit einer Bügeltemperatur von 150° C (Wolle) aufbügeln, ohne zu schmelzen. Die Einlage wird Schritt für Schritt aufgepreßt. Drücken Sie dabei an jeder Stelle etwa 10 Sekunden auf. Schieben Sie das Bügeleisen nicht, da sich die Einlage verziehen kann. Vor der Weiterverarbeitung lassen Sie das verstärkte Teil mindestens 20 Minuten abkühlen. Bügeln Sie Vlieseline ohne Dampf auf.

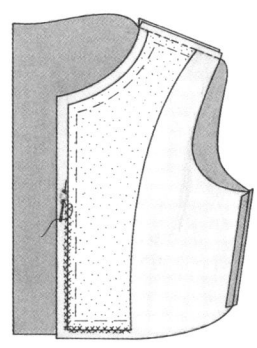

Nicht aufbügelbare, meist sehr schwere Einlagestoffe werden zunächst auf das Vorderteil einer Jacke oder eines Mantels geheftet und dann im Kantenbruch mit kleinen Hexenstichen angenäht.

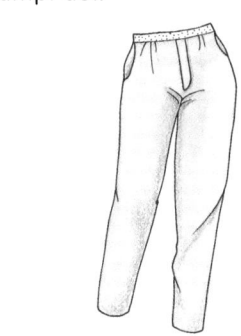

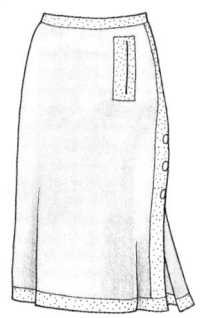

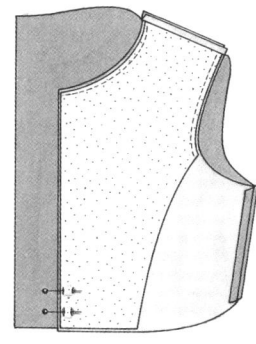

Bei Vorderteilen ohne Revers schneiden Sie die Einlage so groß, daß sie bis an die vordere Kante heranreicht. Steppen Sie diese Einlage mit der Maschine an. Fixieren Sie sie zusätzlich an der Halslinie und an der Ärmelansatznaht. Schwere Einlagestoffe sollten Sie zudem noch mit wenigen Stichen am Oberstoff pikieren.

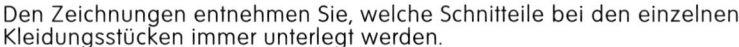

Den Zeichnungen entnehmen Sie, welche Schnitteile bei den einzelnen Kleidungsstücken immer unterlegt werden.

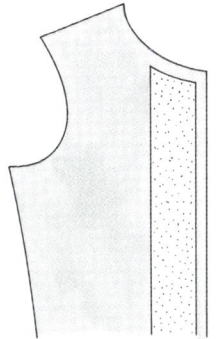
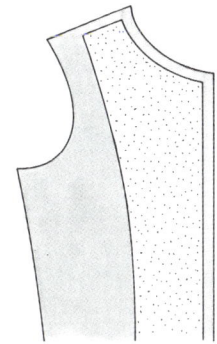
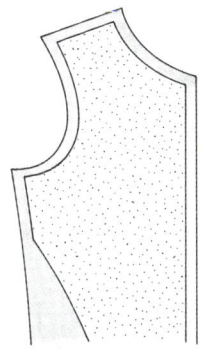

Der Verbrauch von Vlieseline ist sehr gering, da nicht auf den Fadenlauf oder die Richtung geachtet werden muß. Anders bei gewebten Einlagestoffen; sie müssen (bezogen auf den Fadenlauf) genauso zugeschnitten wer-

den wie der Oberstoff. Größe und Form der Einlage richten sich nach dem zu verstärkenden Schnitteil des Oberstoffes. Die Vorderteile leichter Blusen und Kleider werden nur mit einem schmalen Streifen entlang der Verschluß-

kante unterlegt, dabei sollte die Einlage mindestens 1 cm über die Knopflöcher hinausreichen. Jacken und Mäntel verstärken Sie mit breiteren Einlagestreifen, oder Sie unterlegen gegebenenfalls das ganze Vorderteil.

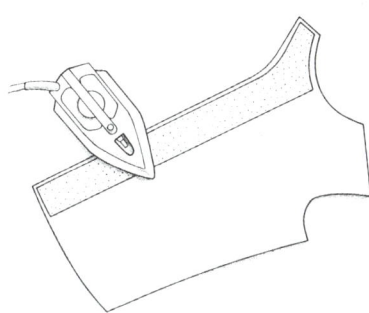
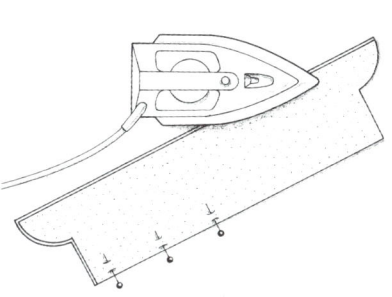
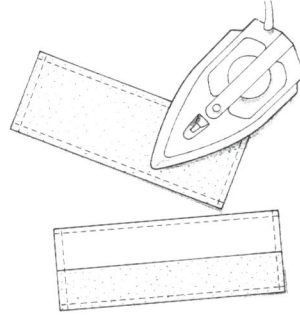

Zur Verstärkung der Knopfleisten wird die aufbügelbare Vlieseline ohne Nahtzugabe zugeschnitten und auf die linke Seite des Beleges aufgebügelt.

Kragen und Manschetten sind ein Blickfang an Ihrem Kleidungsstück. Soll ein Kragen weich fallen, bügeln Sie die Vlieseline nur auf den Unterkragen auf. Wenn sich bei einigen Stoffarten die Nähte durchdrücken, können Sie dies verhindern, indem sie Unter- und Oberkragen verstärken.

Möchten Sie eine feste, steife Manschette arbeiten, dann bügeln Sie auf die ganze Manschette Vlieseline, bei weicher Verarbeitung endet die Einlage im Bruch. Nähen Sie die Einlage an den Kanten mit fest, und schneiden Sie die Einlage bis knapp zur Stepplinie zurück.

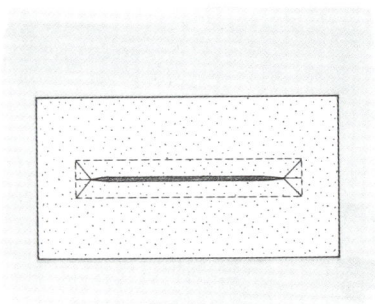

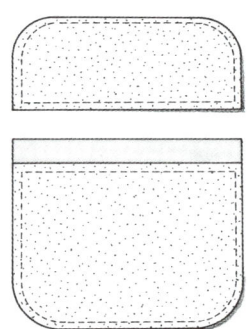

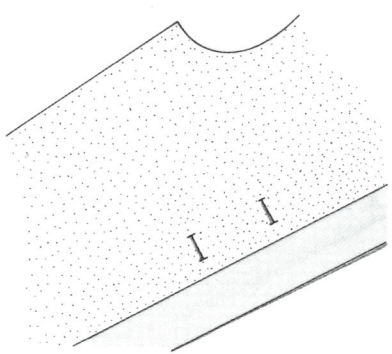

Auch bei Paspel-, Patten- und Leistentaschen verstärken Sie die Tascheneingriffe mit einem Streifen Vlieseline. Da dieses Material nicht ausfranst, können die kleinen Dreiecke bis an die Stepplinie eingeschnitten werden.

Auch aufgesetzte Taschen, Klappen und Leisten verstärken Sie mit Vlieseline. Dadurch vermeiden Sie ein Durchdrücken der Nahtzugabe. Fassen Sie die Einlage beim Nähen mit, schneiden Sie sie bis knapp an die Stepplinie zurück.

Für ein Paspelknopfloch wird die Vlieseline von links aufgebügelt. Ist der Schrägstreifen für das Knopfloch auf die rechte Seite des Kleidungsstückes geheftet, steppen Sie das Knopfloch mit kleinen Stichen (siehe auch Seite 112).

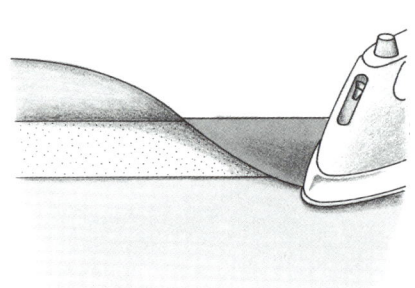

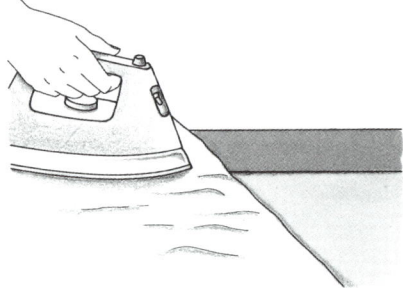

Für die Saumbefestigung ohne Nadel und Faden verwenden Sie Saumfix. Es ist waschbar und reinigungsbeständig. Bereiten Sie den Saum wie gewohnt vor. Legen Sie Saumfix in den Saum, dann drücken Sie das Bügeleisen Schritt

für Schritt jeweils 10 Sekunden auf. Prüfen Sie nach dem Erkalten die Haftfestigkeit.
Bei rund geschnittenen Säumen bügeln Sie vor der Verwendung von Saumfix die Überweite gut ein. Stoßband und Schrägband wer-

den noch vor dem Einbügeln von Saumfix angenäht.
Ist der Saum nicht gerade, wollen Sie ihn sicherlich lösen. Bügeln Sie mit einem feuchten Tuch darüber, und ziehen Sie den erwärmten Saum vom Oberstoff ab.

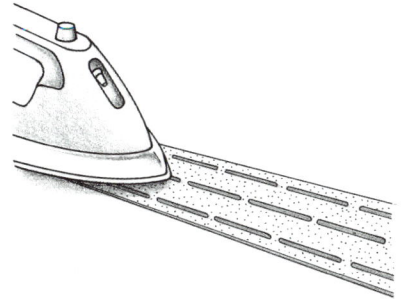

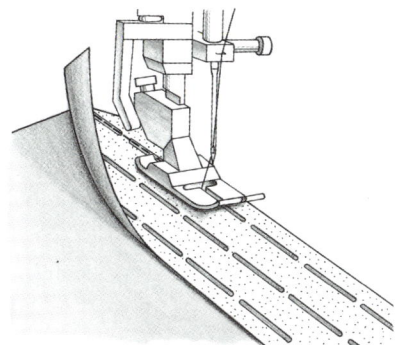

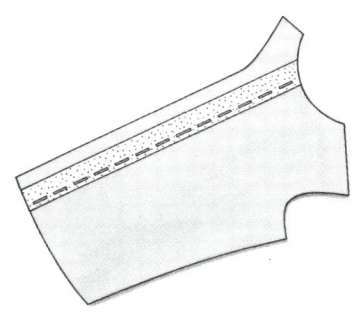

Für Rock- und Hosenbünde verwenden Sie als Verstärkung ein Einlageband. Sie erhalten es im Handel unter der Bezeichnung „Bundfix". Diese Bügeleinlage mit drei Stanzlinien gibt es in drei verschiedenen Breiten. Bügeln Sie das Bundfix auf Ihren Bundzuschnitt auf.

Verstürzen Sie Bundüber- und -untertritt, und bügeln Sie die obere Bundkante entlang der Stanzlinie um. Nähen Sie den Bund entlang der Stanzlinie an Ihren Rock oder Ihre Hose. Bügeln Sie die Naht, und falten Sie den Bund in den Bruch; steppen Sie die offene Bundkante auf.

Mit dem speziellen Stanzband für Kanten, Blenden und Schlitze ist das Umlegen der Kanten problemlos. Bei Teilen mit angeschnittenem Beleg sollten die Ausstanzungen genau im Kantenbruch liegen. Beim Ausbügeln legt sich die Kante exakt in der Stanzlinie um.

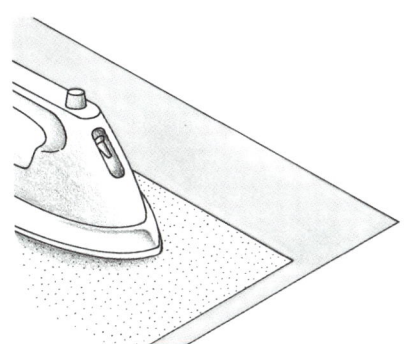

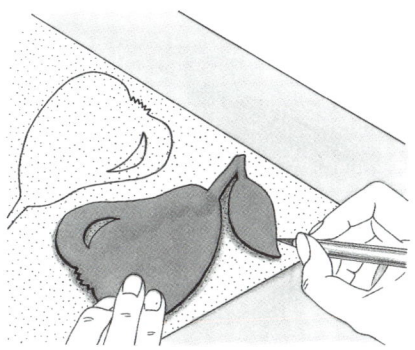

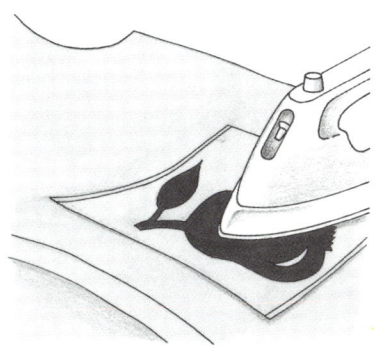

Zum Applizieren, zum Flicken und zum Verstärken gibt es ein wasch- und reinigungsbeständiges Haftvlies. Mit der beschichteten Seite wird das Haftvlies auf die linke Seite des Applikationsstoffes mit trockener Hitze aufgepreßt.

Auf die Papierseite des Haftvlieses zeichnen Sie das Motiv mit Hilfe einer Schablone auf und schneiden es aus. Ziehen Sie danach das Papier ab.

Legen Sie das Motiv mit der beschichteten Seite auf den Oberstoff, und bügeln Sie es mit dem Dampfbügeleisen auf. Dabei das Bügeleisen nur aufdrücken, auf keinen Fall schieben, da sonst das Motiv verrutschen könnte.

Schulterpolster

Schulterpolster gleichen ungleich hohe, eckige oder abfallende Schultern aus. Nicht selten werden sogar zwei Schulterpolster übereinander gearbeitet, zum Beispiel wenn eine extreme Schulterbreite erwünscht ist. Schulterpolster gibt es in verschiedenen Formen, Stärken und Materialien zu kaufen. Sie können sie aber auch aus Polyestervlies und Futterstoff selber herstellen.

Für Raglan- oder Kimonoärmel sind die Schulterpolster oval geformt. Auch sie gibt es in verschiedenen Stärken, Größen und Materialien zu kaufen. Das Raglanschulterpolster muß über Ihre Armkugel hinausreichen.

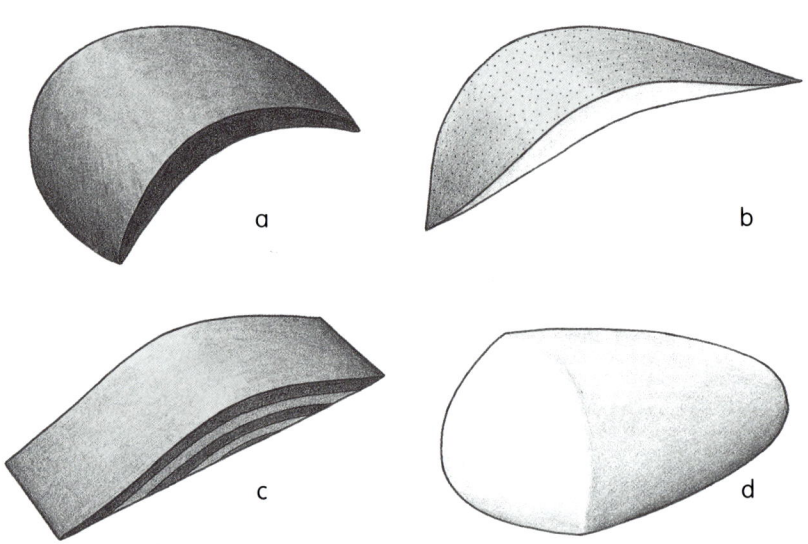

Schulterpolster für Blusen (a) oder leichte Jacken (b), Mantelpolster (c), Raglanpolster (d)

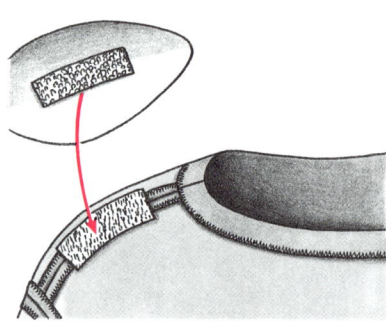

Auf Schulterpolster für Blusen oder Pullover nähen Sie am besten Klettenband auf, und zwar das auf die Polster und auf die jeweiligen Schulternahtzugaben. So können Sie ein Polsterpaar für mehrere Kleidungsstücke verwenden und es, wenn nötig, vor der Wäsche herausnehmen.

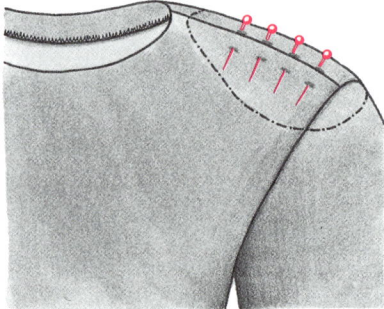

Stecken Sie das Polster von außen unter die Schulternaht. Probieren Sie das Kleidungsstück an, und kontrollieren Sie den Sitz.

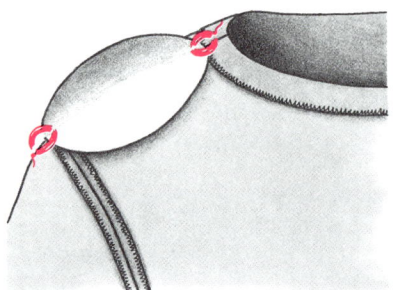

Wenden Sie das Kleidungsstück nach links. Befestigen Sie das Polster jeweils mit lockeren Riegeln an der Nahtzugabe.

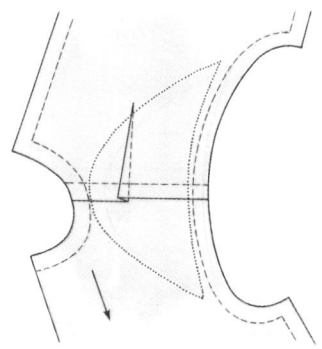

Zeichnen Sie die Form des Schulterpolsters auf, indem Sie die Rundungen des Armloches nachziehen. In Höhe der Schulternaht ragt das Polster etwa 1 cm über die Naht hinaus, an der breitesten Stelle des Polsters sollte die Entfernung vom Halsausschnitt 2 cm betragen.

Nähen eines Schulterpolsters

Die Arbeitsschritte 1 bis 3 zeigen, wie ein Schulterpolster gearbeitet wird, die Schritte 4 bis 5 zeigen, wie man es einsetzt.

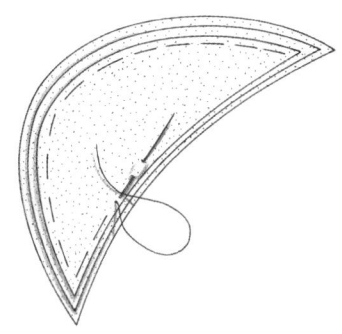

1 Legen Sie das Vorder- und das Rückenteil des Papierschnittes an der Schulternaht übereinander, dabei die Schulterabnäher einlegen. Legen und stecken Sie Kopierpapier und Papier unter die zusammengesteckte Schulter.

2 Schneiden Sie nach dem so gewonnenen Papierschnitt mehrere Lagen Polyestervlies zu. Die Lagen sollten jedoch immer etwas kleiner werden (siehe auch Zeichnung). Steppen Sie diese anschließend zusammen.

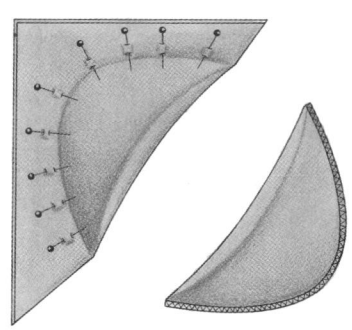

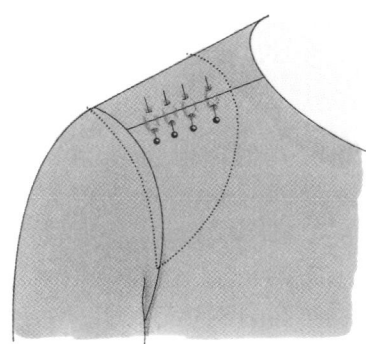

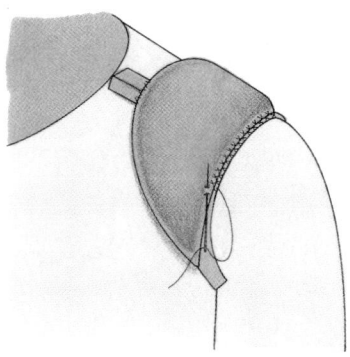

3 Wird das Kleidungsstück nicht gefüttert und Sie wollen die Schulterpolster einsetzen, beziehen Sie sie vor dem Einsetzen mit Futterstoff. Schließen Sie die Kante jedoch erst nach der Anprobe mit Zickzackstichen.

4 Probieren Sie das Kleidungsstück an, und legen Sie das Polster so ein, daß es 1 cm über die Nahtlinie des Armloches reicht. Ist die Schulter noch zu flach, eine weitere Lage Vlies einschieben.

5 Mit Hexenstichen befestigen Sie das Schulterpolster an den Nahtzugaben des Armloches. Nähen Sie die vordere Kante des Polsters mit einem lockeren Riegel an der Schulternaht fest.

Futter einsetzen

Bedingt durch die weite Mode wird Futter meist nur noch in Jacken und Mäntel eingenäht, um die Nahtzugaben zu verdecken und das An- und Ausziehen zu erleichtern.

Unter weite Röcke arbeitet man einen extra Futterunterrock. Bei engen Röcken wird der perfekte Sitz durch das Futter noch verbessert. Achten Sie auch beim Futter auf eine genaue und ordentliche Verarbeitung, denn ein Verarbeitungsfehler im Futter kann Falten im Oberstoff verursachen. Das Futter wird nach den normalen Schnitteilen mit Nahtzugabe, jedoch ohne Saumzugabe zugeschnitten und nach dem Bügeln in das Kleidungsstück eingesetzt. Alle erforderlichen Änderungen müssen Sie auch am Futter vornehmen.

In einen Rock setzen Sie das Futter mit der Nähmaschine ein, in Jacken oder Mäntel entweder mit der Maschine oder wie in der klassischen Schneiderei ganz von Hand.

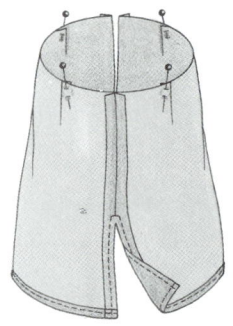

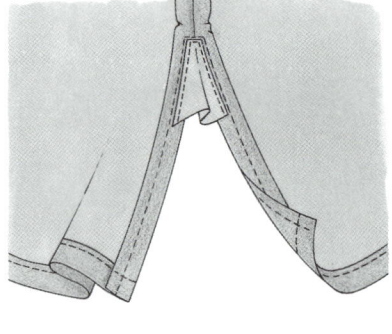

Füttern eines Rockes

1 Schneiden Sie das Rockfutter wie den Oberrock zu. Nähen Sie die Teile zusammen, und lassen Sie seitlich Gehschlitze. In diese werden vor dem Bügeln des Futterrocks kleine Dreiecke eingesetzt. Den Futterrock säumen.

2 Für die Dreiecke schneiden Sie aus Futterstoff ein Quadrat von 5 cm und falten es zum Dreieck. Legen, stecken und nähen Sie das (doppellagige) Dreieck an die umgebügelten Nahtzugaben am oberen Schlitzende.

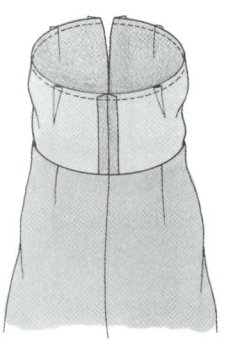

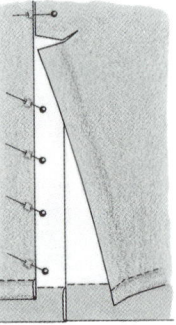
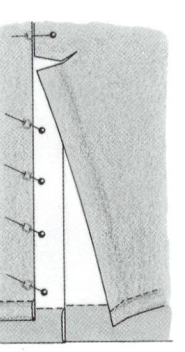

3 Ziehen Sie den Futterrock links auf links in den Rock. Dabei müssen Seitennähte und Abnäher aufeinanderliegen. Heften Sie die Taillenlinie durch, und arbeiten Sie den Bund an den Rock. Schlagen Sie den Saum des Futterrockes doppelt ein, und steppen Sie mit einem mittleren Geradstich.

4 Hat der Rock Gehschlitze, muß man das Futter an sie annähen. Bei dessen Zuschnitt wird in der Länge des Schlitzes die Breite des Schlitzober- und des Schlitzuntertrittes mit 1 cm Nahtzugabe herausgeschnitten. Die oberen Ecken des Futterschlitzes schneidet man schräg ein. Bügeln Sie die Nahtzugaben nach innen, und staffieren Sie das Futter an.

In der Konfektion wird der Rockbund offenkantig an den Oberrock genäht. Nähen Sie den Futterrock rechts auf rechts an die untere Bundkante. Verstürzen Sie die Schmalseiten des Bundes, und stülpen Sie den Futterrock in den Oberrock. Bügeln Sie die Nahtzugaben des Oberrockes in den Bund, die Nahtzugaben des Futterrockes entgegengesetzt in den Futterrock. Dadurch wird die Taillennaht nicht so dick. Steppen Sie von rechts in der Ansatzlinie des Rockbundes durch alle Stofflagen hindurch.

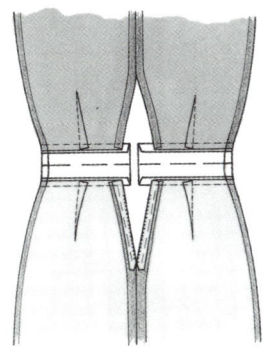

Füttern einer Weste

1 Schneiden Sie das Futter der Weste wie den Oberstoff zu, jedoch ohne Ausschnittbelege und vordere Belege. Nähen Sie die Abnäher und die Schulternähte jeweils im Oberstoff und im Futter, die Seitennähte bleiben offen. Bügeln Sie die Schulternähte.

2 Legen Sie Futter und Oberstoff rechts auf rechts, stecken und heften Sie beides entlang der Armlöcher zusammen. Beachten Sie, daß alle Nähte und Nahtlinien aufeinandertreffen. Nähen Sie die Armlochnähte. Bügeln Sie die Armlochnähte flach zusammen, und schneiden Sie die Nahtzugaben in den Rundungen ein (a).

3 Heften Sie das Futter an den Armlöchern nach innen. Achten Sie darauf, daß an den Armlöchern ein Vorstoß (Oberstoff) von 2 mm entsteht. Damit das Futter am Arm beim Tragen nicht hervorrutscht, steppen Sie es mit einer Untersteppnaht an der Nahtzugabe fest.

4 Stecken, heften und nähen Sie nun die Seitennähte von Ober- und Futterstoff in einem Arbeitsgang. Die Armlochkanten treffen dabei aufeinander (b).

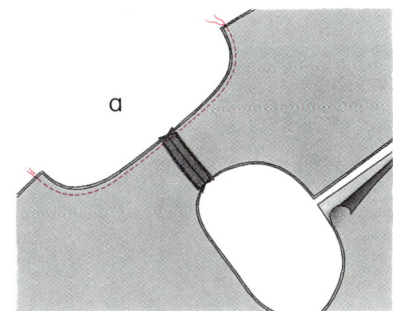

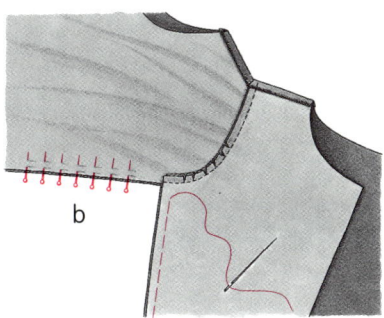

5 Bügeln Sie die Seitennähte zuerst flach, dann auseinander. Wenden Sie die Weste. Staffieren Sie das Futter von Hand an die Ausschnittbelege, an die vorderen Belege und an die untere Saumkante an.

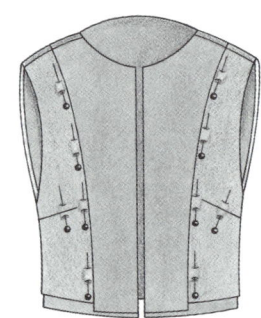

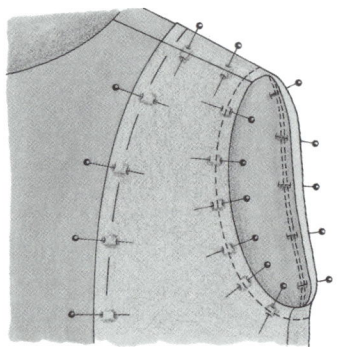

Füttern eines Blazers oder einer Jacke

1 Ehe Sie die Ärmel eines Blazers oder einer Jacke einnähen, stekken Sie die „Futterweste" rechts auf rechts an die vorderen Belege und den rückwärtigen Halsausschnitt an, und heften Sie es fest. An der markierten Linie steppen Sie das Futterteil an.

2 Bügeln Sie die Verbindungsnaht und drehen Sie das Futter nach innen. Stecken Sie die Nähte des Kleidungsstückes und des Futterteiles aufeinander, eventuell heften. Das Futter muß glatt und locker im Kleidungsstück liegen. Es darf nicht gezogen werden.

3 Zuerst stecken und dann heften Sie die Armausschnitte des Kleidungsstückes und des Futters zusammen. Schulter- und Seitennaht müssen übereinstimmen. Arbeitet man ein Schulterpolster in die Jacke ein, bleibt das Futter über der Armkugel in der Breite des Polsters offen. Es wird dann über das Polster gezogen und mit Hexenstichen angenäht.

4 Stecken und heften Sie die ungefütterten Ärmel des Kleidungsstückes ein, achten Sie dabei auf die Markierungspunkte. Nähen Sie die Ärmel von der Ärmelseite aus ein (siehe auch Seite 124). Durch das Mitsteppen des Futters wird ein Ausdehnen des Armloches verhindert.

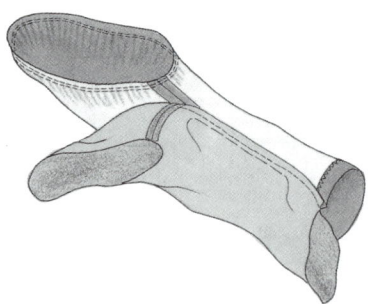

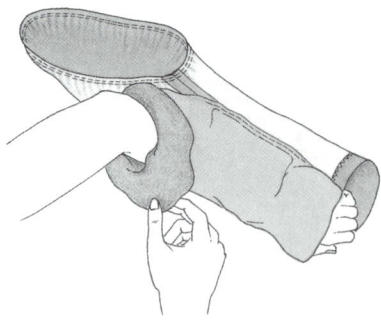

5 Nach dem Bügeln der Armlochnaht wenden Sie den Oberstoffärmel nach links, ebenso den Futterärmel. Nähen Sie die Nahtzugaben mit großzügigen Vorstichen zusammen.

6 Ziehen Sie den Futterärmel nach unten über den Oberstoffärmel, und heften Sie ihn am Ärmelsaum an. Die Kräuselnähte über der Armkugel des Futterärmels werden auf die benötigte Kugelweite des fertigen Armloches zusammengezogen.

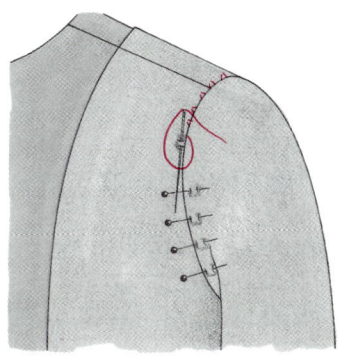

7 Schlagen Sie die Nahtzugabe des Futterärmels ein und stecken Sie ihn entlang der Nählinie des Armloches fest. Nähen Sie den Futterärmel mit kleinen Staffierstichen an.

Am unteren Ärmelsaum wird das Futter eingeschlagen und etwa 3 cm über der Saumkante des Oberstoffärmels mit kleinen Stichen angesäumt.

Einstaffieren von Hand

Wird das Futter mit der Hand einstaffiert, entfällt das Verstürzen des Futterteiles mit dem Kleidungsstück. Man legt dann das Futter links auf links in das Kleidungsstück. Dabei müssen die Nähte und alle Markierungspunkte übereinanderliegen.

Schlagen Sie die Nahtzugaben des Futters ein, und schieben Sie es in der Länge etwas nach oben. Stecken Sie es rundherum fest. Mit hohlen Saumstichen wird das Futter eingenäht.

Das Einnähen des Futterärmels und die Saumverarbeitung sind bei beiden Verarbeitungsmöglichkeiten gleich.

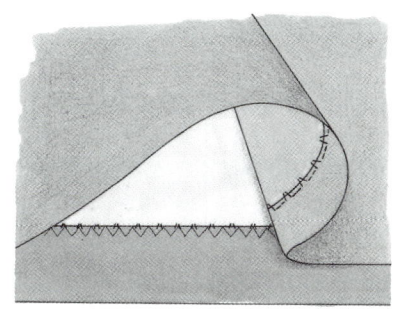

Bleibt das Futter lose im Kleidungsstück hängen, wird es vor dem Einsetzen mit der Maschine gesäumt. Bügeln Sie den Saum.

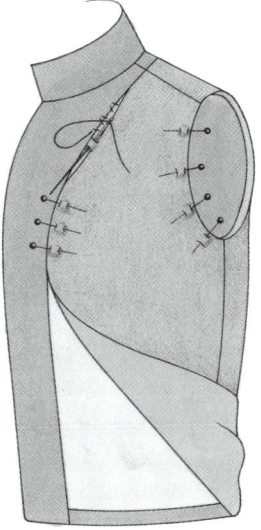

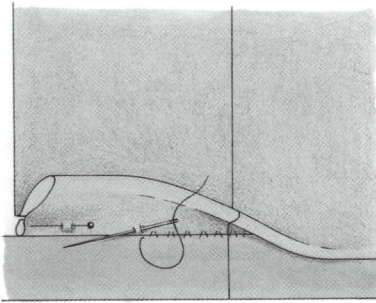

Soll das Futter angesäumt werden, legen Sie an der unteren Kante eine Bewegungsfalte ein und säumen es über der Saumkante an die Saumzugabe an.

Säume

Säume sollen so unauffällig wie möglich sein. Die Saumstiche dürfen daher auf der rechten Seite kaum zu sehen sein, es sei denn, der Saum ist gleichzeitig Verzierung. Bei jedem Saum markieren Sie sich zuerst die Bruchkante. Breite und Art des Saumes richten sich nach der Schnittform und der Art des Stoffes. Üblicherweise betragen Saumbreiten 3 bis 6 cm.

Säumen mit der Maschine

Mit einer guten Mittelklassenähmaschine können Sie verschiedene Saumarten nähen. Probieren Sie immer zuerst anhand einer Nähprobe, ob die Stichlänge und die Fadenspannung richtig eingestellt sind.

Für den **Maschinensaum** die Schnittkante versäubern, den Saum an der Saumlinie umbügeln und 0,5 cm von der Saumkante entfernt heften. Den Stoff unter den Blindstichfuß legen, so daß die umgeschlagene Kante am Anschlag des Fußes vorbeiläuft. Die Nadel darf nur einen Faden vom Oberstoff erfassen.

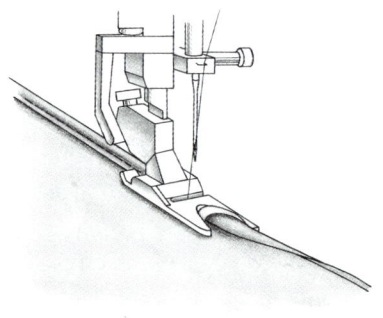

Für den **Rollsaum,** der sich bei dünnen Stoffen anbietet, brauchen Sie ein spezielles Füßchen. Schlagen Sie die Kante 4 mm weit um. An die Enden Fäden nähen, mit deren Hilfe der Stoff dann in die Tüte des Rollsäumers gezogen wird (vergleiche auch Seite 77). Die eingerollte Saumkante knapp absteppen.

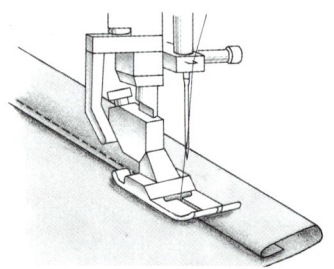

Den **aufgesteppten Saum** arbeitet man nur, wenn auch an anderen Partien des Kleidungsstückes Ziersteppnähte auftreten. Stecken und bügeln Sie die Länge zunächst um. Schlagen Sie die Schnittkante 1 cm breit ein, nun den Saum stecken und heften, dann knappkantig mit einem mittleren Geradstich steppen.

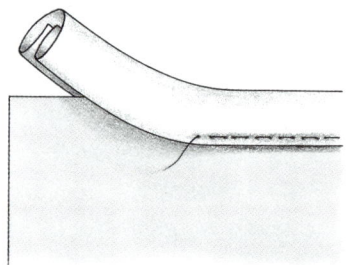

Die **Saumzugabe** kann bei stark ausfransenden Stoffen mit **Schrägstreifen eingefaßt** werden. Die Schrägstreifen rechts auf rechts an die Schnittkante nähen. Wiederum von rechts in der Rille der ersten Naht die offene Bruchkante des Schrägstreifens feststeppen. Den Saum mit Hohlstichen annähen.

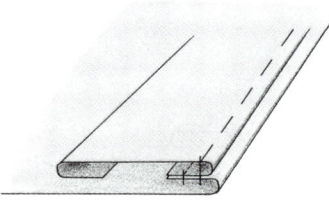

Einen **falschen Saum** arbeiten Sie, wenn die Saumzugabe sehr knapp ist. Farblich passenden Futterstoff (5 cm breit) von rechts ansteppen. Das Futter nach innen schlagen, die Saumumbruchkante sorgfältig heften. Anschließend den Futterstreifen 1 cm weit einschlagen und hohl annähen.

Säumen von Hand

Mit etwas Übung können Sie **von Hand** einen unsichtbaren Saum nähen. Schlagen Sie die Saumzugabe um, und heften Sie die untere Saumkante im Abstand von 0,5 cm. Die Saumstiche werden verdeckt zwischen Saum und Oberstoff von rechts nach links, etwa 0,5 cm unterhalb der Saumkante genäht.

Mit der Nadel faßt man einen Faden des unter dem Saum liegenden Stoffes. Dann wird die Nadel im Wechsel zwischen Stoff und Saum weitergeführt. Die Stiche im Abstand von etwa 6 mm arbeiten. Ziehen Sie den Faden nicht fest an, sondern lassen Sie einen kleinen Spielraum, um beim

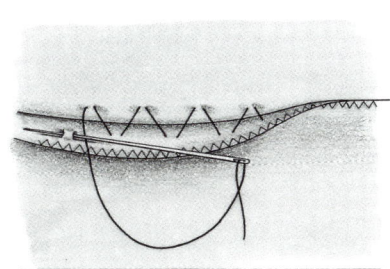

Fertigbügeln Ihres Kleidungsstückes mit der Bügeleisenspitze unter die Saumkante fahren zu können (siehe dazu auch Seite 81).

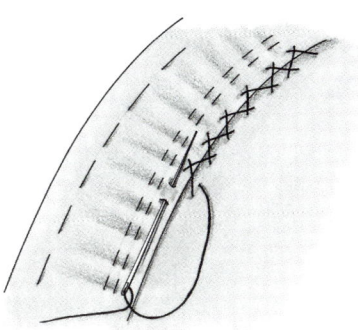

Für das **Säumen von Rundungen** sollte die Saumzugabe nicht mehr als 3 cm betragen. Bügeln Sie die Saumzugabe um, und heften Sie die untere Saumkante. Die Weite der Schnittkante muß nun eingehalten werden. Legen Sie die Saumzugabe in kleine Falten, oder kräuseln Sie sie leicht ein.

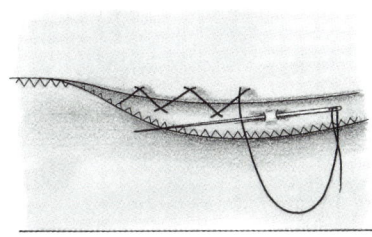

Mit dem **Hexenstich** säumt man elastische und schwere Stoffe. Er ist haltbarer und reißt bei leichtem Dehnen des Stoffes nicht gleich. Sie können den Hexenstich ebenso wie den Saumstich zwischen Saum und Oberstoff hohl nähen. Die einzelnen Stiche von rechts nach links gegen die Nährichtung arbeiten.

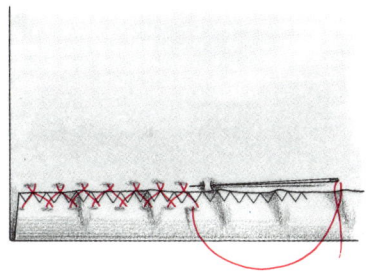

Im Oberstoff jeweils nur 1 oder 2 Gewebefäden erfassen, dann im Wechsel zwischen Saum und Oberstoff einstechen. Beim Säumen von Hosenbeinen empfiehlt es sich, die Saumkante fest an den Oberstoff zu nähen. Stechen Sie unterhalb der Zickzackversäuberung ein, und arbeiten Sie kleine Stiche in gleichmäßigem Abstand.

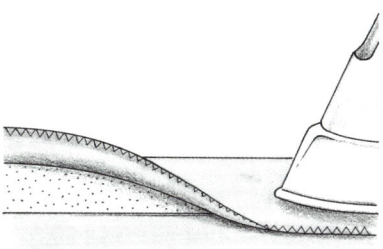

Für die schnellste Art der Saumverarbeitung benötigen Sie **Saumfix**, ein aufbügelbares Haftvlies. Die Saumzugabe entlang der Umbruchlinie umbügeln, Saumfix unter die Saumzugabe legen und Saum festbügeln. Achten Sie darauf, daß Sie mit dem Bügeleisen das Haftvlies nicht direkt berühren.

Kragen

Aus drei Kragengrundformen entstehen alle anderen Variationen der Kragen, ganz der jeweiligen Mode entsprechend. Die drei Grundformen sind: Flachkragen, Umlegekragen und Stehkragen.

Der Bubikragen, als Beispiel für den Flachkragen, liegt flach auf dem Kleidungsstück auf. Er wird mit einem Schrägstreifen oder einem Formstreifen (Versäuberung) angesetzt. Der Flachkragen kann sich aus einem doppelt gelegten Kragenteil oder aus Ober- und Unterkragen zusammensetzen.

Der Umlegekragen steht zunächst am Halsausschnitt hoch und legt sich entlang der Umbruchlinie um, so daß er wieder auf dem Kleidungsstück aufliegt oder -steht. Zu den Umlegekragen gehören der Hemdblusenkragen, der Reverskragen, der Schulter- und der Schalkragen.

Der Stehkragen kann aus einem sehr schmalen Bündchen bestehen, er kann aber auch sehr breit sein, wie zum Beispiel beim halsfernen Rollkragen. Einen zweiteiligen Stehkragen können Sie auch mit leicht abgerundeten Ecken zuschneiden, zum Beispiel für das Bündchen bei Hemdblusenkragen mit Steg. Bei abgerundeten Stehkragen müssen Ober- und Unterkragen extra geschnitten werden.

Alle Kragen bestehen aus drei Teilen: dem Ober- und dem Unterkragen und dem Einlagestoff. Ein Kragen soll fertig genäht sein, ehe Sie ihn am Halsausschnitt des Kleidungsstückes befestigen.

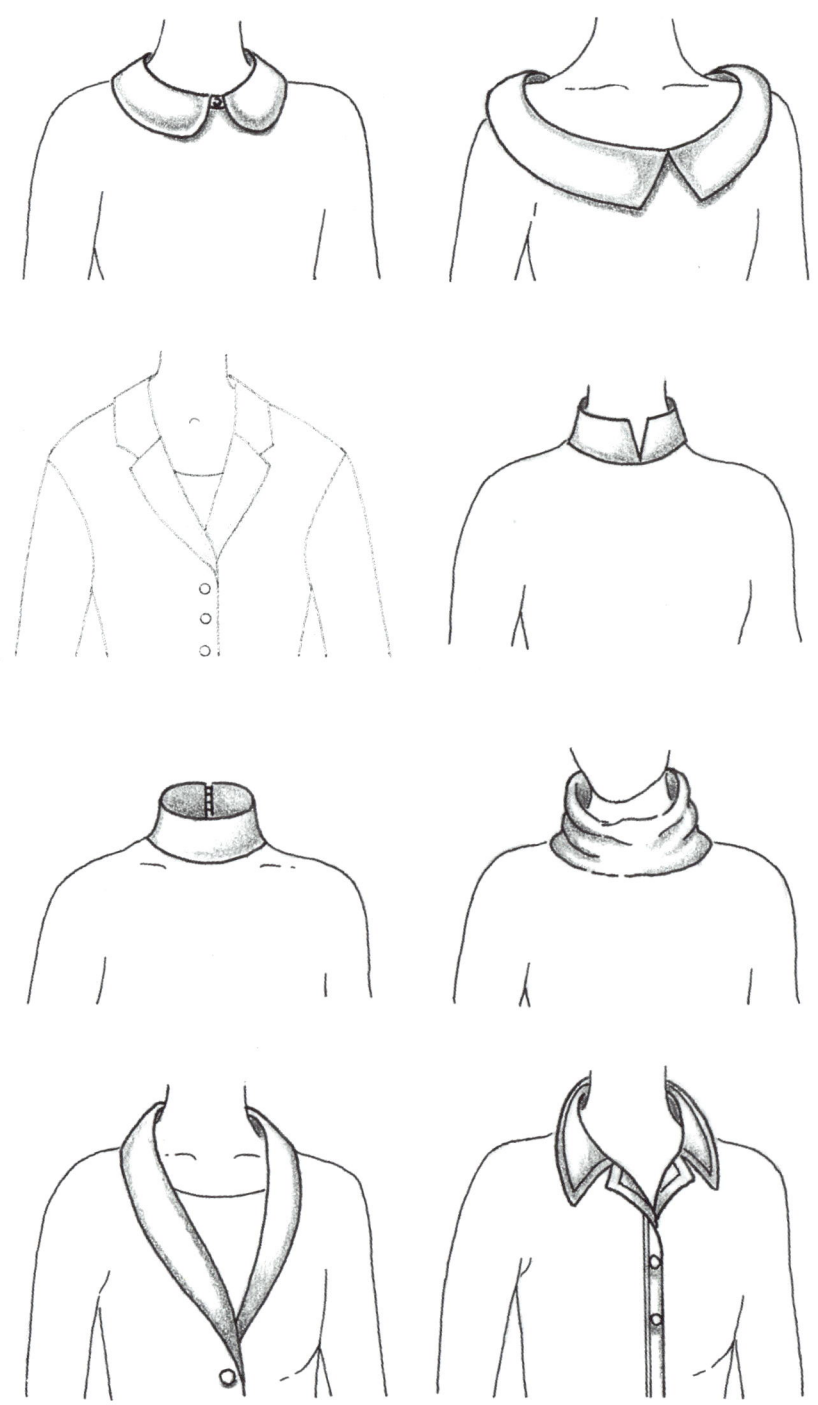

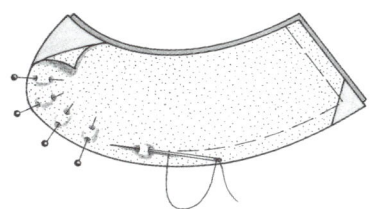

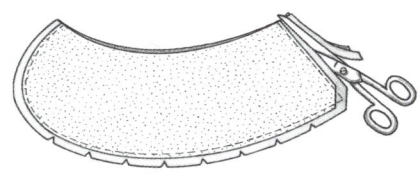

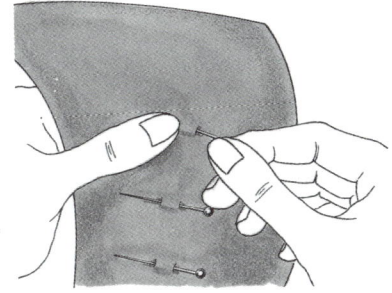

Flachkragen

Bei Flachkragen ist die hintere Mitte identisch mit dem Fadenlauf. Der Oberkragen ist rundherum 2 mm größer als der Unterkragen. Die Einlage wird mit wenigen Ausnahmen auf den Unterkragen gearbeitet.

1 Legen Sie die Kragenhälften rechts auf rechts, und nähen Sie den Kragen entlang der Nahtlinie. Die Ansatzlinie bleibt offen.

2 Schneiden Sie die Nahtzugaben stufenweise zurück, schrägen Sie die Ecken ab, und schneiden Sie die Rundungen bis 2 mm vor die Nahtlinie ein.

3 Wenden Sie den Kragen, und bügeln Sie die Nahtkanten so, daß der Oberkragen einen Vorstoß von 2 mm hat; dann die Kante heften. Damit der Oberkragen etwas mehr Fülle erhält, wölben Sie ihn etwas und stecken einige Stecknadeln quer zur Ansatzlinie, eventuell noch mit Staffierstichen fixieren.

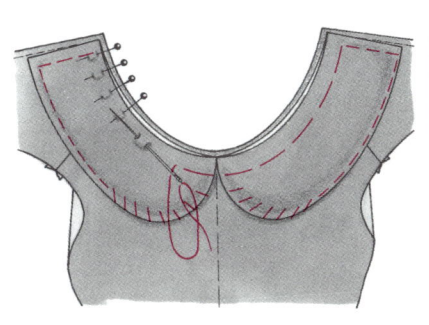

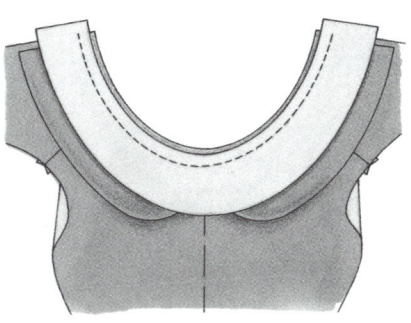

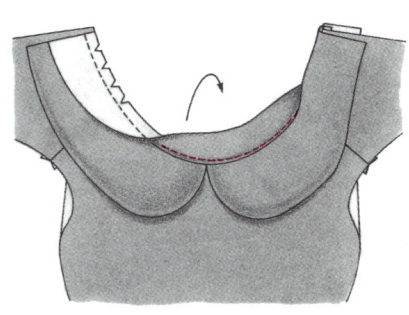

4 Den fertigen Kragen stecken Sie rechts auf rechts (Unterkragen) an die Halsausschnittlinie. Arbeiten Sie immer von der hinteren zur vorderen Mitte hin. Anschließend heften Sie den Kragen an.

5 Heften Sie einen Form- oder einen Schrägstreifen als Beleg mit an die Halsausschnittlinie, und nähen Sie ihn mit an. Schneiden Sie die Nahtzugaben stufenweise zurück, dann bis 2 mm vor die Nahtlinie im Abstand von 1,5 cm einschneiden.

6 Bügeln Sie die Nahtzugaben zum Beleg hin. Auf der Belegseite nähen Sie knapp neben der Ansatznaht eine Untersteppnaht. Bügeln Sie den Beleg nach innen, und säumen Sie ihn an den Schulternähten und der hinteren Mitte an das Kleidungsstück an.

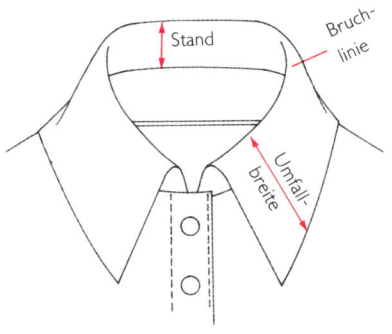

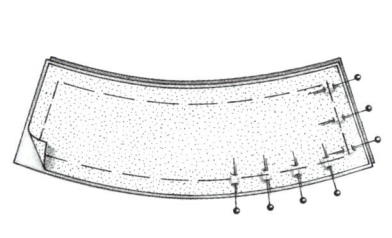

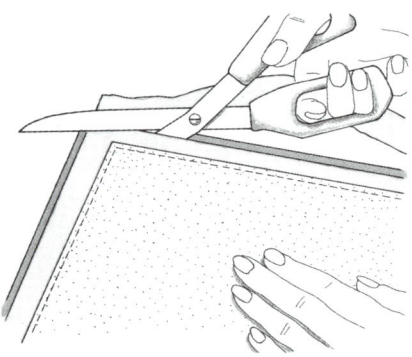

Umlegekragen

Vom Verlauf der Bruchlinie des Umlegekragens hängen Stand und Umfallbreite ab. Der Unterkragen bei einem Reverskragen kann zum Beispiel im Schrägfadenlauf zugeschnitten werden. Wichtig: der Oberkragen ist etwas größer als der Unterkragen.

1 Belegen Sie den Unterkragen mit Einlagestoff. Stecken und heften Sie Ober- und Unterkragen rechts auf rechts aufeinander, dehnen Sie den Unterkragen dabei leicht. Nähen Sie den Kragen entlang der Nahtlinie zusammen, die Ansatzlinie bleibt offen.

2 Es empfiehlt sich, die Ecken des Kragens mit kleinen Stichen zu steppen, um ein späteres Ausreißen zu vermeiden. Schneiden Sie anschließend die Nahtzugaben stufenweise zurück, und schrägen Sie eventuell die Ecken leicht ab.

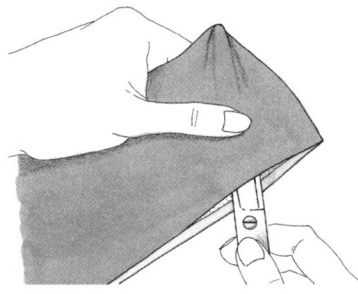

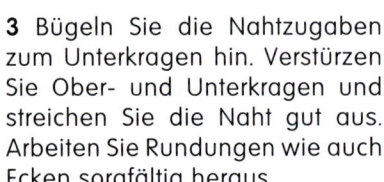

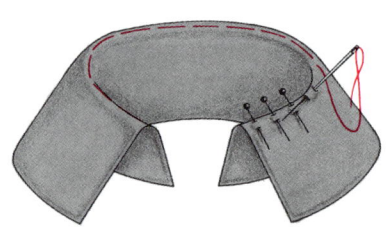

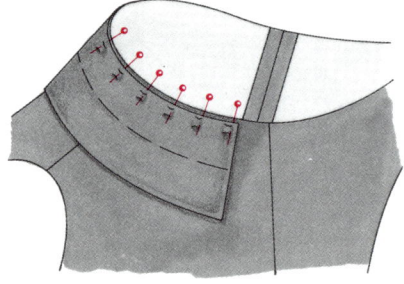

3 Bügeln Sie die Nahtzugaben zum Unterkragen hin. Verstürzen Sie Ober- und Unterkragen und streichen Sie die Naht gut aus. Arbeiten Sie Rundungen wie auch Ecken sorgfältig heraus.
Heften Sie den Kragen vor dem Bügeln sorgfältig entlang der Kragenkante. Der Oberkragen sollte einen Vorstoß von 2 mm haben.

4 Bügeln Sie nun die Kanten des Kragens, und formen Sie den Umlegekragen auf einem Bügelkissen. Heften Sie ihn entlang der Umbruchlinie. Ist das Kleidungsstück gefüttert, näht man den Kragen offenkantig an die Halsausschnittlinie. Die Schnittkanten von Ober- und Unterkragen werden deshalb vor dem Anstecken fest aufeinandergeheftet.

5 Legen Sie den Kragen so an die Halsausschnittlinie, daß der Unterkragen zur Oberseite des Kleidungsstückes schaut. Stecken Sie den Kragen jeweils von der hinteren zur vorderen Mitte an.

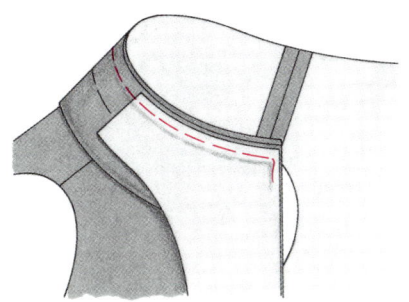

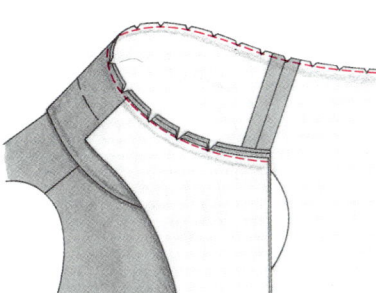

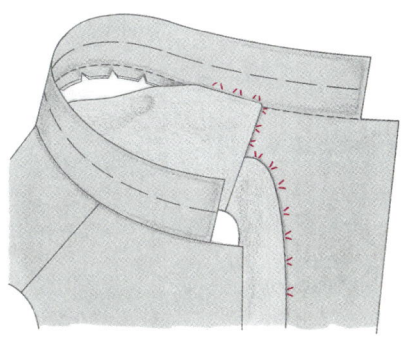

6 Den Beleg des Revers oder der Knopfleiste stecken Sie rechts auf rechts dagegen. Heften Sie knapp neben der Halsausschnittlinie von der vorderen Mitte aus durch alle Stofflagen hindurch.

7 Entlang der Halsausschnittlinie steppen Sie Kragen und Beleg an. Schneiden Sie die Nahtzugaben stufenweise zurück. Damit die Naht nicht spannt, schneiden Sie die Rundungen bis 2 mm vor die Nahtlinie ein. Bügeln Sie die Nahtzugaben zum Kleidungsstück hin.

8 Mit Staffierstichen säumen Sie das Futter an der Stepplinie der rückwärtigen Halsausschnittkante an, von der Schulternaht aus wird dann das Futter am Beleg befestigt.

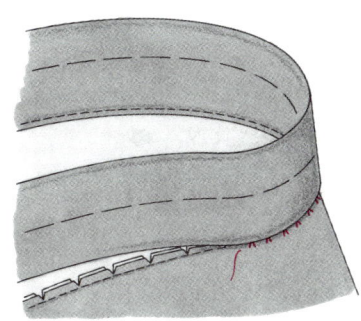

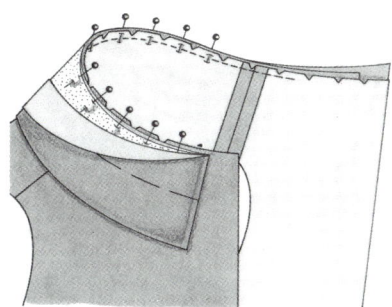

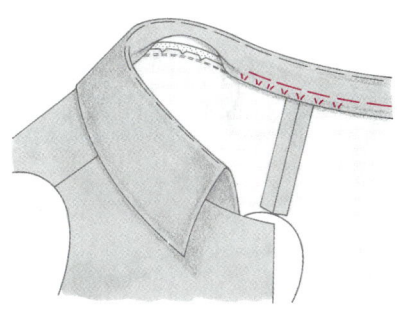

Bei einem nicht gefütterten Kleidungsstück (zum Beispiel einer Bluse) die Ansatzkante nicht heften. Zuerst den Oberkragen rechts auf links annähen, anschließend den Unterkragen hohl an die Nahtlinie säumen. Diese Arbeitsweise ist vor allem bei dickeren Stoffen zu empfehlen.

Soll der Kragen jedoch hin und wieder hochgeschlagen getragen werden, so steppen Sie den Unterkragen rechts auf rechts an die Halsausschnittlinie an. Stecken und heften Sie den Beleg des Vorderteils an den Oberkragen, und nähen Sie ihn an. Wenden Sie ihn nach innen.

Schlagen Sie die offene Ansatzkante des Oberkragens 1 cm ein, und heften Sie sie an. Nähen Sie den Oberkragen mit kleinen Staffierstichen entlang der Nahtlinie fest. Berücksichtigen Sie bereits beim Zuschnitt den Einschlag (Nahtzugabe) der Oberkragenansatzkante.

Klassischer Reverskragen

Beim klassischen Schneiderreverskragen braucht der Oberkragen nur wenig mehr Weite, da er vorn flach aufliegt. Er wird meistens bei gefütterten Jacken und Mänteln gearbeitet.

1 Verstärken Sie den Unterkragen (linke Stoffseite) und die Belege mit aufbügelbarem Einlagestoff.

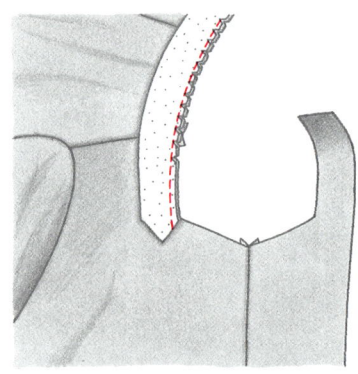

2 Stecken, heften und nähen Sie den Unterkragen von Kragenansatzpunkt zu Kragenansatzpunkt rechts auf rechts an den Halsausschnitt. Schneiden Sie die Nahtzugabe in der Rundung, im Abstand von 1,5 bis 2 cm, bis kurz vor die Nahtlinie ein.

3 Den Oberkragen stecken, heften und nähen Sie jeweils vom Kragenansatzpunkt bis zur entsprechenden Schulternaht rechts auf rechts an die Belege. Bügeln Sie die Nahtzugaben der Kragenansatznähte auseinander.

4 Stecken, heften und nähen Sie den Oberkragen rechts auf rechts auf den Unterkragen, und schieben Sie dabei die Überlänge des Oberkragens in Richtung Außenkante, damit sich der Kragen besser wölbt.

5 Ab dem Kragenansatzzeichen stecken, heften und nähen Sie rechts auf rechts die Belege an. Schieben Sie auch hier die Überlänge der Belege etwas an.

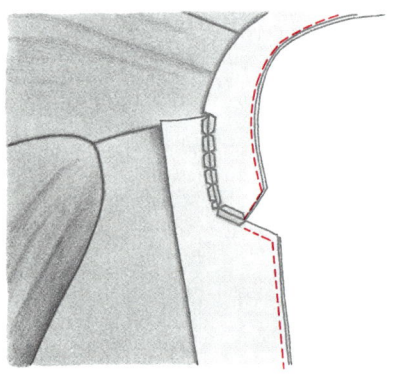

6 Schneiden Sie die Nahtzugaben stufenweise zurück, und schrägen Sie die Ecken ab. Vor dem Verstürzen bügeln Sie noch über die Nahtlinie von Kragen und Beleg.

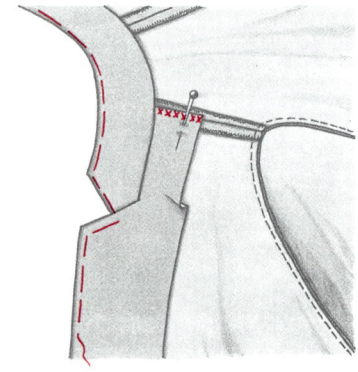

7 Wenden Sie den Kragen und den Beleg nach rechts. Fixieren Sie die Kanten mit Heftstichen. Achten Sie darauf, daß Oberkragen und Revers an der Kragenkante einen Vorstoß von 2 mm haben.

8 Ist die Jacke gefüttert, wird der Oberkragen am hinteren Halsausschnitt flach über die Unterkragennaht gelegt und von rechts in der Halsausschnittlinie mit kleinen Vorstichen durchgenäht. Auf dieser Naht staffiert man das Futter an.
Bei einem ungefütterten Kleidungsstück schlagen Sie die Saumzugabe (schon beim Zuschnitt etwas zugeben) des Oberkragens ein. Säumen Sie den Oberkragen von Hand an den hinteren Halsausschnitt.

Kragen mit Steg

Der klassische Hemdblusen-kragen ist ein Kragen mit Steg. Ebenso wie der eigentliche Kragen besteht auch der Steg aus zwei Teilen.

1 Bügeln Sie auf den Unterkragen und das äußere Stegteil von links Einlagestoff auf. Wenn der Kragen sehr steif sein soll, bügeln Sie auf alle vier Schnitteile Einlagestoff auf.

2 Stecken, heften und nähen Sie Ober- und Unterkragen an den Außenkanten aufeinander. Schneiden Sie die Nahtzugaben stufenweise zurück, und schrägen Sie die Ecken ab (a).
Wenden Sie den Kragen, heften und bügeln Sie die Kanten mit einem Vorstoß von 2 mm, eventuell die Kragenkanten absteppen (b).

3 Stecken und heften Sie den Kragen zwischen die oberen Kanten der Stegteile, dabei liegt das verstärkte Stegteil an der Unterkragenseite (c).

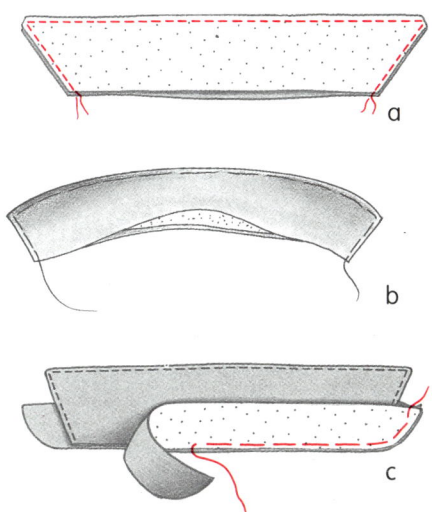

4 Achten Sie darauf, daß alle Markierungspunkte genau auf-einandertreffen. Steppen Sie dann die Stegteile an den vorderen Schmalseiten und an der oberen Kante aufeinander, der Kragen wird dabei zwischengefaßt. Schneiden Sie die Nahtzugaben zurück und in den Rundungen (im Abstand von 1–2 cm) ein.

5 Schlagen Sie nun den Steg her-unter, heften und bügeln Sie die Kanten sorgfältig.

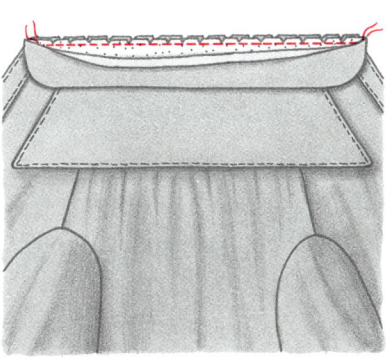

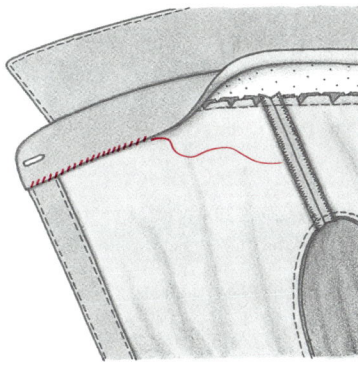

6 Nähen Sie den verstärkten Steg rechts auf rechts an den Halsaus-schnitt. Er schließt genau mit der vorderen Kante Ihrer Bluse ab. Bügeln Sie die Nahtzugabe in den Kragen.

7 Schlagen Sie die Saumzugabe des inneren Stegteiles ein, und säumen Sie es über der Naht an. Eventuell steppen Sie den Steg noch ab. Arbeiten Sie ein Knopf-loch in den Stegübertritt.

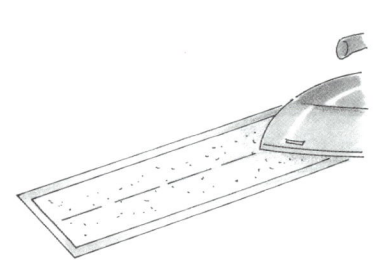
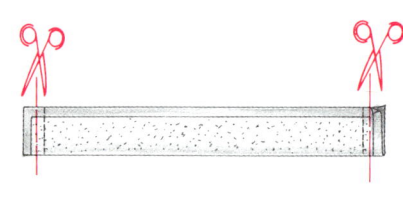
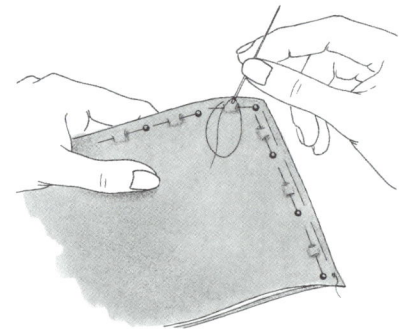

Stehkragen

Einteilige Stehkragen werden aus einem geraden Stück Stoff gearbeitet. Sie können je nach Stoffart auf Ober- und Unterkragen eine Einlage anbringen, damit der Kragen fest steht und nicht zusammenfällt. Für den umgeschlagenen Stehkragen wird die Einlage nur bis zur Bruchlinie aufgebügelt.

1 Falten Sie den Stoffstreifen entlang der Bruchlinie rechts auf rechts, und nähen Sie die Enden zusammen. Schrägen Sie die Ecken ab, und verstürzen Sie den Kragen.

2 Die Seitennähte exakt in die Kante schieben und den Kragenrand (Bruchkante und Seitennähte) ringsherum stecken, besser jedoch heften; die Ansatzkante bleibt offen.

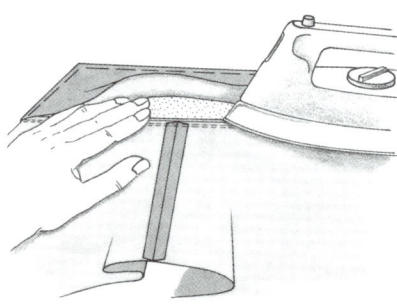
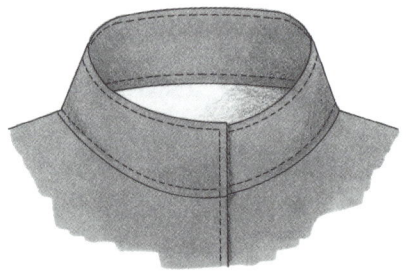
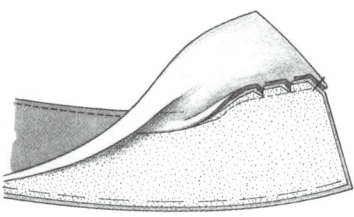

3 Die Ansatzkante des Oberkragens stecken Sie an die Halsausschnittkante, heften sie und steppen sie entlang der Nahtlinie an. Schneiden Sie die Nahtzugaben stufenweise zurück, dann bügeln Sie sie zum Kragen hin. Säumen Sie den Unterkragen an die Ausschnittkante.

4 Alle Kragen können je nach Stoffart mit Abstand zur äußeren Kante schmalkantig oder füßchenbreit abgesteppt werden. Mehrfaches Absteppen ist ebenfalls möglich.

Einen **zweiteiligen Stehkragen** mit einer leicht geschwungenen Ansatzlinie arbeiten Sie auf die gleiche Art, nur wird statt des Stoffbruches eine zusätzliche Naht gefertigt.

Rollkragen

Das beste Material für Rollkragen sind gewirkte Stoffe oder Schlauchwaren. Sie lassen sich dehnen und passen sich gut der Halsform an.

Der Rollkragen kann eng am Hals anliegend oder sehr weit und locker fallend, meist halsfern gearbeitet werden. Bei einem enganliegenden Rollkragen setzt man einen Verschluß ein. Für den weiten Rollkragen muß auch der Halsausschnitt weit ausgeschnitten sein. Die Kragenhöhe (-breite) bei einem weiten Rollkragen ist größer als bei einem anliegenden; insgesamt ist der Rollkragen breiter als ein Stehkragen.

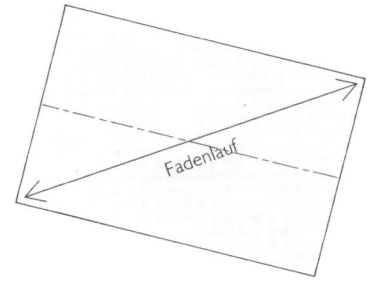

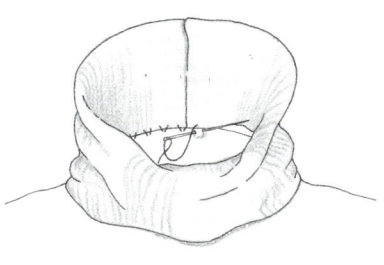

Wenn Sie den **Rollkragen aus gewebtem Stoff** arbeiten, müssen Sie ihn unbedingt im schrägen Fadenlauf zuschneiden. Er legt sich dann besser um. Verzichten Sie möglichst auf Einlagestoff, denn der Rollkragen soll ja weich fallen.

Bei gewebten Stoffen nähen Sie den einfachen Kragenkreis rechts auf rechts an die Halsausschnittkante. Bügeln Sie die Naht. Schlagen Sie die offene Ansatzkante des Innenkragens 1 cm ein, und staffieren Sie sie an die Halsansatzlinie des Oberteiles an.

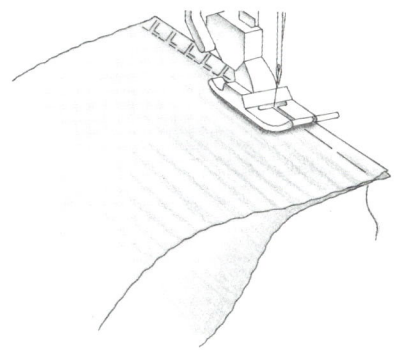

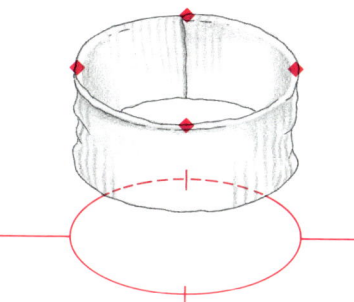

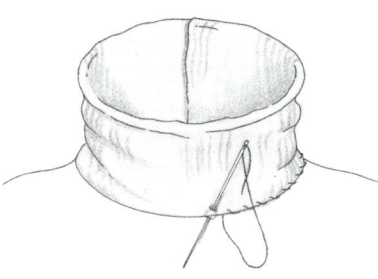

1 Für den **Rollkragen aus Wirkstoff** ohne Verschluß schneiden Sie sich einen geraden Streifen zu, der länger ist als Ihr Kopfumfang. Die Breite entspricht der doppelten Kragenhöhe plus Nahtzugabe. Nähen Sie den Kragen mit der Overlocknaht zu einem Kreis zusammen, und bügeln Sie die Naht.

2 Legen Sie den Kragen längs in den Stoffbruch, und teilen Sie ihn in vier Teile. Diese Markierungen entsprechen in etwa den Ansatzpunkten (rückwärtige und vordere Mitte und Schulternähte) des Oberteiles.

3 Stecken Sie den doppelten Kragen rechts auf rechts an die Halsausschnittkante, so daß die Kanten des Ausschnittes und des Kragens bündig sind. Mit der Overlocknaht nähen Sie den Kragen an.

Arbeiten Sie mit der Hand, so verwenden Sie den Staffierstich. Dabei den Kragen nur leicht dehnen.

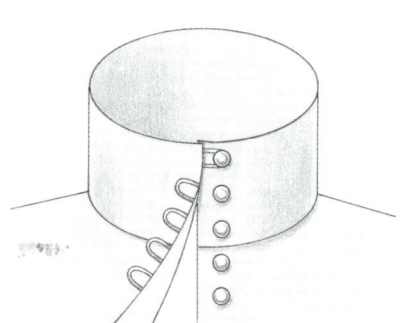

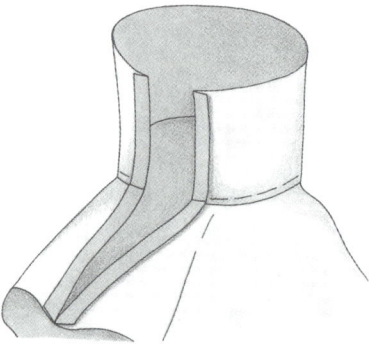

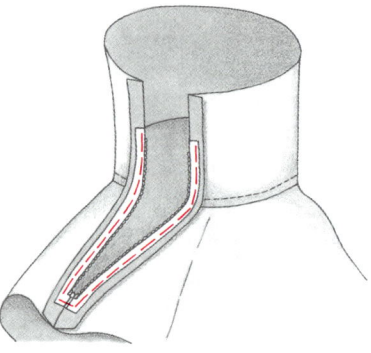

Für den **engen Rollkragen** gibt es verschiedene Verschlußmöglichkeiten. Meistens wird ein farblich passender Reißverschluß sichtbar eingenäht.
Eine andere Möglichkeit, einen Rollkragen zu schließen, ist der Schlingenverschluß. Er stellt gleichzeitig einen Schmuck an Ihrem Kleidungsstück dar. Dabei werden in den Übertritt des Kragens kleine Schlingen gearbeitet und auf den Untertritt kleine Knöpfe genäht.

1 Bevor Sie den Kragen ansetzen, müssen die Nahtzugaben des Reißverschlußschlitzes im Oberteil und die seitlichen Nahtzugaben des Kragens umgebügelt und geheftet werden.

2 Nähen Sie den einfachen Kragen rechts auf rechts an die Halsausschnittkante. Stecken und heften Sie den Reißverschluß so unter den Schlitz, daß er an der Bruchkante des Kragens beginnt.

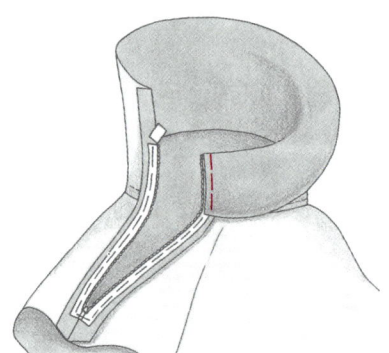

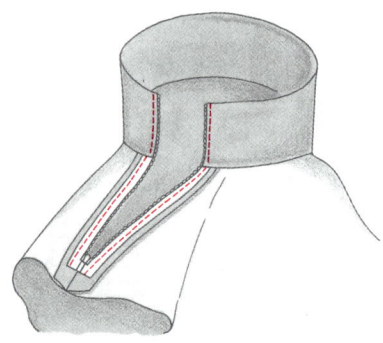

3 Schneiden Sie die oberen Ecken des Reißverschlußbandes ab. Legen Sie den Kragen nach links um. Stecken und heften Sie ihn kantenbündig an die Reißverschlußzähne.

4 Nähen Sie mit dem Reißverschlußfuß den Reißverschluß ein. Staffieren Sie die Krageninnenkante an die Halsansatzlinie an.

Verstürzte Abschlüsse

Hals- und Armausschnitte, Verschlußkanten sowie Schlitze werden entweder gesäumt oder mit „verstürzten Abschlüssen" versäubert. Das Versäubern erfolgt mit Schrägstreifen, Formbelegen oder angeschnittenen Belegen.

Schrägstreifen

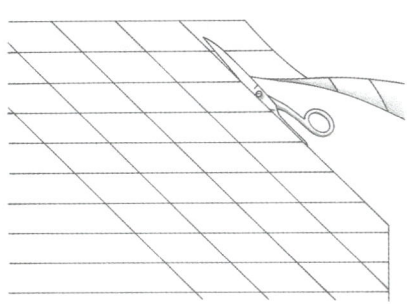

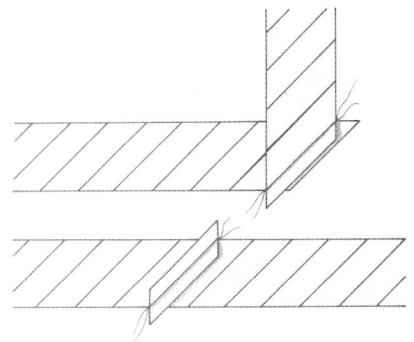

Angesetzte Schrägstreifen tragen weniger auf als Formstreifen. Sie haben die Möglichkeit, fertige Schrägstreifen in der Breite von 5 cm zu verwenden oder einen Schrägstreifen aus Oberstoff oder Futterstoff zuzuschneiden.

Wichtig ist der Schrägfadenlauf, damit sich der Stoff leichter den Rundungen anpaßt.
Benötigen Sie einen sehr langen Schrägstreifen, so nähen Sie die einzelnen Streifen im geraden Fadenlauf zusammen.

Bügeln Sie den Schrägstreifen längs zusammen, so daß er eine Breite von 2,5 cm erhält. Für runde Ausschnitte bügeln Sie den Schrägstreifen zusätzlich in Form.

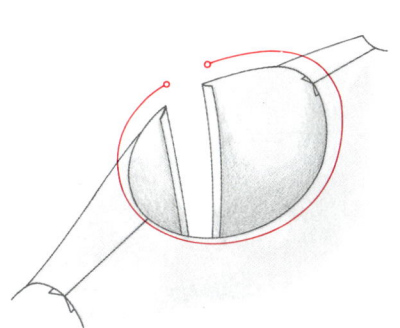

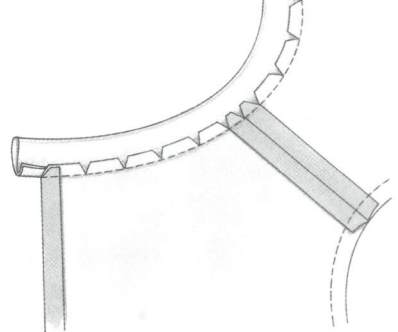

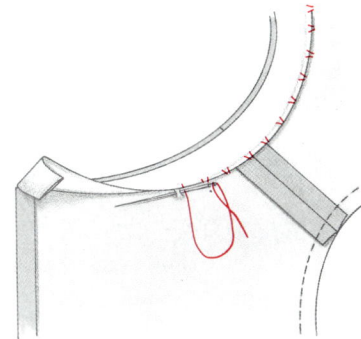

Die Länge des Schrägstreifens ergibt sich für den Halsausschnitt aus der Länge der Halsausschnittlinie plus 5 cm Zugabe zum Versäubern.

Stecken Sie die Schnittkanten des doppelt liegenden Schrägstreifens rechts auf rechts an den Halsausschnitt. Nähen Sie ihn entlang der Nahtlinie fest. Schneiden Sie die Nahtzugaben stufenweise zurück und bis 2 mm vor die Nahtlinie ein.

Schlagen Sie den Schrägstreifen nach innen, und bügeln Sie die Ausschnittkante so um, daß ein Vorstoß des Oberstoffes von 2 mm bleibt.
Nähen Sie den Schrägstreifen mit kleinen, losen Saumstichen auf der Innenseite des Oberteiles an.

Formstreifen

Einen runden, eckigen, ovalen oder V-förmigen Halsausschnitt versäubern Sie mit einem Formstreifen. Dieser ist im allgemeinen 3 bis 4 cm breit und wird nach dem gleichen Schnitt und im gleichen Fadenlauf wie der zu versäubernde Ausschnitt (ebenfalls aus dem Oberstoff) zugeschnitten. Je nach Stoffart verstärken Sie ihn mit aufbügelbarem, dünnem Einlagestoff.

Formstreifen zum Versäubern eines weiten (a) oder engen (b) Halsausschnittes, eines V-Ausschnittes (c), eines eckigen Ausschnittes (d) oder des Armloches (e)

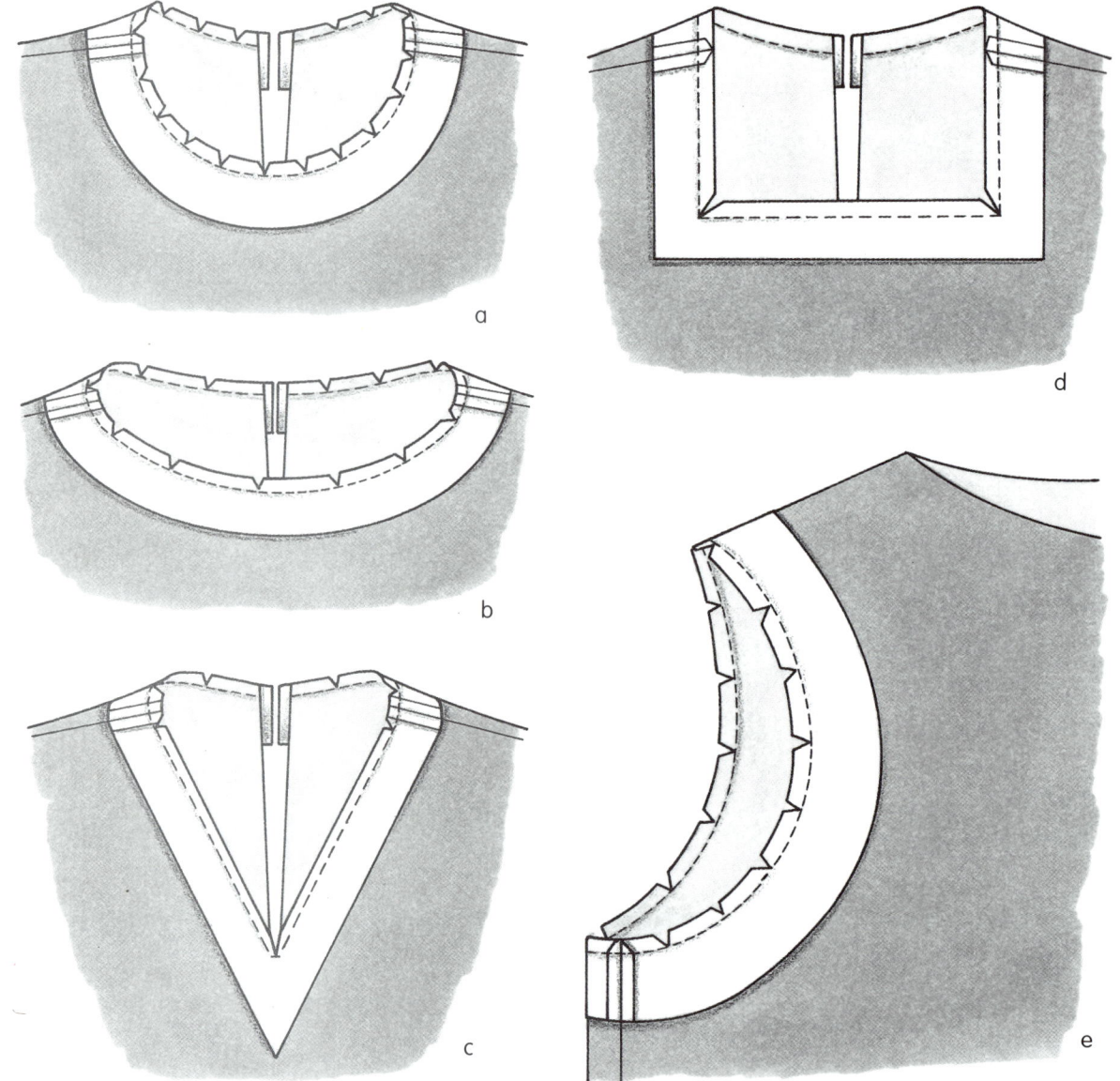

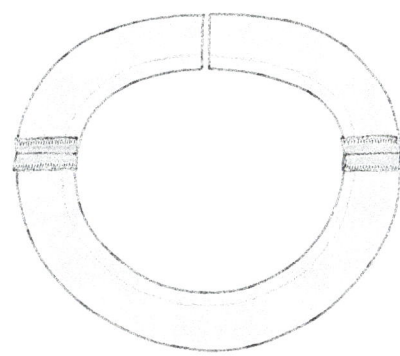

1 Besteht der Formstreifen aus mehreren Teilen, zum Beispiel aus zwei Rückenteilen und einem Vorderteil, so schließen Sie zuerst die Nähte, die den Schulternähten entsprechen, bügeln Sie sie.

2 Legen Sie dann den Formstreifen rechts auf rechts auf den Ausschnitt (Schnittkante auf Schnittkante, Schulternähte auf Schulternähte, vordere Mitte auf vordere Mitte), und nähen Sie entlang der Nahtlinie.

Mit einer spitzen Schere schneiden Sie die Nahtzugaben an den Rundungen bis 2 mm vor die Nahtlinie (im Abstand von 1,5 cm) vorsichtig ein.

Bei eckigen oder V-förmigen Ausschnitten schneiden Sie die Ecken oder Spitzen ein (siehe auch Zeichnungen Seite 104).

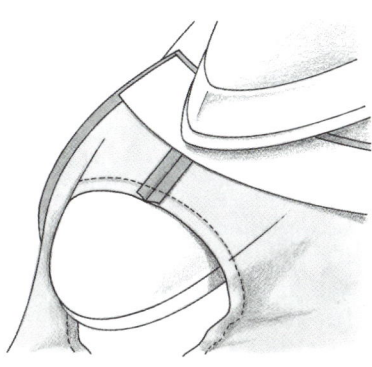

3 Wenden Sie den Formstreifen nach links, und bügeln Sie ihn so um, daß ein Vorstoß des Oberstoffes von 2 mm bleibt. Wenn vorhanden, verwenden Sie für diesen Arbeitsschritt ein Bügelkissen.

Hinweis

Die Versäuberung der Schnittkanten eines Armausschnittes erfolgt entsprechend den Arbeitsschritten 1 bis 5. Die Einlage bei einem Formstreifen für den Armausschnitt fällt weg.

Mit Hexenstichen befestigen Sie den nach innen gebügelten Formstreifen an Schulter- und Seitennähten. Je nach Modell können Sie statt mit der Untersteppnaht den Hals- und den Armausschnitt auch schmalkantig von rechts mit einer Ziersteppnaht absteppen.

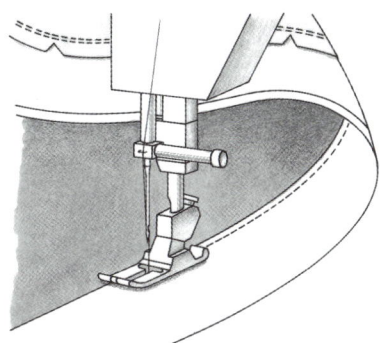

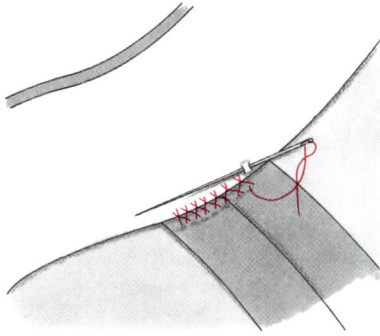

4 Nähen Sie eine Untersteppnaht, damit der Formstreifen nicht nach außen rutscht. Nähen Sie von rechts knapp neben der Nahtlinie entlang, durch Formstreifen und Nahtzugaben hindurch.

5 An den Schulternähten nähen Sie den Formstreifen mit Hexenstichen fest. In der hinteren Mitte mit in die Verschlußkante einarbeiten.

Verschluß-kanten

Verschlußkanten können direkt am Schnitteil angeschnitten oder als Beleg extra zugeschnitten werden. Knopflochleisten bestehen meistens aus Über- und Untertritt.

Verschlußkante mit Beleg

Wenn kein Kragen an das Kleidungsstück gearbeitet wird, schneiden Sie einen Formstreifen für den rückwärtigen Halsausschnitt zu.

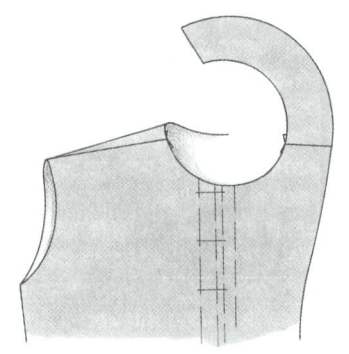

1 Nähen Sie den **angeschnittenen Beleg** und den Formstreifen an den Schulternähten zusammen. Je nach Stoffart verstärken Sie den Beleg mit Einlagestoff.

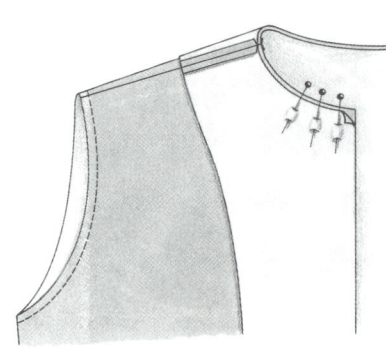

2 Schlagen Sie den Beleg und den Formstreifen auf die rechte Stoffseite. Stecken und heften Sie beides am Halsausschnitt fest. Die Markierungspunkte und die Schulternähte liegen aufeinander.

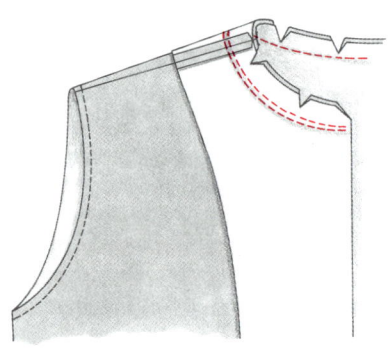

3 Den Beleg nähen Sie am Halsausschnitt fest. Die Nahtzugaben werden stufenweise zurückgeschnitten und bis 2 mm vor die Nahtlinie im Abstand von 1,5 cm eingeschnitten. Schrägen Sie die vorderen Ecken ab. Bügeln Sie die Naht auf einem Ärmelbrett flach.

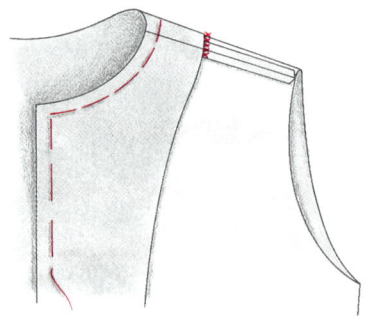

4 Wenden Sie den Beleg auf die linke Seite. Wichtig ist nun, daß Sie die Ecken vorsichtig mit einer Nadel herausziehen. Heften und bügeln Sie die Verschlußkante. Befestigen Sie den Beleg mit Hexenstichen an den Schulternähten.

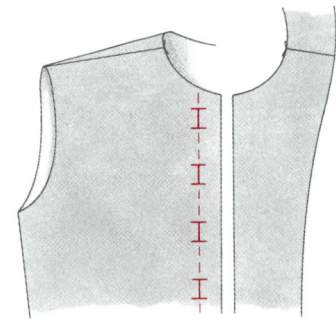

Ist der **Beleg extra geschnitten**, hat die vordere Kante eine Naht. Legen Sie den Beleg und den angesetzten Formstreifen rechts auf rechts auf das Schnitteil, vordere Mitte und Schulternähte beachten. Steppen Sie beides fest. Um ein Ausreißen zu vermeiden, nähen Sie die Ecken mit kleinerer Stichlänge.

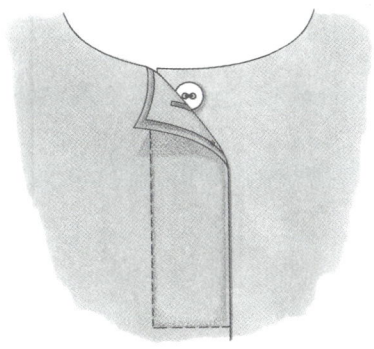
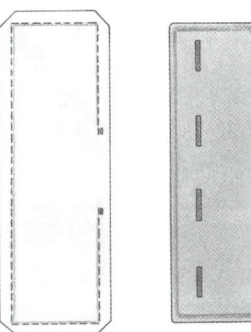
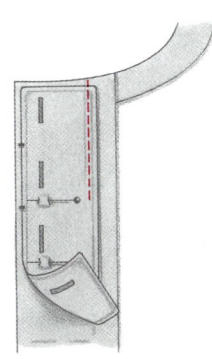

Verdeckte Knopfleiste

Zu den Verschlußkanten gehört auch die verdeckte Knopfleiste. Dabei arbeitet man den Untertritt des Beleges wie gewohnt. Die Knopfleiste wird bei dünnen Stoffen an –, bei dicken Jacken-/Mantelstoffen jedoch extra zugeschnitten.

1 Für die **extra geschnittene Knopfleiste** legen Sie die Schnittteile rechts auf rechts aufeinander und steppen sie zusammen. Verstürzen Sie die Leiste, die Ecken gut ausarbeiten. Fertigen Sie vor dem Annähen der Leiste die Knopflöcher.

2 Heften Sie die fertige Leiste etwa 0,3 bis 0,5 cm von der Kante entfernt unter den Untertritt. Die Knopflöcher müssen exakt unter der vorderen Mitte liegen. Steppen Sie die Leiste von rechts durch die Verschlußkante an, und entfernen Sie den Heftfaden.

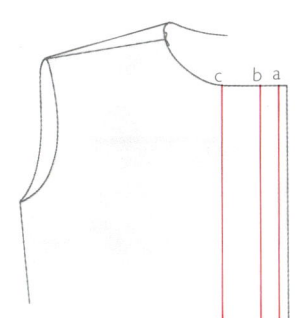
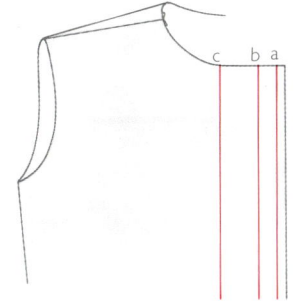
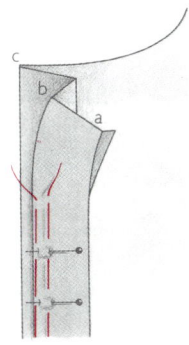
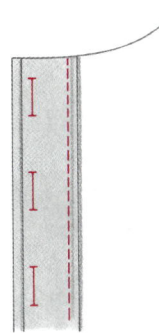

1 Für die **verdeckte Knopfleiste** an Blusen wird ein Belegstreifen von 8 cm angeschnitten. Markieren Sie sich die Umbruchlinien, die a (1 cm), b (4 cm) und c (8 cm) von der Schnittkante entfernt sind.

2 Nun legen Sie den Stoff entlang der Linie c links auf links um; heften und bügeln Sie die Kante. Entlang der Linie b wird der Untertritt nochmals gefaltet. Heften Sie die Umbruchlinie b 2 mm von der Umbruchlinie c an. Bügeln Sie sie.

3 Die Schnittkante des Untertrittes wird entlang der Linie a eingeschlagen, geheftet und angesteppt. Entfernen Sie den Heftfaden von b, und arbeiten Sie senkrechte Knopflöcher in die Untertrittleiste.

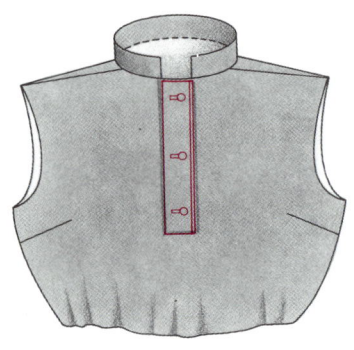
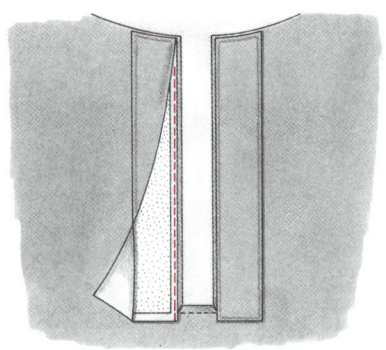

Schlitzblende

Soll ein Oberteil keine durchgehende Knopfleiste erhalten (zum Beispiel ein Hemdblusenkleid), so arbeiten Sie eine Schlitzblende.

1 Knopfloch- und Knopfleiste werden extra zugeschnitten. Die Breite entspricht der doppelten Schlitzbreite plus 2 cm Nahtzugabe, die Länge der Schlitzlänge plus 2 cm Nahtzugabe.

2 Die unteren Schlitzecken des Oberteiles werden bis zur Nahtlinie schräg eingeschnitten.
Legen Sie die Blendenteile rechts auf rechts, und bügeln Sie sie. Eventuell verstärken Sie die Blendenteile mit Einlagestoff. Nähen Sie die obere Kante. Schrägen Sie die Ecken ab, verstürzen Sie die Blenden. Bügeln Sie anschließend die Kanten.

3 Legen Sie die Blenden offenkantig rechts auf rechts auf die Schlitzkanten. Stecken, heften und nähen Sie sie an. Schneiden Sie die Nahtzugaben zurück, und bügeln Sie über die Nähte. Schlagen Sie anschließend die Blende zum Schlitz um, und bügeln Sie die Nahtzugaben in die Blende.

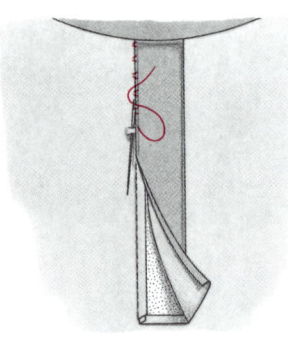
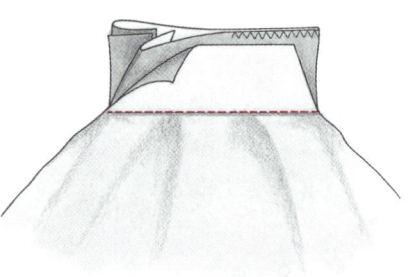
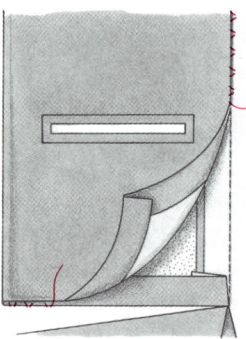

4 Schlagen Sie die offenen Belegkanten ein, und säumen Sie sie an die jeweilige Nahtlinie an.

5 Versäubern Sie die untere Kante der linken Blende mit Zickzackstich, und stecken Sie die Kante an das Schlitzende. Nähen Sie sie an.

6 Legen Sie die rechte Blende über die linke. Schlagen Sie die Nahtzugabe der unteren Schlitzkante ein, und nähen Sie sie mit hohlen Saumstichen fest. Bei dünneren Stoffen können Sie die rechte Blende etwas länger zuschneiden und sie dann von rechts aufsteppen.

Knopflöcher

In der klassischen Schneiderei werden drei Arten von Knopflöchern in die Oberbekleidung eingearbeitet: das Maschinenknopfloch, das Augen- und das Paspelknopfloch. Neben diesen Grundknopflocharten gibt es noch das Knopfloch für Leder und Lederimitate und den Schlingenverschluß für Kugelknöpfe.

Zu den geschürzten Knopflöchern gehören das hand- und das maschinengearbeitete Knopfloch. Bei beiden wird durch alle Stofflagen hindurchgenäht.

Bei der Damenoberbekleidung werden Knopflöcher in die rechte Seite, bei der Herrenoberbekleidung in die linke Seite des Oberteiles gearbeitet, unerheblich, ob senkrechte oder waagerechte Knopflöcher.

Bevor Sie mit dem Nähen des Knopfloches beginnen, verstärken Sie die Knopfleiste mit Einlagestoff. Markieren Sie sich die Knopflochschlitze. Waagerechte Knopflöcher beginnen 2 mm vor der eingezeichneten Mitte, senkrechte Knopflöcher liegen genau auf der vorderen oder rückwärtigen Mitte.

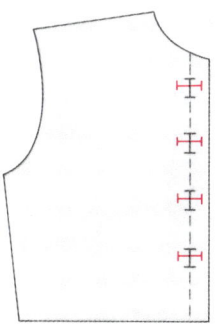

Handgearbeitetes Knopfloch

Für das handgearbeitete Knopfloch verwenden Sie je nach Material des Oberstoffes Baumwollgarn oder Nähseide. Ein Augenknopfloch nähen Sie mit Knopflochseide. Um das Knopfloch vor dem Ausreißen zu sichern und um eine gleichmäßige Stichreihe zu erhalten, steppen (Stichlänge 2) Sie vor dem Aufschneiden und dem Ausnähen des Knopfloches ein kleines Rechteck um die Markierung.

Nach dem Aufschneiden sichern Sie die Schnittkanten durch Umstechen. Arbeiten Sie das Knopfloch von rechts nach links. Stechen Sie durch den Schlitz, und führen Sie die Nadelspitze an der Maschinennaht von hinten durch den Stoff. Legen Sie den Faden von links unter der Nadelspitze nach rechts, und ziehen Sie den Faden an. Die Fadenverschlingung muß genau an der Schnittkante liegen. Arbeiten Sie die Stiche möglichst dicht.

An den Enden arbeiten Sie über die ganze Breite des Knopfloches einen Riegel. Nähen Sie 4 oder 5 lange Stiche, die zusätzlich mit Festonstichen gesichert werden.

Mäntel oder Jacken aus dickeren Stoffen versieht man mit Augenknopflöchern. An dem Ende des Knopfloches, das zur vorderen Mitte hin liegt, arbeiten Sie einen Halbkreis aus (siehe auch Zeichnung).

Die Knopflöcher werden heutzutage selten von Hand genäht, da es mit den modernen Nähmaschinen viel schneller geht.

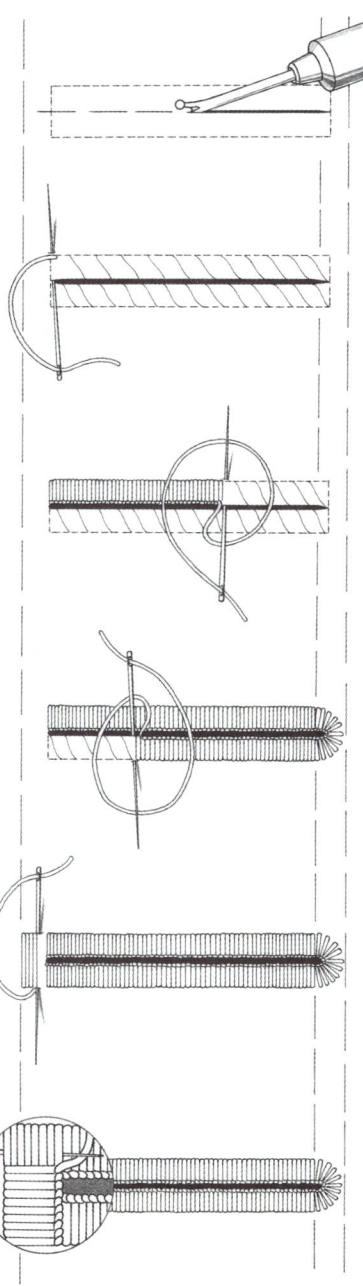

Maschinengearbeitetes Knopfloch

Schon mit einer einfachen Nähmaschine können Sie Knopflöcher arbeiten. Verwenden Sie aber für die maschinengearbeiteten Knopflöcher spezielles Garn, das Sie in Fachgeschäften bekommen. Sie können aber auch dünnes Stick- oder Stopfgarn nehmen. Achten Sie darauf, daß Sie beim Knopflochnähen die Oberfadenspannung der Maschine verringern (siehe Bedienungsanleitung).

Einfache Maschinenknopflöcher bestehen aus zwei Reihen Zickzackstichen, deren Enden mit Riegeln verbunden sind. Das Knopfloch kann mit und ohne Einlauffaden genäht werden. Bei Knopflöchern in elastischen Stoffen sollten Sie auf jeden Fall einen Einlauffaden verwenden, damit die Knopflöcher ihre Form behalten und sich nicht ausdehnen. Stichlänge und -breite sollten Sie zuvor an einem Probeknopfloch bestimmen.

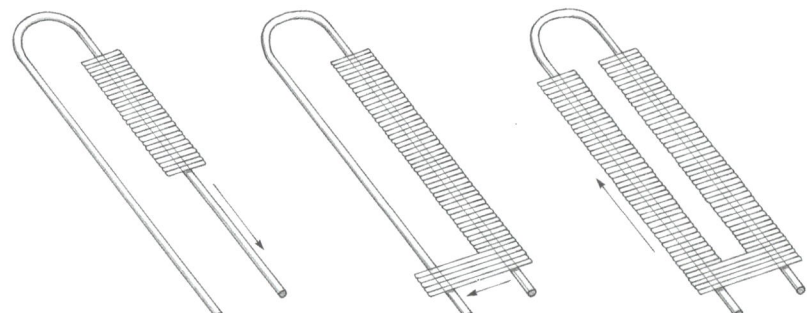

1 Nähen Sie die erste Raupe bis zum Ende, und lassen Sie die Nadel auf der Mittellinie im Stoff stecken. Den Nähfuß heben, und den Stoff um die Nadel herum (90°) drehen.

2 Senken Sie den Nähfuß wieder, und stellen Sie die gewünschte Stichbreite für den Riegel ein. Nähen Sie fünf Riegelstiche. Halten Sie dabei den Stoff fest, er darf nicht transportiert werden. Heben Sie den Fuß kurz an, und drehen Sie den Stoff wieder. Stellen Sie die Stichbreite für die zweite Raupe zurück.

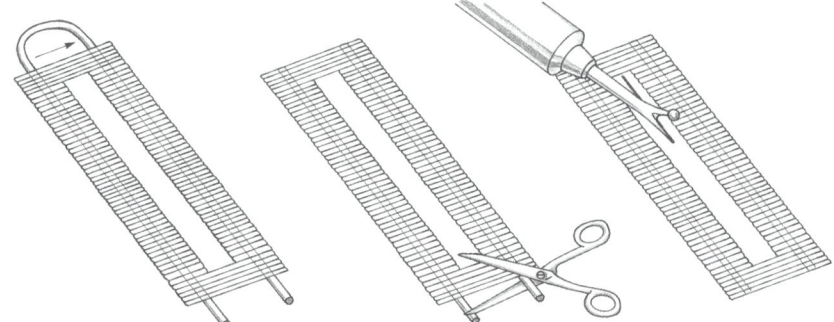

3 Nähen Sie diese und beenden Sie das Knopfloch mit einem zweiten Riegel. Ziehen Sie die Fäden zum Vernähen auf die linke Seite. Wird das Knopfloch mit einem Einlauffaden gearbeitet, so ziehen Sie diesen gleichmäßig. Kürzen Sie die Fadenenden, eventuell vernähen Sie sie.

4 Das Knopfloch selbst schneiden Sie mit dem Pfeil- oder dem Nahttrenner vorsichtig auf. Damit Sie die Riegel nicht verletzen, stecken Sie Stecknadeln davor. Schneiden Sie das Knopfloch in zwei Arbeitsgängen von den Riegeln zur Mitte hin mit dem Nahttrenner auf.

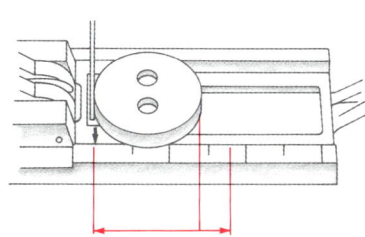

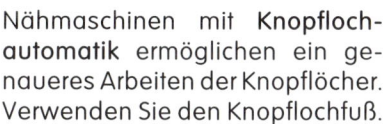

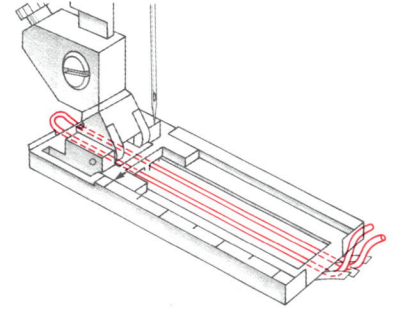

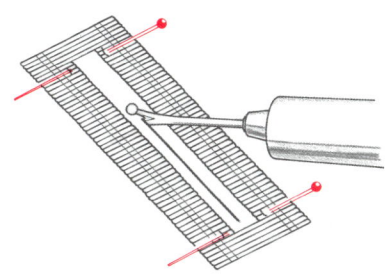

Nähmaschinen mit **Knopfloch-automatik** ermöglichen ein genaueres Arbeiten der Knopflöcher. Verwenden Sie den Knopflochfuß.

1 An der linken Seite des Fußes befindet sich eine Zentimetereinteilung, so daß es möglich ist, mehrere Knopflöcher in der gleichen Länge zu nähen. Legen Sie den Knopf auf die Maßtabelle, und bestimmen Sie die Knopflochlänge.

2 Hängen Sie den Einlauffaden ein, und ziehen Sie die Schiene des Knopflochfußes bis zum Anschlag nach vorn. Nähen Sie die erste Raupe in der gewünschten Länge, drücken Sie die Riegeltaste, und nähen Sie etwa fünf Riegelstiche. Für die zweite Raupe den Stoff nicht wenden, da die Maschine automatisch rückwärts näht.

3 Nachdem der Abschlußriegel genäht ist, ziehen Sie die Fäden auf die linke Seite und vernähen sie. Das Knopfloch mit dem Nahttrenner aufschneiden. Stecken Sie vor die Riegel Stecknadeln, damit sie beim Aufschneiden nicht verletzt werden.

Augenknopfloch

In Jacken und Mäntel aus dickem Stoff werden Augenknopflöcher gearbeitet.
Auch diese können Sie auf den modernen Nähmaschinen nähen. Das maschinell gearbeitete Augenknopfloch kann in der Größe von 20 bis 32 mm gefertigt werden. Für das Nähen des Augenknopfloches verwenden Sie am besten dünnes Stick- oder auch Stopfgarn.

A

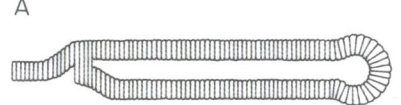

Die Knopflochlänge ergibt sich aus: Durchmesser plus Höhe des Knopfes plus 3 mm. Markieren Sie sich den Beginn der Knopflöcher (gleichmäßiger Abstand zur vorderen Kante). Die Knopflochlänge wird von diesen Punkten nach innen eingezeichnet. Verwenden Sie den normalen Nähfuß. Das

Nähen des Augenknopfloches an Punkt A beginnen. Den Stoff gut führen, langsam nähen, während Sie das Auge arbeiten. Schneiden Sie das Knopfloch mit dem Pfeil- oder Nahttrenner vorsichtig auf. Schneiden Sie die Rundung des Augenknopfloches mit einer spitzen Schere heraus.

Paspelknopfloch

Das Paspelknopfloch ist ein sehr dekoratives Knopfloch. Sie sollten die Paspel aus einem Kontraststoff arbeiten oder mit einem kontrastfarbenen Garn absteppen.

1 Für diese eingefaßten Knopflöcher einzelne Rechtecke auf die Knopflochmarkierungen setzen, diese dann verstürzen. Markieren Sie sich auf dem Kleidungsstück die Lage der Knopflöcher. Für ein 3 cm großes Knopfloch schneiden Sie sich einen Schrägstreifen von 6 cm Länge und 4 cm Breite zu.

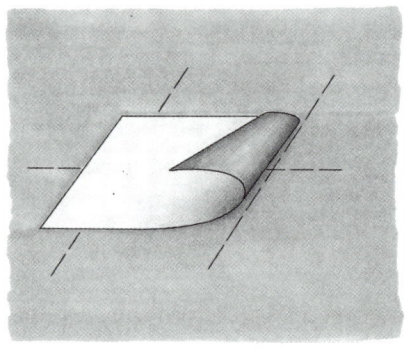

2 Stecken Sie den Schrägstreifen rechts auf rechts auf den Stoff, und markieren Sie nochmals auf dem Streifen die Größe des Knopfloches.

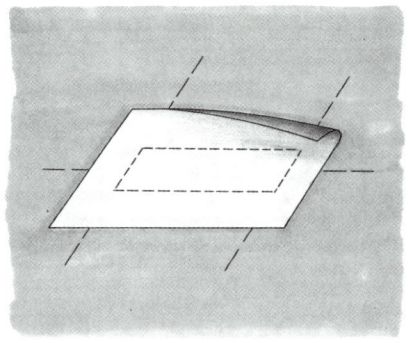

3 Stellen Sie einen kleinen Geradstich ein, und nähen Sie ein Rechteck um die Markierung. Achten Sie darauf, daß die Stepplinie am Knopflochende nicht breiter als 6 mm ist. Ehe Sie das Knopfloch aufschneiden, prüfen Sie, ob alle Nähte gerade sind und parallel zueinander verlaufen.

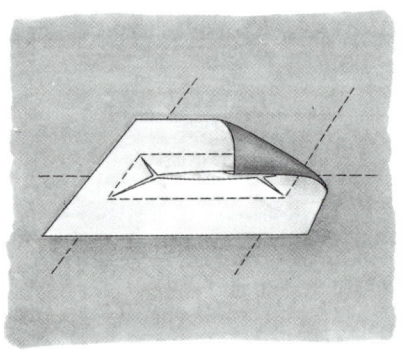

4 Schneiden Sie das Knopfloch vorsichtig der Länge nach in der Mitte auf, jeweils 0,5 cm vor den Stepplinien den Schnitt beenden. Schneiden Sie kleine Dreiecke zu den Ecken hin ein. Verstürzen Sie den Schrägstreifen auf die linke Seite. Ziehen Sie die Ecken glatt, und bügeln Sie darüber.

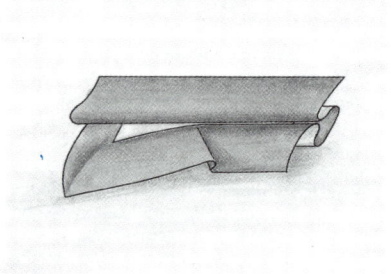

5 Falten Sie die Längsstreifen des Schrägstreifens so, daß die Kanten in der Mitte aneinanderstoßen. Die Bruchkanten gut ausstreichen. Heften Sie die Paspelkanten mit großen Stichen aneinander, damit sie sich nicht verschieben.

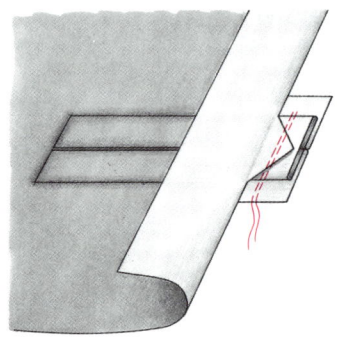

6 Befestigen Sie das kleine Dreieck, das durch den Einschnitt entstanden ist, mit ein paar Stichen – eventuell auch von Hand – auf der Rückseite.

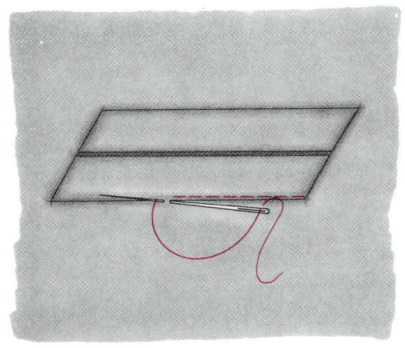

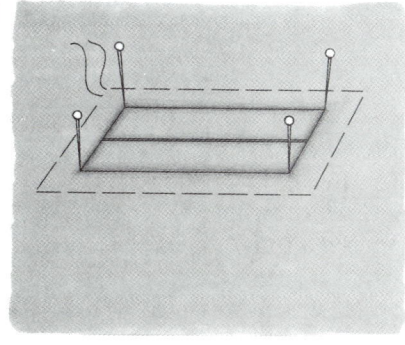

7 Nähen Sie von rechts in der Naht mit Steppstichen die langen Paspelstreifen fest. Mit Hexenstichen befestigen Sie den Rand des innen auf der Einlage liegenden Paspelstreifens.

8 Wird das Knopfloch mit einem Beleg unterlegt, so heften Sie ihn um das Knopfloch fest.
Stecken Sie von rechts je eine Stecknadel in die Ecken des Knopfloches.

Knopflöcher in Leder

Knopflöcher in Leder einzuarbeiten ist sehr einfach, da es sich eigentlich nur um einen umnähten Schlitz handelt.

In Form eines Knopfloches wird ein Rechteck gesteppt, das man in der Mitte aufschneidet.
Ist die Verschlußkante mit einem Besatzstreifen unterlegt, umsteppen Sie das zuvor markierte Knopfloch in 3 bis 4 mm Abstand von der Mitte nochmals. Arbeiten Sie zusätzlich einen Riegel.
In Lederimitationen (zum Beispiel Alcantara) lassen sich sehr gut Paspelknopflöcher arbeiten, oder Sie nähen, wenn Sie möchten, Augenknopflöcher mit der Maschine. Legen Sie dazu Seidenpapier unter das Lederimitat.
In Plastik oder in Kunststoff arbeiten Sie besser nähfreie Druckknöpfe, Reißverschlüsse oder Knebelverschlüsse ein, denn Knopflöcher reißen in diesen Materialien zu schnell aus.

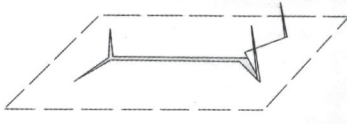

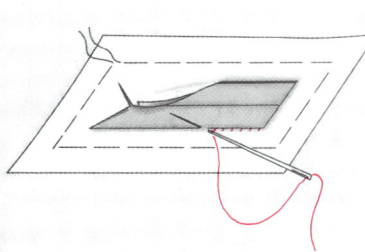

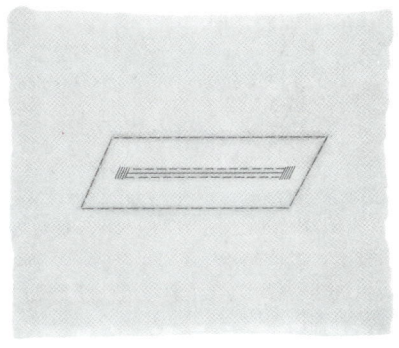

9 Wenden Sie das Kleidungsstück, und schneiden Sie vorsichtig den Knopflochschlitz in den Beleg. Schneiden Sie in den Enden bis schräg zu den Nadeln hin ein.

10 Schlagen Sie die offenen Schnittkanten so ein, daß sie mit den Nahtlinien des Knopfloches abschließen. Mit Staffierstichen nähen Sie den Beleg auf der Rückseite des Knopfloches fest.

Schlingenverschluß

Der Schlingenverschluß für Kugelknöpfe ist ein hübscher Schmuck
an eleganten Kleidungsstücken.

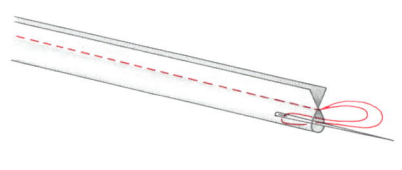

1 Schneiden Sie einen 2 bis
2,5 cm breiten Schrägstreifen zu.
Legen Sie ihn zur Hälfte rechts auf
rechts, und steppen Sie ihn, je
nach Stoffart, 3 bis 5 mm von der
Bruchkante entfernt, zusammen.
Dehnen Sie den Schrägstreifen
dabei leicht. Schneiden Sie die
Nahtzugabe nicht ab, denn sie
füllt das Röllchen.

2 Befestigen Sie einen doppelt
eingefädelten Faden mit ein paar
Stichen an der Stoffkante des
Streifens. Schieben Sie die Nadel
mit dem Öhr voraus durch den
Schrägstreifen, der so gewendet
wird.

3 Die Größe und der Abstand der
Schlingen richten sich nach den
Knöpfen. Je kleiner der Knopf,
desto dichter die Schlingen. Die
Knopflinie liegt genau auf der
Nahtlinie (Oberteil/Beleg) des
Kleidungsstückes.

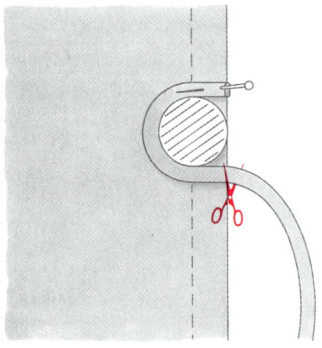

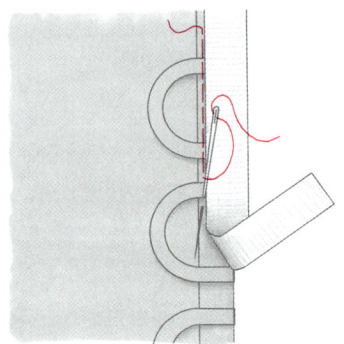

4 Halten Sie einen Knopf auf die
Knopflinie, und legen Sie den
Schlauch um den Knopf. Geben
Sie 1,5 cm in der Länge zu. Schnei-
den Sie sich entsprechend viele
Schlingen. Die Schlingen werden
von rechts an die Schnittkante des
Oberteils gesteckt.

5 Nehmen Sie nun Klebeband zu
Hilfe, damit die Schlingen sich
nicht verschieben. Heften Sie die
Schlingen an der Knopflinie fest,
entfernen Sie das Klebeband.
Stecken Sie den Beleg rechts auf
rechts auf die Schlingen, die zwischen Oberstoff und Beleg liegen.

6 Nähen Sie den Beleg entlang
der Nahtlinie fest. Schlagen Sie ihn
nach innen, die Schlingen kommen so an die Bruchkante der vorderen Mitte.
Damit der Beleg nicht hervorrutscht, nähen Sie besser noch eine Untersteppnaht. Legen Sie die
Schlingenkante auf die Knopflinie,
und markieren Sie die Knopf-
stellen.

Knöpfe und andere Verschlüsse

Knöpfe können Sie von Hand oder mit der Nähmaschine annähen. Markieren Sie nach dem Zuschnitt die Knopflinie (vordere/hintere Mitte) auf dem Kleidungsstück. Knöpfe und andere Verschlüsse (Druckknöpfe, Nieten) werden jedoch erst nach Abschluß aller Näharbeiten angebracht. Wählen Sie zum Annähen einen farblich zum Oberstoff passenden Faden. Je nach Stärke des Stoffes arbeiten Sie mit einfachem oder mit doppeltem Faden.

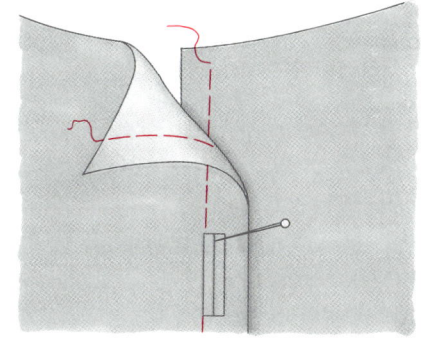

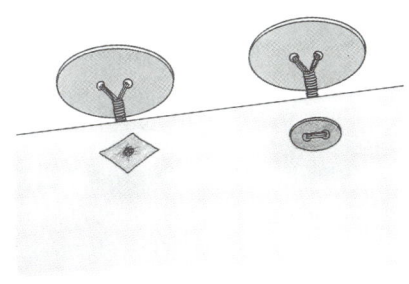

Stecken Sie die vorderen beziehungsweise die hinteren Mittellinien übereinander. Den Knopf genau auf die untere dieser Linien nähen. Stecken Sie eine Stecknadel durch das Knopfloch. Der Einstich dieser Nadel ist der Punkt, wo der Knopf sitzen muß.

Um ein Ausreißen des Stoffes zu verhindern, sollten Knöpfe auf doppelten Stoff genäht werden. Ist dies nicht möglich, fassen Sie ein unterlegtes Stoffstück oder einen flachen Knopf (liegt auf der Stoffunterseite) mit. Beide Knöpfe mit einem „Stiel" verbinden.

Flache Knöpfe

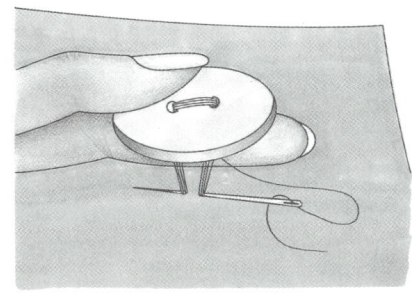

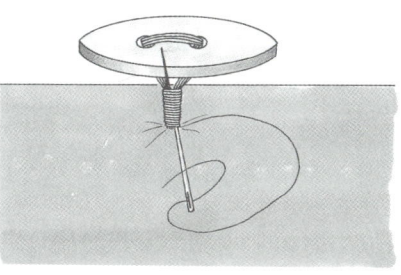

1 Nähen Sie flache Knöpfe und Knöpfe an Jacken oder Mäntel mit einem **Stiel** an, damit sie sich dann besser auf- und zuknöpfen lassen. Halten Sie den Knopf während des Annähens etwas hoch, und ziehen Sie den Faden nach dem Einstechen nicht zu fest an.

2 Nähen Sie 5 bis 6 Stiche durch die Löcher des Knopfes. Die Stiche einfach umwickeln oder durch Umstechen mit Schlingstichen festigen. Vernähen Sie, indem Sie das Fadenende durch den Stiel ziehen.

3 Streichhölzer oder Zahnstocher sind beim Annähen eines Knopfes mit Stiel sehr hilfreich. Legen Sie das Hölzchen über den Knopf. Die Stiche dennoch nicht zu fest anziehen. Ehe Sie den Stiel umwickeln, ziehen Sie es heraus.

 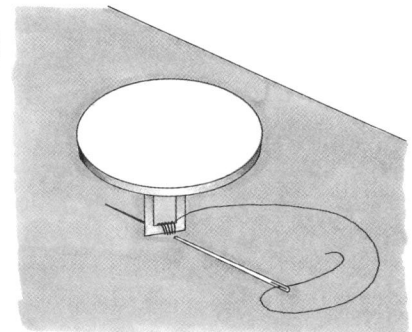 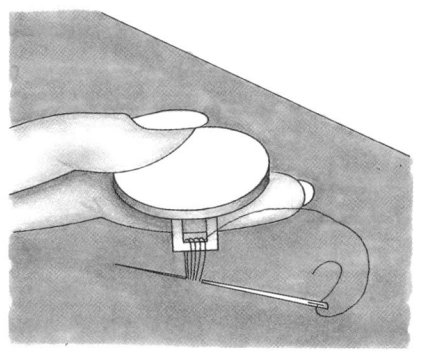

Stegknöpfe

1 Der Stegknopf kann nur von Hand angenäht werden. Bei dünnerem Oberstoff arbeiten Sie keinen Stiel. Durch den Steg an der Unterseite des Knopfes liegt dieser flach auf dem Knopfloch auf, ohne es auseinanderzuziehen.

2 Nähen Sie mit kleinen Stichen durch den Stoff, und führen Sie den Faden über den Steg hinweg. Vernähen Sie den Faden zwischen dem Oberstoff und dem Beleg.

3 Bei sehr dicken Stoffen erhält auch der Stegknopf einen Stiel. Halten Sie den Knopf etwas hoch, und nähen Sie 6 bis 8 Stiche durch Steg und Stoff hindurch. Diese Stiche dicht mit dem Faden umwickeln, sein Ende vernähen.

Zweilochknöpfe

Mit den modernen Nähmaschinen können Sie Zweilochknöpfe annähen. Die Stichbreite muß auf den Abstand der Löcher im Knopf eingestellt werden. Nehmen Sie den Nähfuß ab, und arbeiten Sie je nach Nähmaschinenmodell mit oder ohne Knopfannähfuß weiter.

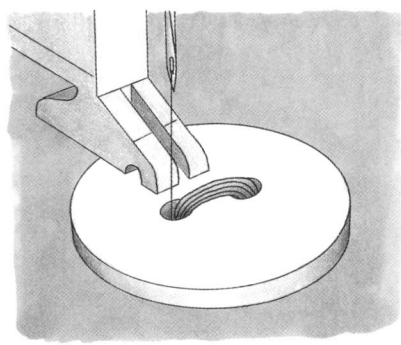 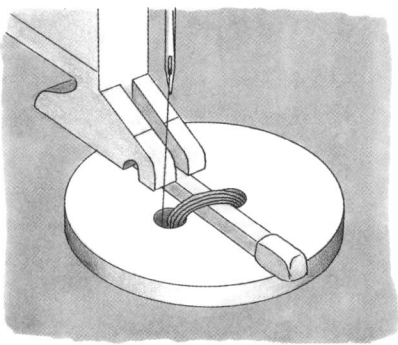

1 Legen Sie den Knopf auf die markierte Stelle, und schieben Sie ihn mit dem Stoff unter den abgesenkten Nähfußhalter.
Prüfen Sie durch Drehen des Handrades, ob die Nadel in die linke und die rechte Knopfbohrung einsticht, ansonsten Stichlänge korrigieren.

2 Versenken Sie den Transporteur, und nähen Sie etwa acht Zickzackstiche. Sie vernähen mit einigen Stepp-(Gerad-)stichen.

3 Wollen Sie den Knopf mit Stiel annähen, legen Sie ein Streichholz oder einen Zahnstocher über den Knopf. Sobald Sie genügend Stiche genäht haben, lassen Sie den Oberfaden 15 cm hängen, ziehen den Unterfaden durch, umwickeln den Stiel und vernähen die Fadenenden.

Knöpfe beziehen

In den Fertigpackungen zum Knöpfe beziehen liegen Knopfoberteile (Knopfrohlinge), Knopfunterteile (Schließplatten) und zwei Werkzeuge. Die Knöpfe sind in den Größen von 11 mm bis 38 mm erhältlich.

Eine Schnittvorlage für das Zuschneiden des Stoffkreises, dessen Größe sich nach dem verwendeten Rohling richtet, befindet sich auf der Rückseite der Packung. Dünnen Stoff sollten Sie doppelt legen oder mit Futterstoff unterlegen. Sehr steifen Stoff zunächst feucht abbügeln, dann erst zuschneiden.

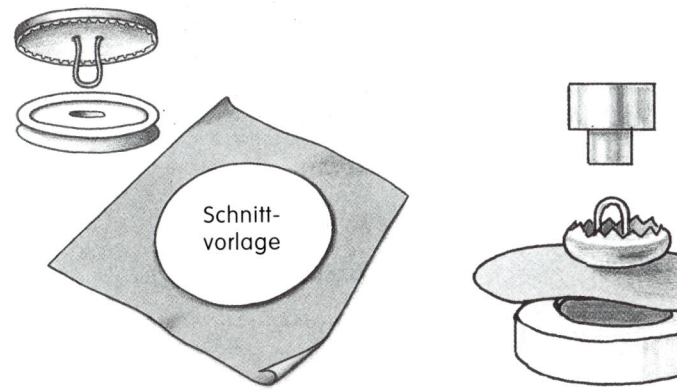

1 Schneiden Sie sich einen möglichst gleichmäßigen Stoffkreis mit Hilfe der Schnittvorlage (Kanten mit Kreide auf den Stoff übertragen) zu.

2 Den Stoffkreis legen Sie über die Mulde des weißen Werkzeugs, die rechte Stoffseite liegt unten. Drücken Sie den Knopfrohling (Öse nach oben) in diese Mulde. Den überstehenden Stoffrand mit einer Schere über den gezackten Rand des Knopfes zur Mitte hin falten.

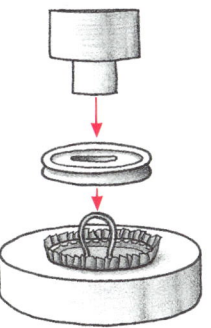

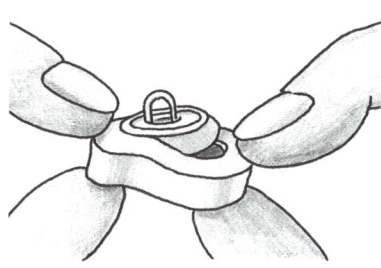

3 Nun legen Sie die Schließplatte des Knopfes darauf (PR muß lesbar sein), die Öse des Rohlings muß durch den Schlitz schauen. Mit dem beiliegenden blauen Werkzeug drücken Sie dann die Schließplatte fest.

4 Lösen Sie vorsichtig den Knopf aus dem weißen Werkzeug. Am besten Sie drücken ihn von unten heraus.

Haken und Ösen

Mit Haken und Ösen (Augen) verbindet man zwei neben- oder übereinanderliegende Verschlußkanten. Meist werden einzelne Haken und Ösen als zusätzlicher Verschluß angenäht (zum Beispiel am Rock- oder am Hosenbund, eventuell auch am Kragen). Stimmen Sie beim Kauf die Form von Haken und Ösen auf den Verwendungszweck ab.

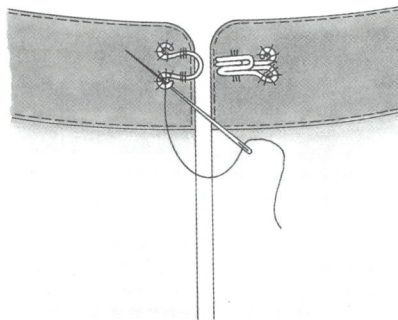

Bei aneinanderstoßenden Kanten näht man den Haken etwa 2 mm von der Kante entfernt an. Die Öse so an der gegenüberliegenden Kante anbringen, daß der Bogen knapp sichtbar ist.

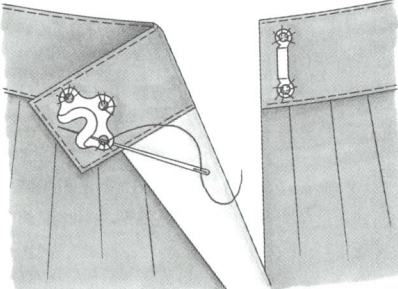

Bei übereinanderliegenden Verschlußkanten wird der Haken unter dem Übertritt (3 bis 5 mm von der Kante) angenäht. Die Öse befestigen Sie auf dem Untertritt.

Druckknöpfe

Druckknöpfe werden wie Haken und Ösen als Zusatzverschluß eingesetzt, da sie keinen absolut festen Halt bieten. Man erhält sie in verschiedenen Größen und Ausführungen.

Auf den Übertritt der Verschlußkante nähen Sie den oberen Teil des Druckknopfes (mit dem Köpfchen oder Dorn), der untere Teil wird nun in entsprechender Höhe auf dem Untertritt befestigt. Nähen Sie durch jedes Befestigungsloch 3 bis 4 Matratzenstiche.

Achten Sie beim Annähen des oberen Druckknopfteiles darauf, daß die Stiche möglichst nicht auf der rechten Seite des Übertrittes zu sehen sind – also immer nur die untere Stofflage mit der Nadel erfassen.

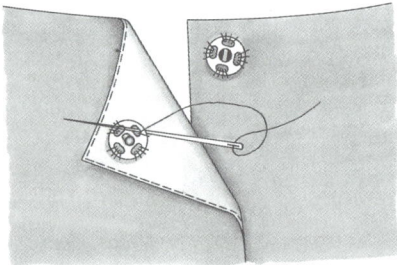

Nähfreie Druckknöpfe

Wünschen Sie eine dauerhafte Befestigung des Verschlusses, und möchten Sie die Anfertigung von Knopflöchern vermeiden, so wählen Sie einen nähfreien Druckknopf.

Das Sortiment dieser Druckknöpfe, die vor allem für Kinder- und Sportkleidung verwendet werden, ist sehr vielfältig. Es gibt sie außerdem in verschiedenen Größen, in zahlreichen Farbvariationen und aus unterschiedlichen Materialien, jeweils abgestimmt auf den jeweiligen Verwendungszweck des Kleidungsstückes. Alle Kunststoffteile sind voll durchgefärbt. Die unsichtbare Metallvernietung sorgt für den sicheren Halt des leicht zu schließenden Knopfes. Diese Druckknöpfe sind wasch-, bügel- und reinigungsbeständig

Markieren Sie auf der rechten Stoffseite die Befestigungsstellen. In der verstärkten oder auch doppelt liegenden Verschlußkante stanzen Sie die Einschlagpunkte zunächst vor.

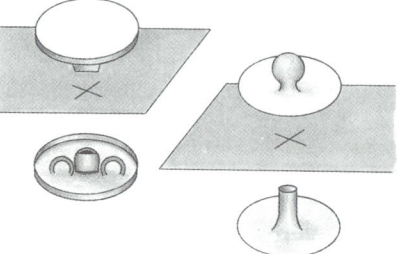

1 Der nähfreie Druckknopf besteht immer aus zwei Verschlußoberteilen und zwei Unterteilen. Diese schlägt man mit Hilfe des beiliegenden Werkzeugs in die Verschlußkanten.

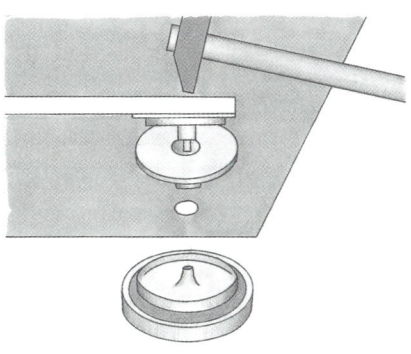

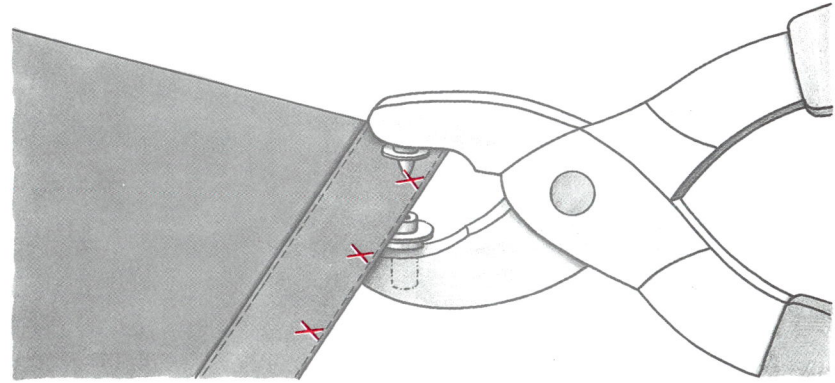

2 Nieten Sie zuerst die Oberteile (mit Dorn) am Übertritt zusammen. Dazu das Oberknopfteil und das dazugehörige Gegenstück in das Werkzeug legen. Den Stoff dazwischenschieben und das Werkzeug zusammendrücken.

Verarbeiten Sie sehr viele nähfreie Druckknöpfe, so lohnt sich der Kauf der Vario-Zange, die Sie auch zum Vernieten von Jeansknöpfen, Ösen, Hosenhaken und Jeansnieten verwenden können. Sie ist handlich und vielseitig. Sie

bewirkt eine optimale Drucküber-tragung, so daß das Eindrücken der Knopfteile ein Kinderspiel ist. Wenn der Oberstoff nicht fest genug ist, verstärken Sie ihn durch eine entsprechende Einlage. Markieren Sie die Befestigungsstellen.

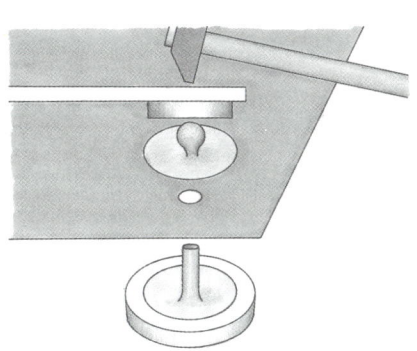

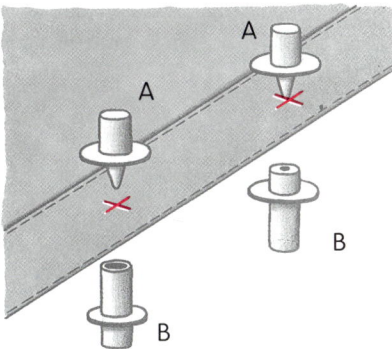

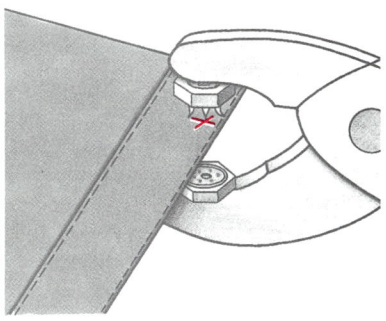

3 Schlagen Sie mit einem Hammer 2 bis 3mal auf das Werkzeug, bis beide Teile fest zusammengenietet sind. Das Druckknopfunterteil schlagen Sie in den Untertritt der Verschlußleiste.

1 Drücken Sie die beiliegenden Werkzeuge entsprechend den Angaben in die Zange. Benötigen Sie große Löcher, stecken Sie die kurze Röhre des Werkzeugs B in die Zange und lochen mit der langen Röhre. Für kleine Löcher drehen Sie die Röhre herum und lochen mit dem kurzen Ende. Schieben Sie die Verschlußkante zwischen die Zangenköpfe, und drücken Sie die Zange fest zusammen.

2 Das Einnieten der Druck-knopfteile, in der Zeichnung am Beispiel des Jerseydruckknopfes gezeigt, erfolgt ähnlich dem Einnieten ohne Zange. Eine ausführliche Anleitung zur Handhabung der Zange und zum Nietvorgang selbst liegt jeder Verpackung der Vario-Zange bei.

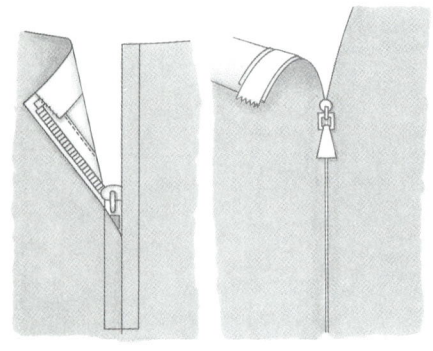
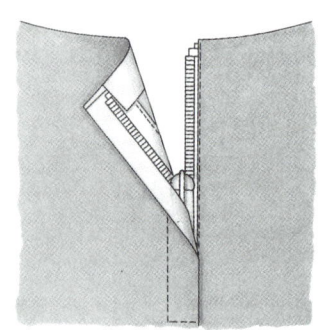
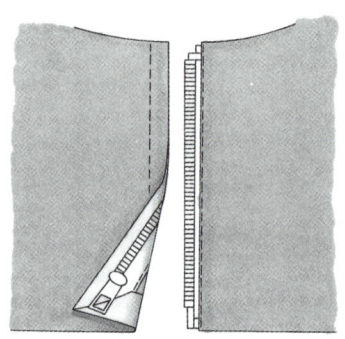

Reißverschlüsse

Es gibt drei Reißverschlußarten:
den Standardreißverschluß,
den Hosenreißverschluß,
den teilbaren Reißverschluß.
Verwenden Sie zum Einnähen des Reißverschlusses den Spezialnähfuß. Die Reißverschlußfüße weisen je nach Maschinentyp unterschiedliche Formen auf, sie laufen aber alle knappkantig an den Zähnchen des Reißverschlußbandes vorbei.
Der Standardreißverschluß wird beidseitig (in Oberteilen) oder auch nur einseitig verdeckt (in Damenhosen oder -röcken) eingesetzt. Hosenreißverschlüsse arbeitet man vor allem in Herrenhosen mit separatem Untertritt, in Damenhosen werden sie wie einseitig verdeckte Standardreißverschlüsse eingenäht.
Bei Jacken oder Westen die teilbaren Reißverschlüsse sichtbar oder verdeckt einsetzen.

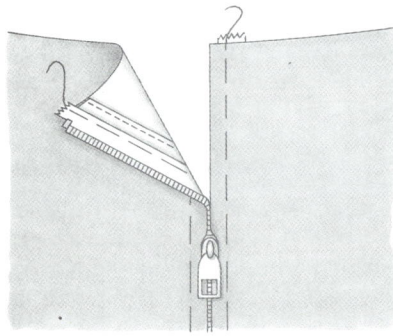
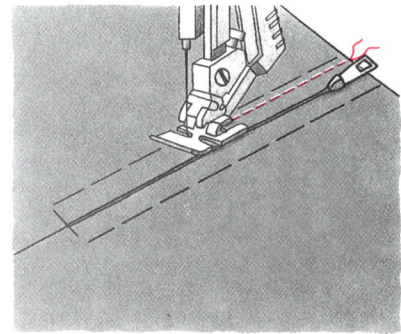
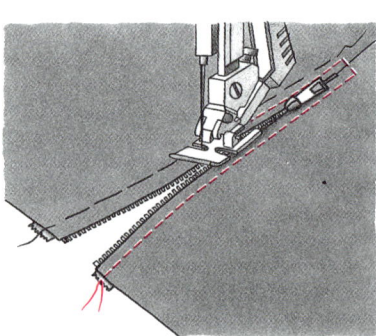

Sichtbar ist die Einsteppnaht beim **beidseitig verdeckten Reißverschluß.**
1 Bügeln Sie zuerst die Nahtzugaben um, anschließend den Reißverschluß einheften. Dabei sollten die gebügelten Kanten der Nahtzugaben genau in der Mitte der Reißverschlußzähnchen zusammenstoßen.

2 Den Nähfuß nach links schieben, den geöffneten Reißverschluß so unter den Fuß legen, daß die Zähne am rechten Führungssteg entlanglaufen. Nun das Band zur Hälfte einsteppen, die Nadel im Stoff steckenlassen und den Nähfuß heben. Schließen Sie den Reißverschluß, und steppen Sie das Band fertig.

3 Nähen Sie am unteren Ende des Reißverschlusses eine Quernaht. Parallel zur ersten Reißverschlußseite wird das zweite Band eingenäht. Haben Sie gut 2/3 der Naht gesteppt, öffnen Sie den Reißverschluß (Nadel im Stoff lassen, Nähfuß heben). Senken Sie den Nähfuß, und nähen Sie die Naht zu Ende.

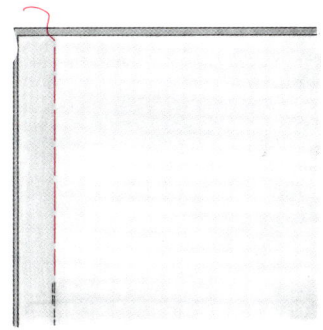

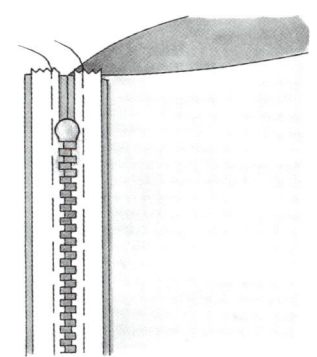

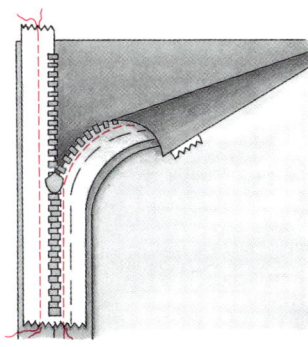

Beim **beidseitig verdeckten Industriereißverschluß** ist die Einsteppnaht von der rechten Stoffseite nicht sichtbar.

1 Die Öffnung für den Reißverschluß zunächst mit großen Heftstichen schließen und dann die Nahtzugaben leicht auseinanderbügeln.

2 Den geschlossenen Reißverschluß exakt auf die Naht legen und mit kleinen Stichen dicht neben den Zähnen heften. Achten Sie darauf, daß die Reißverschlußbänder nur auf die Nahtzugaben geheftet werden, auf keinen Fall durch den Oberstoff stechen.

3 Den Heftfaden aus der Naht entfernen und den Reißverschluß ganz öffnen. Von links das jeweilige Reißverschlußband auf die entsprechende Nahtzugabe steppen. Nach dem Entfernen der Heftfäden aus den Nahtzugaben die Naht (bei geschlossenem Reißverschluß) nochmals leicht bügeln.

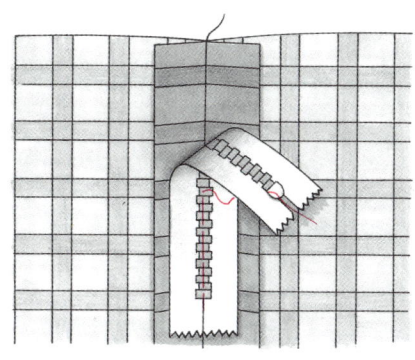

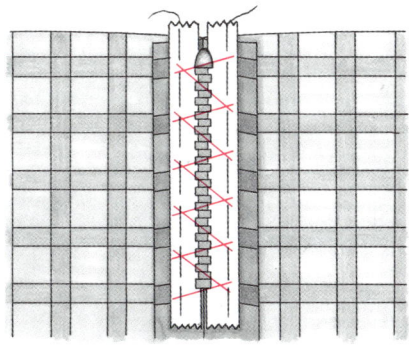

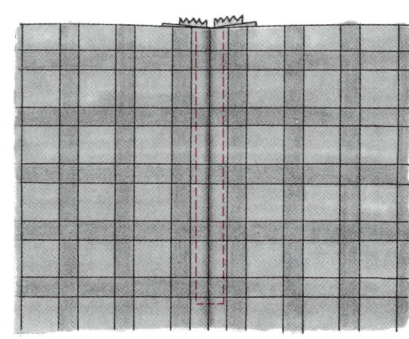

Ist der **Stoff gemustert,** so sollte der Musterverlauf durch den Reißverschluß möglichst nicht gestört werden.

1 Schließen Sie deshalb die Nahtöffnung mit Heftstichen. Den Reißverschluß mit der rechten Seite auf die Nahtzugaben heften. Achten Sie darauf, daß die Zähnchen auf Nahtmitte liegen.

2 Den geschlossenen Reißverschluß einsteppen, er darf aber unter dem Nähfuß nicht verrutschen.

Ihn daher zusätzlich mit Heftstichen über den Zähnchen fixieren.

3 Von der rechten Stoffseite den Musterverlauf kontrollieren. Bei sehr glatten oder dünnen Stoffen kann auch noch einmal von der rechten Seite geheftet werden, anschließend den Reißverschluß sichtbar oder auch unsichtbar einsteppen.

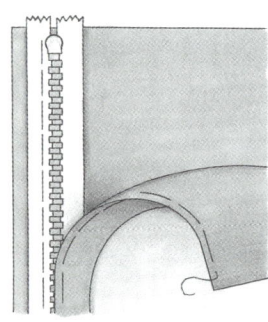

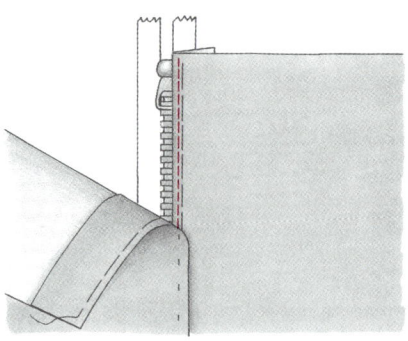

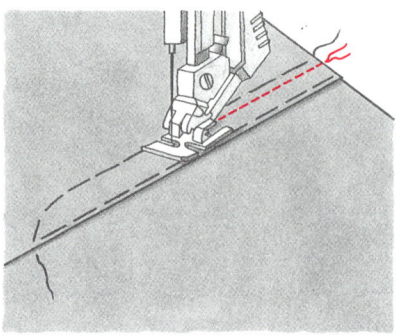

Für den **einseitig verdeckten Reißverschluß** in Röcken und Hosen können Sie den Hosenreißverschluß verwenden. Unter dem Anhänger befindet sich ein kleiner Sicherungshaken. Wenn Sie diesen gegen den Haken drücken, geht der Reißverschluß nicht auf.

1 Bügeln Sie die linke Nahtzugabe um. Heften Sie auf die einfache Stofflage den geöffneten Reißverschluß (rechte Seite nach unten) so auf, daß die gebügelte Kante der Nahtzugabe direkt hinter den Zähnchen liegt, von der Stoffoberseite knapp neben der Heftlinie steppen.

2 Schließen Sie den Reißverschluß. Schieben Sie den Obertritt so weit vor, daß sowohl Untertritt als auch Reißverschluß verdeckt sind. Von rechts das zweite Band an den Obertritt heften und festnähen. Am unteren Ende des Obertritts steppen Sie in einem leichten Bogen zur Mittelnaht hin.

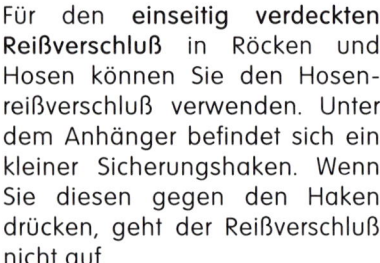

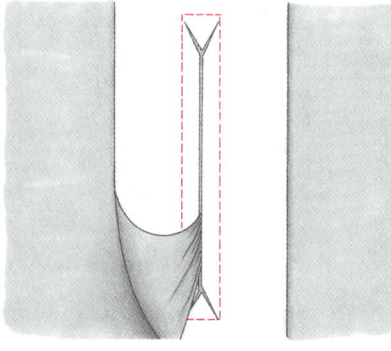

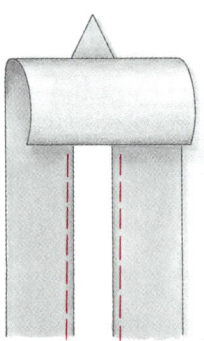

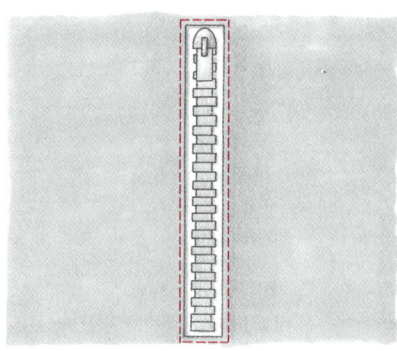

Um einen **Reißverschluß sichtbar in einen Schlitz** einzuarbeiten, muß dieser zuerst genäht werden. **1** Für den Schlitzbeleg einen Stoffstreifen schneiden, der um 8 cm breiter und um 10 cm länger ist als der Reißverschluß. Den Beleg rechts auf rechts auf die markierte Schlitzlinie heften.

2 Nähen Sie ein Rechteck in der Breite und in der Länge des Zähnchenbandes. Das Rechteck in der Mitte jeweils bis 1 cm vor die Querlinien aufschneiden, zu den Ecken hin schräg einschneiden. Den Stoffstreifen ohne Vorschub verstürzen, die Kante heften und bügeln.

3 Heften Sie den Reißverschluß so in die Öffnung, daß Reißverschlußanfang und -ende genau mit Schlitzanfang und -ende abschließen. Steppen Sie 2 mm von den Bruchkanten entfernt den Reißverschluß von rechts ein.

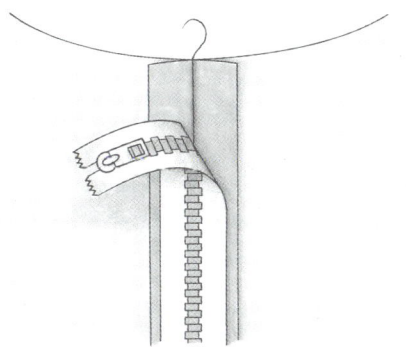

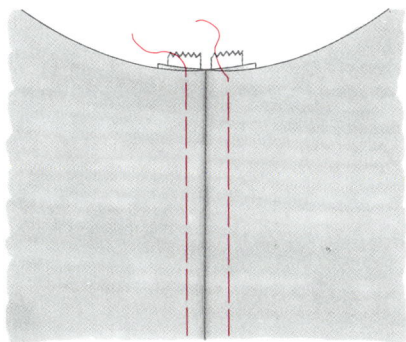

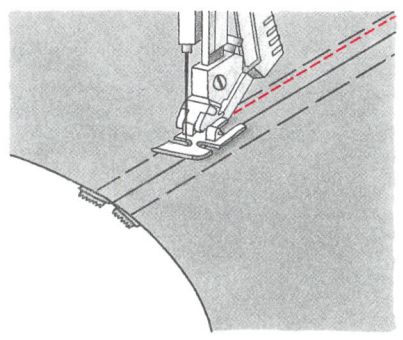

Der **teilbare Reißverschluß** wird hauptsächlich in Sport- und Freizeitbekleidung eingearbeitet.

1 Nähen Sie diesen Verschluß immer ein, bevor Sie mit dem Beleg und dem Saum beginnen. Heften Sie die Naht zusammen, und bügeln Sie sie.

2 Legen Sie den geschlossenen Reißverschluß mit seiner rechten Seite auf die Nahtzugaben. Die Reißverschlußzähne liegen genau auf der Nahtmitte. Etwa 0,6 bis 1 cm von der mittleren Naht entfernt heften.
Wenden Sie das Kleidungsstück auf die rechte Seite.

3 Neben der Heftlinie den Reißverschluß einsteppen. Achten Sie darauf, daß die Steppnaht auch immer genau den gleichen Abstand zur Verschlußkante hat. Vernähen Sie dann Anfang und Ende des Fadens sorgfältig mit einigen Rückwärtsstichen oder von Hand.

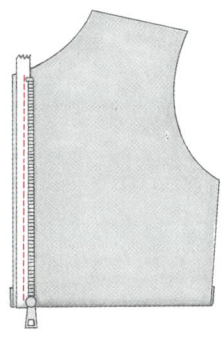

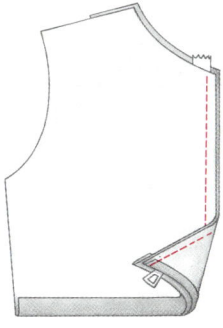

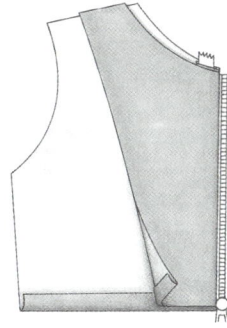

In Jacken und Westen wird der teilbare **Reißverschluß** zwischen **Oberstoff und Beleg** genäht.
1 Steppen Sie die geteilten Reißverschlußbänder rechts auf rechts auf die Nahtzugabe. Die Zähnchen liegen knapp vor der Nahtlinie auf der vorderen Mitte.

2 Anschließend den Beleg rechts auf rechts aufheften. Auf der Anstepplinie des Reißverschlusses (von der linken Stoffseite des Oberteils) den Beleg mit einem mittleren Geradstich ansteppen.

3 Den Beleg verstürzen, dabei werden die Zähnchen sichtbar. Die Kante exakt heften und bügeln. Damit sich der Beleg nicht im Reißverschluß einklemmt, diesen nochmals von rechts knappkantig ansteppen.

Ärmel

Die Ärmelformen sind sehr vielfältig und unterliegen in Schnitt und Aussehen der jeweiligen Mode. Man unterscheidet zwischen den Grundformen:
eingesetzter Ärmel,
Raglanärmel,
Kimonoärmel.
Diese Formen variieren jeweils in Weite, Länge und Armabschluß.
Der **eingesetzte Ärmel** kann ein- oder zweiteilig sein, seine Armkugel glatt, eingekraust oder in Falten gelegt. Je nach Modell wird der Ärmel direkt an der Schulter eingesetzt. Für gerade **eingesetzte Ärmel** verlängert man die Schulternaht, das Armloch ist in diesem Falle tief ausgeschnitten.
Auch der **Raglanärmel** kann ein- oder zweiteilig gearbeitet werden. Die Einsatznähte laufen schräg vom vorderen und vom hinteren Halsloch zum Unterarm.
Der **Kimonoärmel** wird direkt an das Oberteil angeschnitten. Man verlängert die Schulternaht bis zum Handgelenk. Die Seitennaht des Oberteiles geht in die Unterarmnaht über (eventuell einen Zwickel einarbeiten).

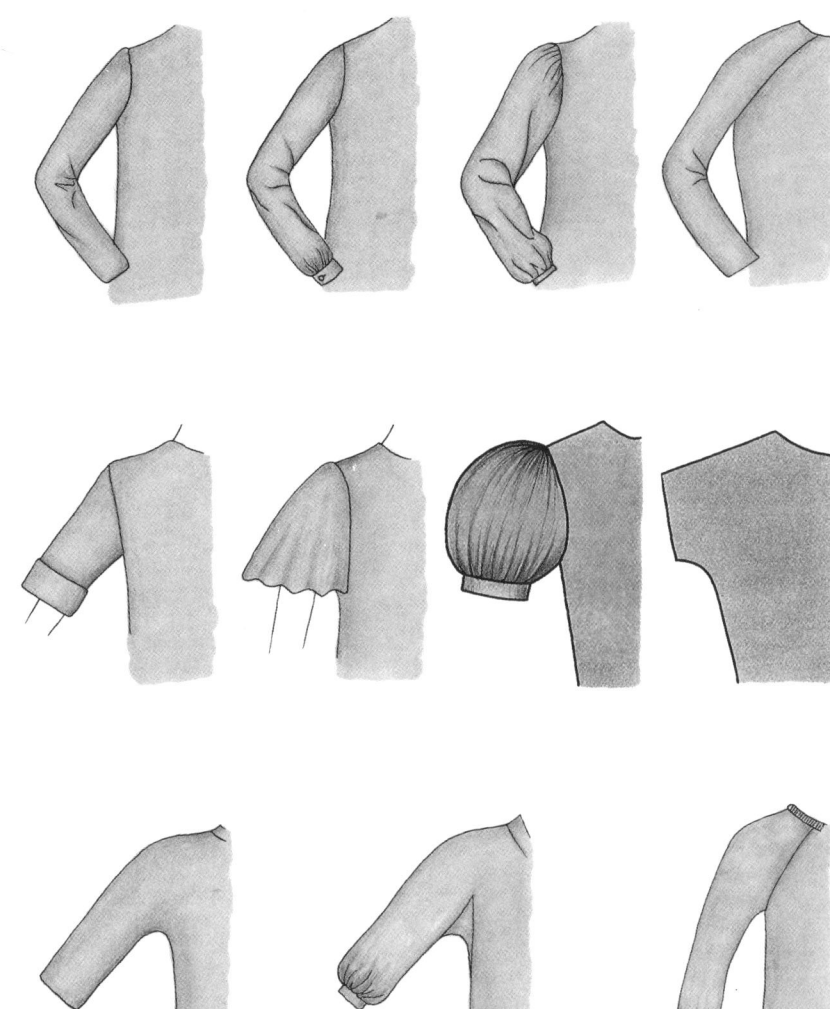

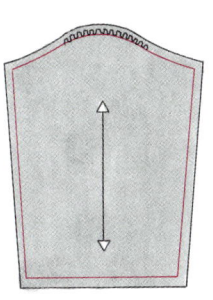 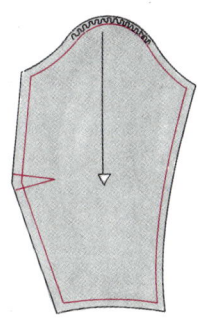 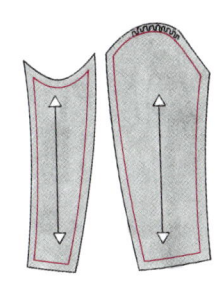 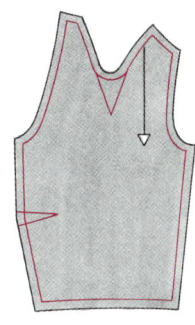 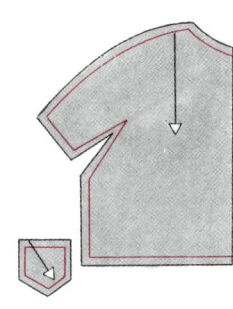

Wenn Sie den Schnitt vom Schnittmusterbogen abnehmen, so übertragen Sie Markierungs- und Ansatzpunkte sowohl am Ärmel wie auch am Oberteil.

Bei allen Grundschnittformen, die hier noch einmal gezeigt werden, ist besonders auf den Fadenlauf zu achten, der in die Schulternaht übergehen muß.

Eingezeichnet sind im Schnitt ferner der Beginn und das Ende der Kräusellinien, eventuell die Ellbogenabnäher, diese vor dem Schließen des Ärmels nähen.

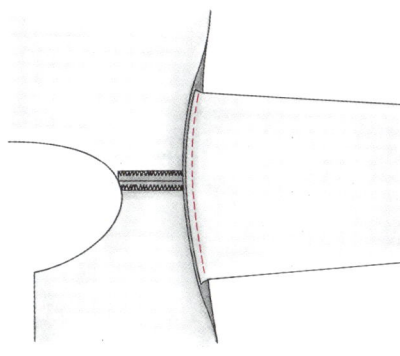  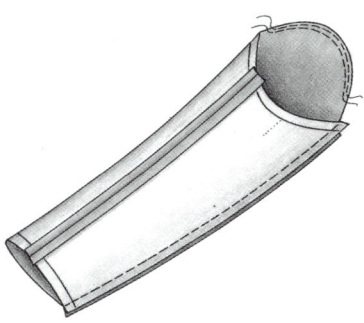

Hemdsärmel oder tiefer eingesetzte, gerade Ärmel nähen Sie zuerst an das Oberteil. Achten Sie darauf, daß die Ansatzmarkierung (Armkugel) in die Schulternaht übergeht. Schließen Sie dann die Seiten- und die Unterarmnähte in einem Arbeitsgang. Dabei müssen die Nähte unter dem Arm genau aufeinandertreffen.

Bei einem **zweiteiligen Ärmel** dehnen Sie vor dem Zusammennähen von Ober- und Unterarm die vordere Ärmelnaht des Oberärmels. Ihre Länge muß nach dem Dehnen mit der Länge der Naht des Unterärmels übereinstimmen. Achten Sie darauf, daß beide Oberarmteile gleich stark gedehnt werden.

Legen, stecken und heften Sie Ober- und Unterärmel rechts auf rechts, und steppen Sie die Nähte. Bügeln Sie den Ärmel in Form, und schneiden Sie die Nahtzugaben zurück.

Ärmel mit Armkugel

Bei einem **Ärmel mit Armkugel** wird immer der tiefer ausgeschnittene Ärmelrand in den vorderen Armausschnitt eingesetzt. Bedingt durch die Weite der Armkugel, die je nach Modetrend schwankt, ist es nicht immer leicht, den Ärmel richtig herum einzusetzen. Deshalb sind in den meisten Schnitten zusätzliche Markierungs- oder Einsatzpunkte im Ärmel und im Oberteil eingezeichnet. Diese sollten Sie unbedingt beachten, da sich sonst der Ärmel leicht „verdreht" oder Falten wirft.

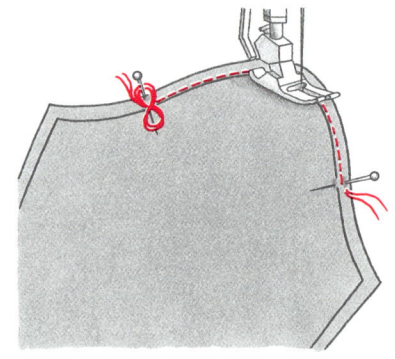

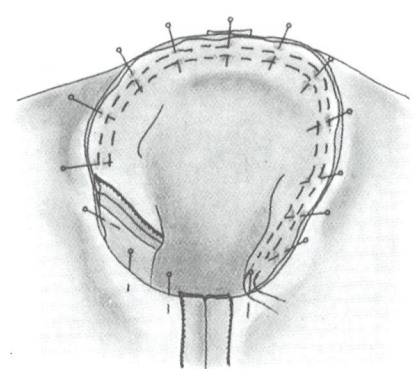

1 Halten Sie die Weite der Armkugel ein, indem Sie 2mal entlang der Ansatzlinie von Markierungspunkt zu Markierungspunkt mit großen Stichen nähen. Ziehen Sie die Unterfäden der Kräuselnähte leicht an, und kräuseln Sie die Weite gleichmäßig auf die Kugel verteilt ein.

2 Stecken Sie den Ärmel rechts auf rechts in das Armloch. Beginnen Sie an den Markierungspunkten, der Schulter- und der Seitennaht. Dann stecken Sie den Ärmel fest in das Armloch, immer von der Ärmelseite aus. (Stecknadeln quer zur Ärmeleinsatznaht.)

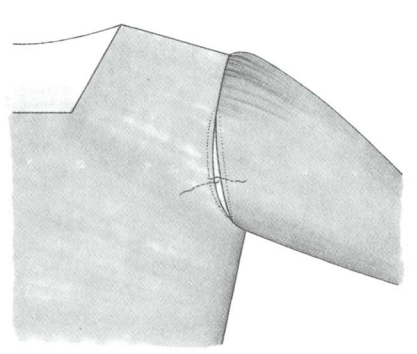

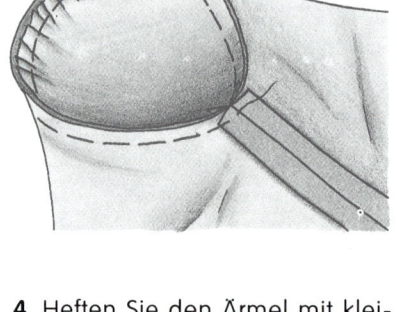

3 Wird ein angekrauster Ärmel eingesetzt, achten Sie darauf, daß sich die Kräuselung nur im Bereich der Schulternaht (bis jeweils 10 cm vor und hinter der Naht) befindet. Der Unterarmteil sitzt glatt im Armloch.

4 Heften Sie den Ärmel mit kleinen Stichen in das Armloch. Kontrollieren Sie vor dem Einnähen den Fall des Ärmels durch eine Anprobe. Nähen Sie die Ärmel immer von der Ärmelseite (Kräuselung ist gut sichtbar) her ein.

5 Die Nahtkanten von Ärmel und Oberteil werden dicht neben der Stepplinie in einem Arbeitsgang mit Zickzackstichen versäubert und anschließend zurückgeschnitten. Bügeln Sie die Nähte auf der Ärmelseite zusammen, und legen Sie sie zum Ärmel hin um, eventuell nochmals bügeln.

Raglanärmel

In einen einteiligen Raglanärmel arbeitet man einen Schulter-abnäher. Eine Ausnahme bildet der Raglanärmel bei Sweatshirts. Das weiche, nachgebende Material fällt gut über die Schulter, notfalls können Sie (wenn unbedingt erforderlich) etwas Weite an der Halslinie einhalten.

1 Nähen Sie zuerst den Abnäher oder beim zweiteiligen Ärmel die obere Ärmelnaht. Bügeln Sie nach diesem Arbeitsschritt die Naht. Bei dickeren Stoffen den Abnäher aufschneiden und die Nahtzugaben kürzen.

2 Stecken und heften Sie den vorderen und den hinteren Ärmelteil auf die jeweilige Ansatzlinie des Kleidungsstückes.

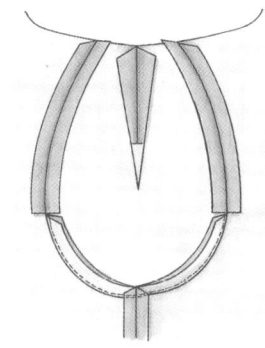
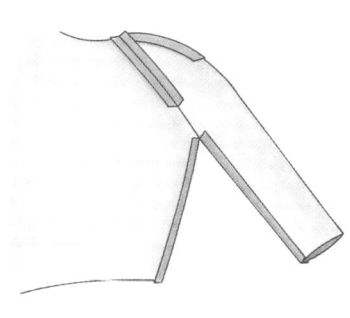

3 Schließen Sie die Raglannähte von der Seitennaht bis hin zum Halsloch. Schneiden Sie die Nahtzugaben zurück und an den Markierungspunkten ein. Von diesen Punkten aus wird die Naht zum Halsloch hin auseinandergebügelt, die untere Ärmelnaht jedoch zusammengebügelt.

4 Stecken und heften Sie die Unterarmnaht und die jeweilige Seitennaht des Kleidungsstückes. Unter dem Arm müssen diese Nähte genau aufeinanderstoßen. In einem Arbeitsgang schließen Sie die Seiten- und die Ärmelnaht.

Kimonoärmel

Bei einem sehr weiten Kimono-ärmel beginnt der Ärmel schon knapp über der Taillenlinie.

1 Legen Sie Vorder- und Rückenteil aufeinander, und schließen Sie die Schulternähte. Danach die Unterarmnaht, die gleichzeitig Seitennaht ist, mit kleinen Stichen schließen.

2 Je nach Stoffart die Kurve in der Unterarmnaht mit Nahtband verstärken. Schneiden Sie die Nahtzugaben bis knapp vor die Stepplinie ein. Versäubern Sie sie mit Zickzackstichen und bügeln Sie die Nähte auseinander.

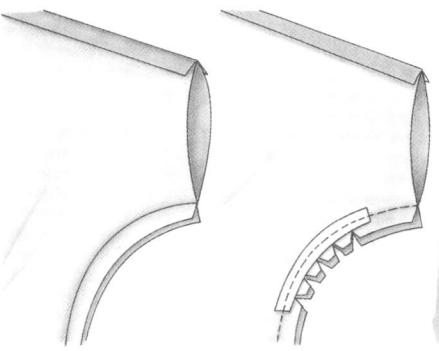
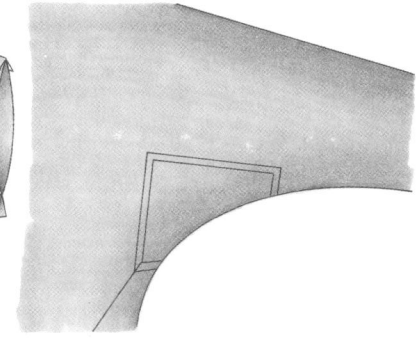

Die Nahtzugabe bei sehr dünnen Stoffen beträgt 6 mm. In diesem Falle versäubern Sie die Nähte zusammen und bügeln sie in das Rückenteil.

3 Hat der Kimonoschnitt einen engen Arm, der unter der Achsel beginnt, so schließen Sie zuerst die Seitennaht und arbeiten zwischen vorderem und hinterem Arm einen Zwickel ein. Dann erst die untere Ärmelnaht steppen.

Ärmelschlitze

Ein Ärmel, der das Handgelenk fest umschließt, hat ein Bündchen oder eine Manschette. Vor dem Annähen des Bündchens oder der Manschette müssen Sie den Ärmelschlitz arbeiten. Es gibt drei Verarbeitungsmethoden:
den **verstürzten Schlitz**,
den **eingefaßten Schlitz**,
den **Hemdenschlitz**.
Wie die verschiedenen Schlitztypen gearbeitet werden, zeigen die nachfolgenden Zeichnungen.

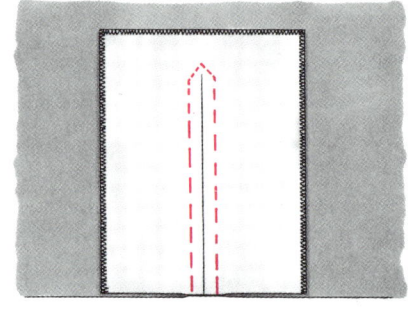

Verstürzter Schlitz

1 Schneiden Sie einen Stoffstreifen zu, der um 6 cm breiter und um 3 cm länger ist als der Schlitz. Den Besatz rechts auf rechts auf den Schlitz legen und feststecken. Mit kleinen Stichen um den Schlitz herumnähen.

2 Schneiden Sie mit einer spitzen Schere den Schlitz bis zur Spitze ein. Verstürzen Sie den Besatz, und schieben Sie die Naht etwas nach innen. Die Kanten heften, bügeln und von rechts knappkantig absteppen.

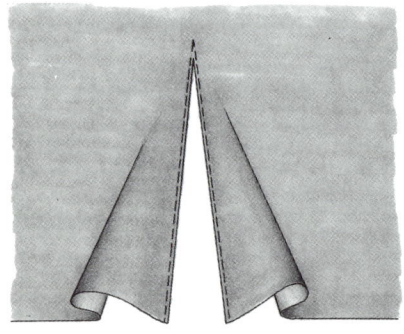

Eingefaßter Schlitz

1 Für diesen hat der Beleg die doppelte Länge des Schlitzes und eine Breite von 3 cm. An einer Längsseite des Belegstreifens bügeln Sie eine Schnittkante von 0,5 cm nach innen. Den Schlitz mit kleinen Stichen umsteppen und aufschneiden.

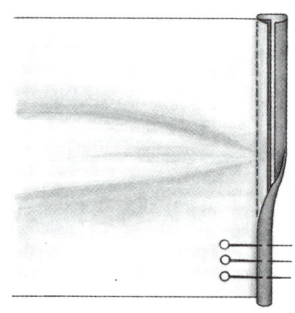

2 Die offene Kante des Beleges stecken Sie rechts auf rechts auf den auseinandergezogenen Schlitz. Mit dem Reißverschlußfuß nähen Sie den Beleg knappkantig mit kleinen Stichen von der Ärmelseite aus fest. Die umgebügelte Kante des Stoffstreifens nach innen schlagen, so daß sie auf der Stepplinie liegt.

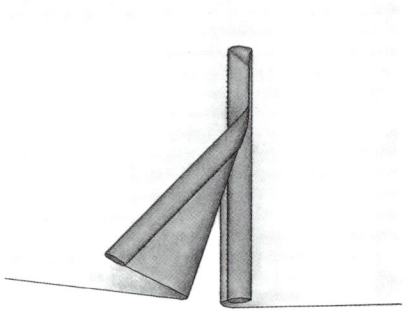

3 Säumen Sie sie mit kleinen Stichen an die Stepplinie. Sichern Sie das Schlitzende, indem Sie die Spitze als kleinen Abnäher arbeiten. Den Schlitz in Form legen und die Kanten bügeln.

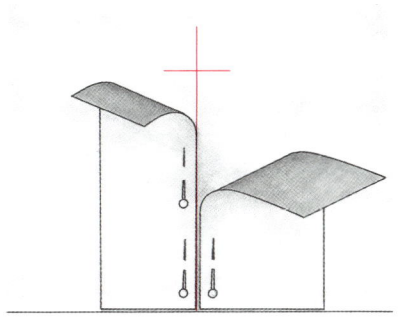
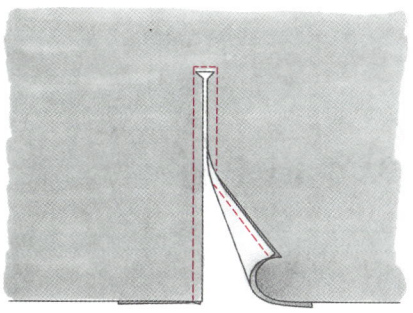
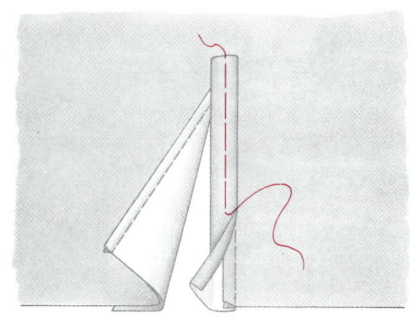

Hemdenschlitz

1 Auch für den Hemdenschlitz werden Belegstreifen benötigt. Für den Untertritt brauchen Sie einen Stoffstreifen, der 4 cm breit und um 1 cm länger ist als der Schlitz, für den Übertritt einen 6 cm breiten, der um 3 cm länger ist.

2 Stecken Sie den Streifen mit der rechten Stoffseite auf das Oberteil an die Innenseite der Schlitzkanten an, und steppen Sie sie füßchenbreit auf. Vorsichtig den Schlitz zwischen den Streifen aufschneiden.

3 Bügeln Sie die Nahtzugaben zum Schlitz hin. Die offene Kante des Untertritts 0,5 cm leicht umbügeln. Verstürzen Sie sie auf die rechte Seite, dann an der Naht feststecken und möglichst knappkantig aufsteppen.

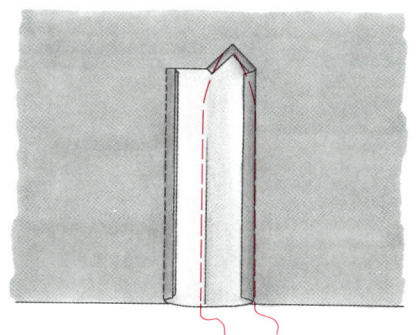
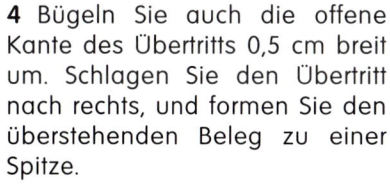
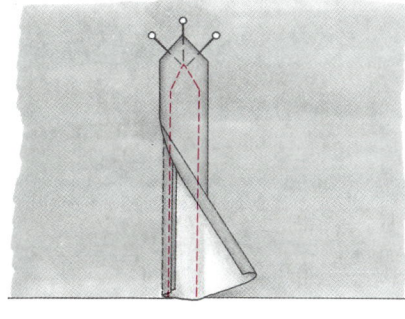
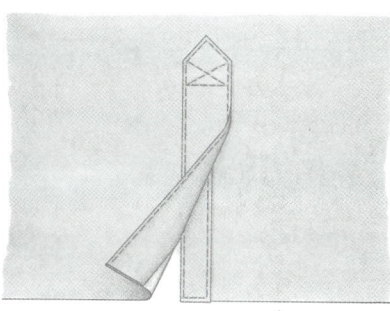

4 Bügeln Sie auch die offene Kante des Übertritts 0,5 cm breit um. Schlagen Sie den Übertritt nach rechts, und formen Sie den überstehenden Beleg zu einer Spitze.

5 Die Spitze des Übertritts so auf den Ärmel stecken, daß das Schlitzende und das Ende des Untertritts ganz verdeckt sind. Heften Sie die gesteckte Kante genau.

6 Spitze und Kante knappkantig absteppen. Achtung: nicht den Schlitz zusteppen. Das Schlitzende dann noch mit einem Kreuz oder einem Dreieck mit Quernaht sichern.

Ärmel-abschlüsse

Die Ärmelabschlüsse können sehr vielfältig sein. Sie reichen von einem einfachen Saum über den Zugsaum bis zur doppelten Manschette. In den meisten Fällen hängt der Ärmelabschluß von der Gesamtform des Ärmels ab. Bei allen Verarbeitungen ist die richtige Länge des Ärmels entscheidend für den Gesamteindruck des Kleidungsstückes.

Abschlußvariationen:
eingeschlagener Saum (a)
doppelte Blende oder Ärmelbündchen (b)
Zugsaum (c)
Manschette (d)

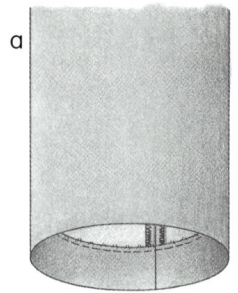

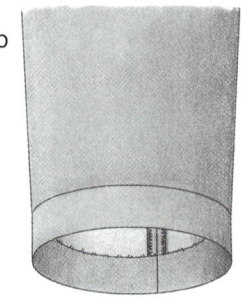

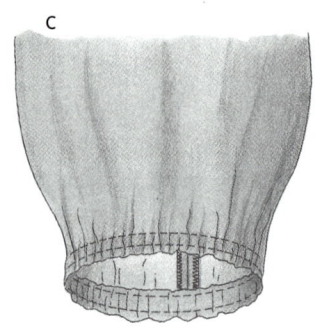

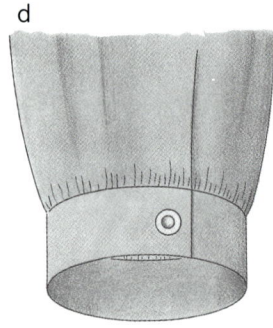

Eingeschlagener Saum

Dieser glatte Ärmelabschluß wird hauptsächlich bei Jacken und Mänteln gearbeitet. Geben Sie beim Zuschnitt genügend Saumzugabe zu.

1 Markieren Sie die Saumlinie, eventuell auch die Saumzugabe mit Einlagestoff verstärken. Dann den Saum nach innen schlagen und feststecken. Entlang der Bruchkante heften.

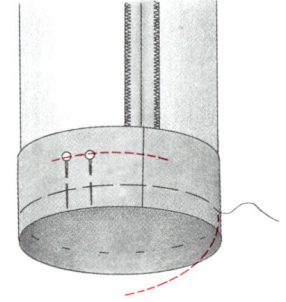

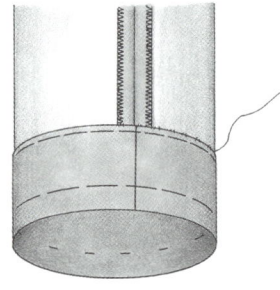

2 Je nach Stoffqualität sollte der Saum am Ärmel maximal 5 cm betragen. Gegebenenfalls die Saumzugabe kürzen und versäubern. 1 cm unterhalb der offenen Schnittkante nochmals heften.

3 Den Saum mit kleinen Stichen festnähen oder mit einem mittleren Geradstich ansteppen. Ansteppen sollten Sie den Saum nur, wenn sich weitere Ziernähte am Kleidungsstück befinden.

Blende

Wenn der Ärmelabschluß aus einem anderen Stoff gearbeitet werden soll, wird eine Blende angesetzt.

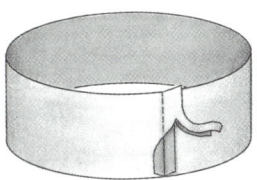

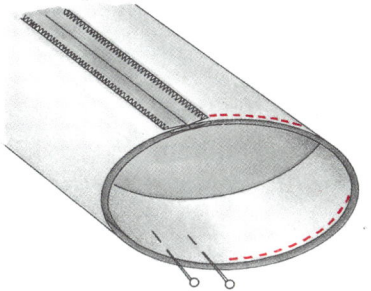

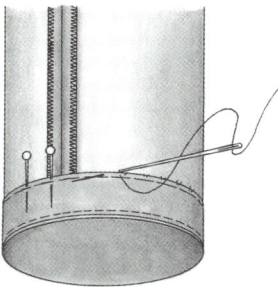

1 Die Blendenstreifen in der entsprechenden Größe zuschneiden und eventuell verstärken. Die Blendennaht schließen, und die Nahtzugaben zurückschneiden. Das Ausbügeln der Naht nicht vergessen.

2 Rechts auf rechts die Blende an die Ärmelkante stecken und füßchenbreit feststeppen. Die Naht bügeln und die Blende verstürzen.

3 Die Ansatznaht liegt knappkantig auf der Ärmelinnenseite. Die offene Kante der Blende anstecken, heften und mit kleinen Handstichen annähen. Eventuell noch die untere Ärmelkante absteppen.

Bündchen

Ist der Ärmel weiter als der Ärmelabschluß, so wird ein Bündchen (eventuell aus andersfarbigem Stoff) angesetzt.

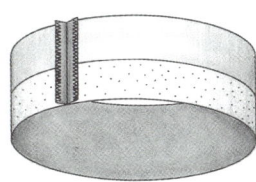

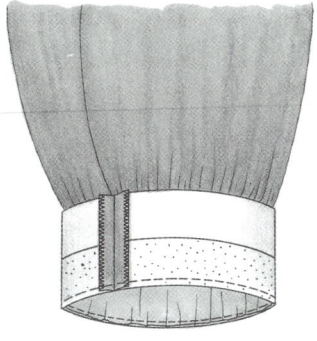

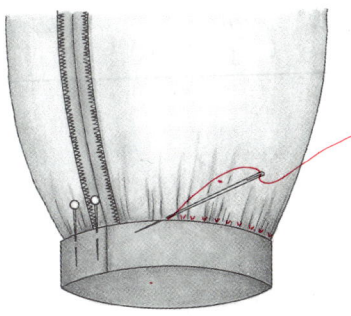

1 Das Bündchen zuschneiden und in halber Breite mit Einlagestoff verstärken. Die Bündchennaht schließen.

2 Rechts auf rechts das Bündchen an die zuvor eingekrauste Ärmelkante stecken. Dabei liegt die seitliche Bündchennaht auf der Ärmelseitennaht. Das Bündchen füßchenbreit ansteppen.

3 Entlang der Bruchkante das Bündchen nach innen schlagen. Die offene Kante etwa 0,5 cm breit einschlagen und auf der Ansatzlinie feststecken. Mit kleinen Staffierstichen fixieren.

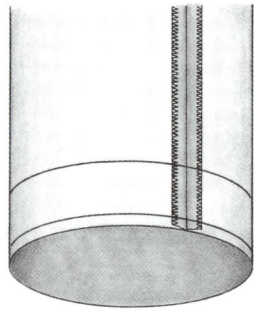

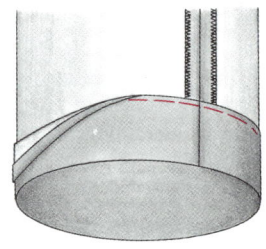

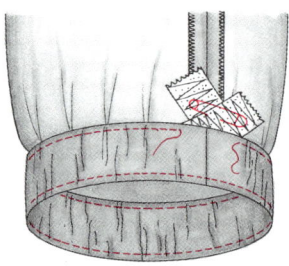

Zugsaum

Den Zugsaum können Sie mit und ohne Volant arbeiten. Berücksichtigen Sie eine entsprechende Saumzugabe. Der Tunnel für den Zugsaum darf nur 1 bis 2 mm breiter sein als das einzuziehende Gummiband. Wenn er zu breit ist, verdreht sich der Gummi.

1 Die Schnittkante 0,5 cm breit einschlagen und heften. Schlagen und bügeln Sie die Breite des Saumes nach innen. Steppen Sie die untere Saumkante knappkantig. Die obere wird ebenfalls angesteppt, dabei an der Ärmelnaht eine Öffnung lassen, damit das Gummiband durchgezogen werden kann.

2 Mit einer Sicherheitsnadel oder einer Durchziehnadel ziehen Sie das Gummiband ein. Legen Sie dessen Enden übereinander, und steppen Sie sie zusammen. An der Öffnung ziehen Sie den Stoff glatt, die obere Steppnaht mit wenigen Stichen schließen.

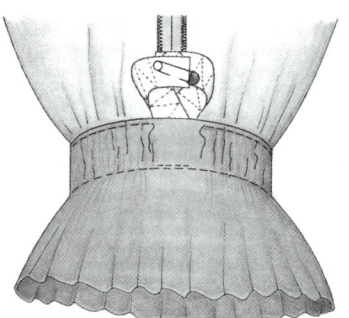

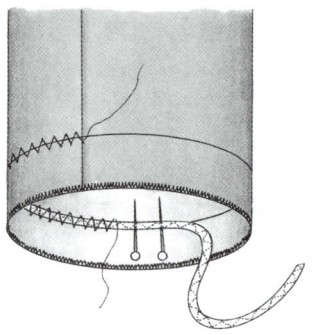

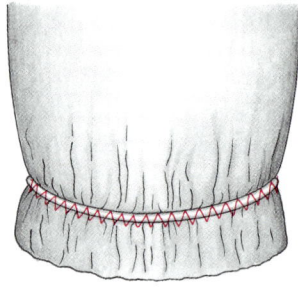

Den **Zugsaum mit Volant** arbeitet man ebenso. Der Tunnel liegt über dem Volant, so daß die untere Kante nicht abgesteppt wird.

Den **aufgesteppten Gummi** als vereinfachten Zugsaum finden Sie an Folkloreblusen. Versäubern Sie den Volant mit einem Rollsaum oder mit dichten Zickzackstichen. Oberhalb stecken und heften Sie

das Gummiband an. Mit dem Zickzackstich den Gummi befestigen. Statt des schmalen Gummibandes können Sie auch einen Rundgummi mit Knopflochsohle im Zickzackstich annähen.

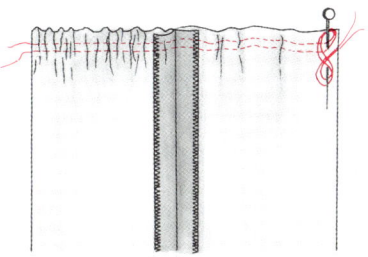

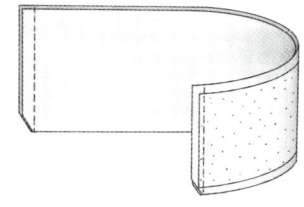

Manschette

Bei den Manschettenabschlüssen muß die Weite des Ärmels meist eingekräuselt oder in Fältchen gelegt werden.

1 Zum Kräuseln mit Stichlänge 4 mm zwei parallele Kräuselnähte arbeiten. An einem Ende die Unterfäden mit einer Stecknadel festhalten, die Fäden ziehen, bis die gewünschte Weite erreicht ist.

2 Die Manschette besteht aus Ober- und Unterteil. Sie kann aus einem oder aus zwei Teilen geschnitten sein. Die Einlage auf die Unterseite aufbügeln, bei sehr dünnen Stoffen auf die Oberseite der Manschette. Soll die Manschette sehr steif sein, so verstärken Sie sie ganz.

3 Legen, stecken und heften Sie die Manschette rechts auf rechts zusammen. Die Enden zusammensteppen, bei einer zweiteiligen Manschette auch die untere Kante. Anschließend die Ecken abschrägen und die Manschette verstürzen. Bügeln Sie die Naht zur Unterseite hin.

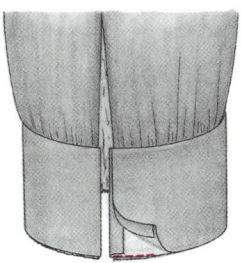
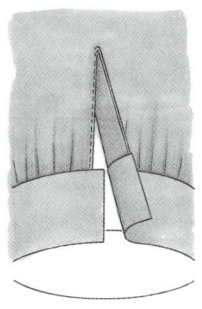
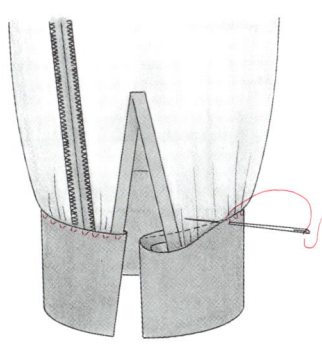

4 Die Manschette offenkantig rechts auf rechts von einem Schlitzende zum anderen an den Ärmel stecken und heften. Steppen Sie die Manschette an, und schneiden Sie die Nahtzugabe stufenweise zurück.

5 Beachten Sie beim Ansatz der Manschette, daß beim verstürzten Schlitz ein Untertritt stehenbleiben muß und beim eingefaßten Schlitz der Untertritt des Ärmelabschlusses hingegen bündig abschließt.

6 Bügeln Sie die offene Manschettenkante 1 cm nach links um, und stecken Sie sie auf die Ansatznaht der linken Ärmelseite. Nähen Sie sie mit kleinen Staffierstichen an, zuletzt die Knopflöcher arbeiten.

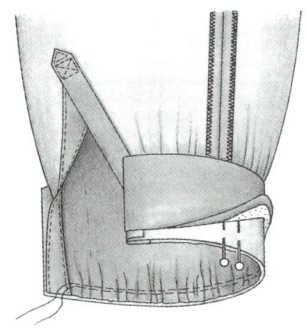 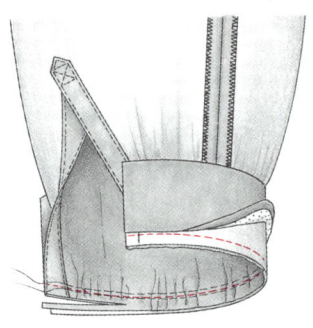 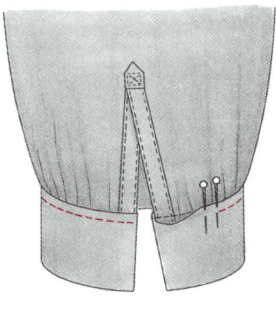

1 Bei der **Oberhemdenman-schette** wird die rechte Seite der unteren Manschette auf die linke Ärmelseite gesteckt und geheftet. Die Enden (Unter- und Übertritt) schließen bündig mit der Schlitz-einfassung ab, stehen also nicht über.

2 Steppen Sie die Naht, schnei-den Sie die Nahtzugaben stufen-weise zurück. Verstürzen Sie die Manschette, und bügeln Sie die Nahtzugaben zur Manschette hin. Bügeln Sie die offene Kante der oberen Manschette knapp 1 cm breit um.

3 Stecken und heften Sie sie auf die rechte Ärmelseite, so daß die Ansatznaht verdeckt ist. Die Man-schette knappkantig aufsteppen, anschließend die Knopflöcher arbeiten.

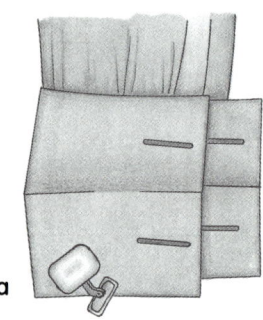

a

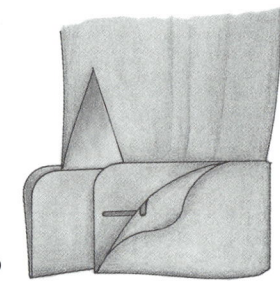

b

Variationen der länger oder der doppelt geschnittenen Manschetten
a) doppelte Oberhemden-
   manschette
b) doppelte Blusenmanschette
c) aufgeschlagene Manschette
   (Stulpe)
d) breite Manschette mit
   Schlingenverschluß

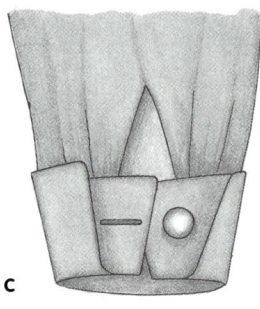

c

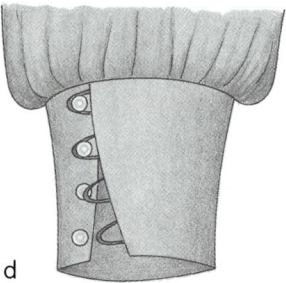

d

  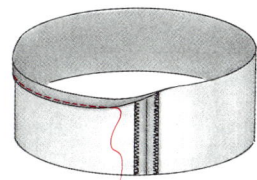

Stulpe

Die **aufgeschlagene Manschette**
oder **Stulpe** als Ärmelabschluß
wird extra mit Beleg gearbeitet.

1 Bügeln Sie die Einlage auf die
untere Stulpenseite. Legen Sie die
beiden Stulpenteile rechts auf
rechts, und nähen Sie sie zusammen. Dabei bleibt die untere
Kante offen.

2 Schneiden Sie nun die Nahtzugaben stufenweise zurück, die
Enden abschrägen. Wenden Sie
die Stulpe auf die rechte Seite.
Beim anschließenden Bügeln die
Naht der unteren Stulpe etwas
nach innen schieben.

3 Stecken Sie den Beleg rechts
auf rechts, und nähen Sie die
Enden zusammen. Bügeln Sie die
Naht flach und die obere Kante
1 cm breit um. Mit kleinen Stichen
den Umschlag heften.

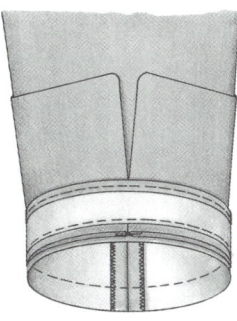 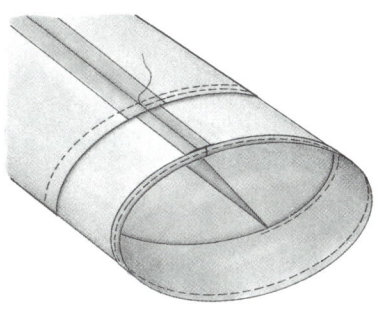 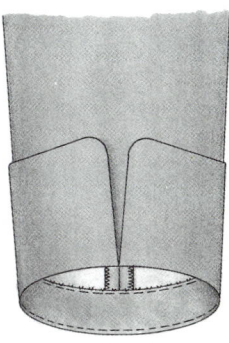

4 Stecken und heften Sie die
Stulpe und den Beleg an die
Saumkante des Ärmels. Die untere
Stulpe liegt auf der rechten Ärmelseite, der Beleg mit der rechten
Seite auf der Stulpe. Entlang der
Nahtlinie durch alle Stofflagen
steppen.

5 Schneiden Sie die Nahtzugaben stufenweise zurück, und bügeln Sie sie zum Beleg hin. Eine
Untersteppnaht von der rechten
Belegseite aus durch Beleg und
Nahtzugaben arbeiten.

6 Die Belegseite wird nach innen
geschlagen und von Hand mit
Staffierstichen angesäumt.

Rock- und Hosenbund

Die Taillenkante kann mit einem geraden Bund, einem Formbund oder einem elastischen Bund abgeschlossen werden. Den geraden Bund und den Formbund mit Einlagenstoff unterlegen, denn sie dehnen sich nicht. Beim elastischen Bund entweder Gummiband in den Taillentunnel einziehen oder einen dekorativen Stretchbund arbeiten. Diesen können Sie fertig kaufen und an Ihren Rock ansetzen. Denken Sie bei der Wahl des **Stretchbundes** an den Oberstoff, beide sollten miteinander harmonieren.

Gerade angesetzter Rockbund

1 Für diesen Bund einen geraden Stoffstreifen im geraden Fadenlauf zuschneiden.
Die Länge ergibt sich aus Taillenweite plus 2 cm Bewegungsweite plus Nahtzugabe für Unter- und Übertritt (je 3 cm).
Den Bund in doppelter Breite plus 2 cm Nahtzugabe zuschneiden. Die fertige Breite sollte nicht mehr als 5 cm betragen. Den Stoffstreifen verstärken Sie auf der linken Seite; verwenden Sie dazu am besten aufbügelbares Bundfix.

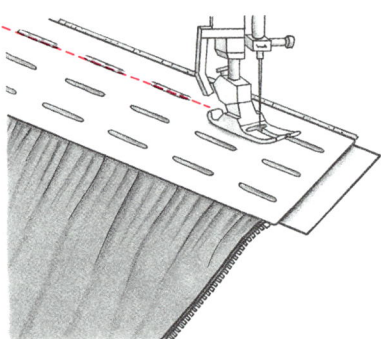

2 Stecken und heften Sie den Bund offenkantig rechts auf rechts an den Rock. Verteilen Sie dabei die eingekrauste Rockweite gleichmäßig. Über- oder Untertritt stehen an den Verschlußkanten über.

3 Den Bund ansteppen und entlang der mittleren Stanzlinie rechts auf rechts falten. Die Bundenden und den Über-/Untertritt bis zur Markierung schließen. Den Bund verstürzen und die Nahtzugaben zum Rockbund hin flachbügeln, die Naht auch von rechts leicht bügeln.

4 Bei einem nicht gefütterten Rock versäubern Sie die offene Schnittkante mit einem mittleren Zickzackstich. Die innere Bundhälfte von links feststecken und von rechts knapp neben der Nahtlinie festheften. Steppen Sie von rechts in der Ansatznaht durch alle Stofflagen hindurch.

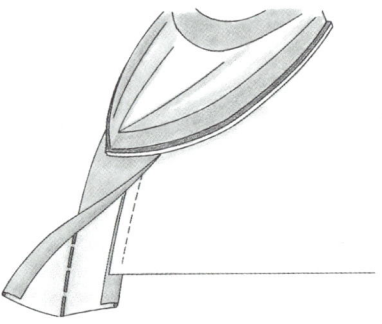

5 Bei sehr dünnem Material versäubern Sie die offene Bundkante, indem Sie sie in der Stanzlinie einschlagen und umbügeln. Die Kante feststecken und heften. Steppen Sie den Bund von rechts (in der Ansatzlinie) fest.

Formbund

Ein Formbund wird gearbeitet, wenn der Bund breiter als 5 cm sein soll. Er ist in seiner Form der des Körpers angepaßt und sitzt zum Beispiel bei einem Sattelrock zwischen Taille und Hüfte oder als Hochbund, meist bei Folklore-röcken, zwischen Taille und Brust-korb. Den Hochbund können Sie auch noch sehr attraktiv mit Abstepparbeiten, verschiedenar-tigen Stickereien oder Knöpfen gestalten.

1 Der Formbund besteht aus Bund und Beleg. Um vor allem dem Hochbund ausreichend Festigkeit zu geben, verstärken Sie beide Schnitteile mit Einlagestoff.

2 Stecken, heften und nähen Sie Bund und Beleg rechts auf rechts an der Oberkante, den Seiten und dem Untertritt bis zur Markierung zusammen.

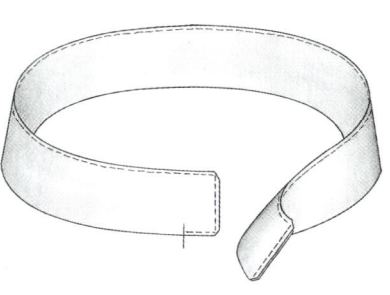

3 Schneiden Sie die Nahtzu-gaben stufenweise zurück, die Ecken schrägen Sie ab.

Sattelrock

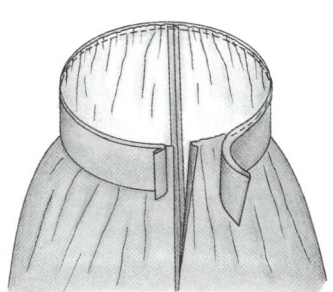

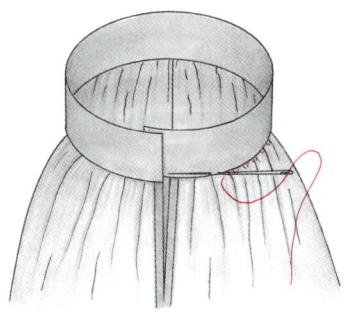

Folklorerock mit Hochbund

4 Verstürzen Sie den Bund, und bügeln Sie ihn auf Kante. Rechts auf rechts den Formbund an den Rock stecken, dabei den Untertritt überstehen lassen. Achten Sie darauf, daß Sie die überschüssige Weite des Rockes gleichmäßig einhalten. Nach dem Heften den Bund ansteppen.

5 Schneiden Sie die Nahtzu-gaben stufenweise zurück, und bügeln Sie sie in den Bund. Die offene Belegkante 1 cm breit einschlagen und mit kleinen Staf-fierstichen an der Nahtlinie des Bundes festnähen. Bringen Sie den Knopfverschluß oder Haken und Ösen an.

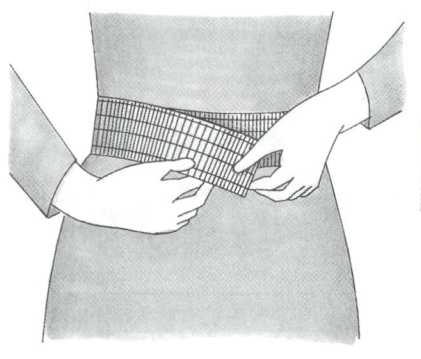
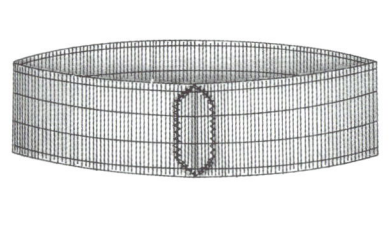
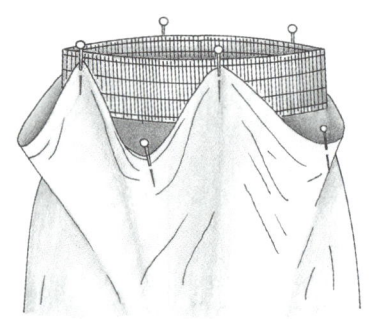

Elastischer Bund

1 Messen Sie Ihre Taillenweite (enganliegendes Maßband), und geben Sie eine Nahtzugabe von 4 cm zu. Dieses Maß entspricht der Länge des Stretchbundes.

2 Nähen Sie den Bund zusammen. Bügeln Sie die Nahtzugaben vorsichtig mit dem Dampfbügeleisen auseinander, die Ecken leicht abschrägen. Mit Hexenstichen die Schnittkanten sichern. Versäubern Sie die Taillenkante des Rockes.

3 Die Taillenkante und den Stretchbund in vier oder acht gleiche Teile einteilen und die Punkte mit Stecknadeln markieren. Stecken Sie den Bund mit der linken Seite auf die rechte Stoffseite, so daß die Markierungsnadeln übereinanderliegen.

4 Es ist nicht ganz einfach, die Stoffmenge gleichmäßig verteilt am Bund zu befestigen. Stecken Sie die Taillenkante daher mit weiteren Nadeln am Bund fest. Sind Sie Nähanfängerin, so sollten Sie den Bund zunächst anheften – dehnen Sie den Stretchbund etwas, und heften Sie mit großen Stichen.

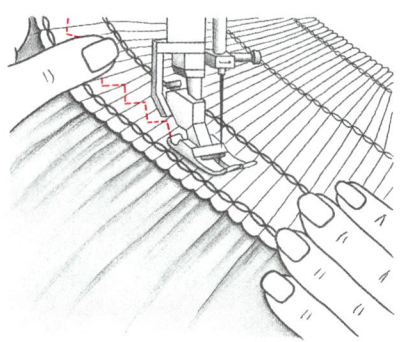
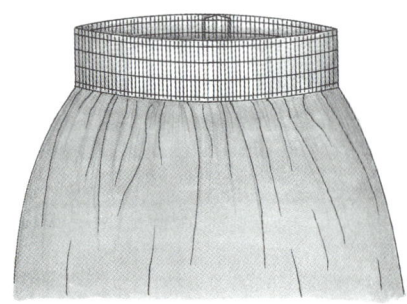

5 Nähen Sie den Stretchbund mit dem Elastikgeradstich oder einem mittleren Zickzackstich an. Dehnen Sie dabei mit den Händen den Bund zwischen den Stecknadeln auf die Weite des Stoffes aus. Achten Sie darauf, daß die Naht in die Nahtlinie des Rockes übergeht.

6 Schlagen Sie den Bund nach oben, der Rock ist nun durch den Bund auf Taillenweite leicht gekräuselt.

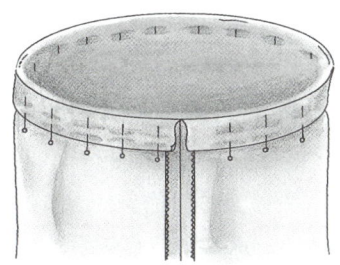
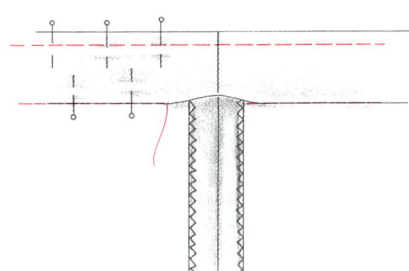
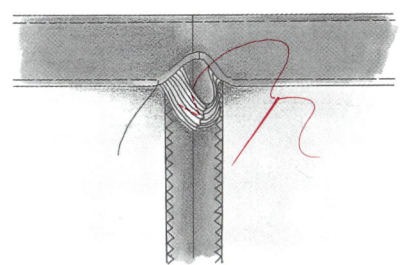

Gummizug im Tunnel

Wenn Sie auf die korrekte Bundverarbeitung nicht so großen Wert legen oder diese nicht notwendig ist (Faschingskleidung, einfache Kinderröcke), so genügt der einfache Gummizug als Bund.

1 Bügeln Sie die obere Schnittkante für den Taillenbund an der markierten Linie um. Schlagen Sie den Umbruch noch einmal 1 cm ein, und stecken Sie den Saum fest.

2 Nun steppen Sie mit einem mittleren Geradstich füßchenbreit vom oberen Rand entfernt die Kante ab. Steppen Sie auch den unteren Rand fest, dabei jedoch die Stepplinie ungefähr 3 cm offenlassen, so daß Sie das Gummiband noch leicht einziehen können.

3 Mit einer Sicherheitsnadel ziehen Sie das Gummi durch den Taillentunnel. Die Gummilänge entspricht Ihrer Taillenweite minus 2 cm. Die Gummibandenden nähen Sie mit dem Zickzackstich oder von Hand zusammen. Schließen Sie den Einzugschlitz mit Hohlstichen.

Rock ohne Bund

An einen Rock ohne Bund arbeitet man ein Gummigurtband. Der Rock schließt dann direkt in der Taillenlinie ab. Patentgurtbänder mit speziellen Stoffbezügen verhindern das Herausrutschen der Bluse.

1 Versäubern Sie die Nahtzugabe der Taillenlinie des Rockes mit Zickzackstichen und setzen Sie den Reißverschluß ein. Bügeln Sie das Gummigurtband feucht ab (es ist dann nicht so steif), heften und stecken Sie es an die obere Nahtlinie des Rockes.

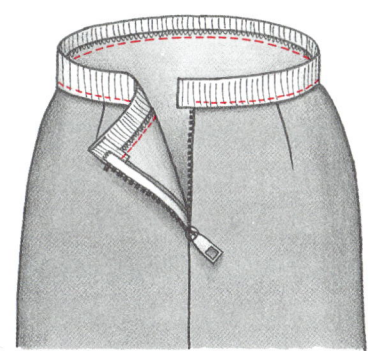
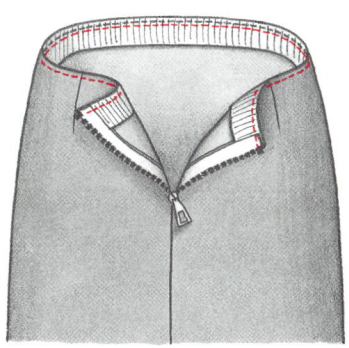

2 Knapp hinter der markierten Kantenlinie steppen Sie das Gummigurtband auf die rechte Rockseite. Lassen Sie es am Reißverschlußschlitz 1 bis 2 cm weit überstehen.

3 Die Zugaben (Übertritt) werden versäubert, nach innen geschlagen und festgesteppt. Das Gummigurtband nach innen schlagen, an den Nähten fixieren und mit Haken und Ösen versehen.

Hosenbund

Der Bund an einer Herrenhose besteht aus zwei Teilen, von denen die linke Bundhälfte länger zugeschnitten wird, um den Schlitzbesatz mit zu erfassen.

1 Die Bundteile rechts auf rechts an die Hosenteile nähen. Die hintere Schrittnaht und die Bundnaht werden in einem Arbeitsgang geschlossen. Dies geht natürlich nur, wenn der Bund angesetzt ist (Arbeitsschritt 5).

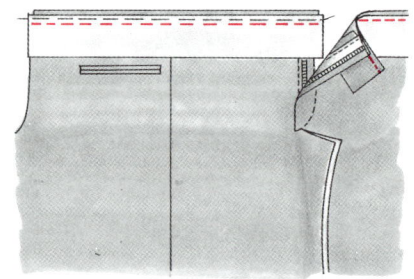

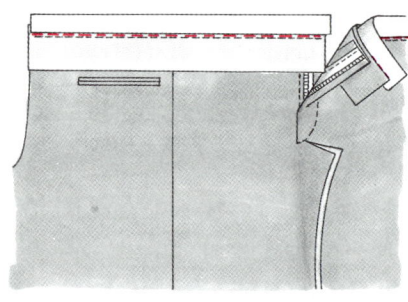

2 Verwenden Sie eine fertige, gewebte Einlage, die es in Breiten von 2 bis 5 cm gibt. Sie hat eine feste Kante, die nicht abgeschnitten werden darf. Schneiden Sie die Bundeinlage so lang, daß sie an den Schlitzkanten 1,5 cm weit übersteht.

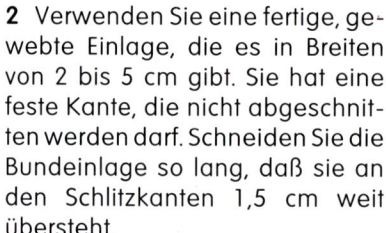

Die Bundeinlage wird an die Nahtlinie des Bundes gelegt und an der Kante durch alle Stofflagen durchgenäht.

3 Für den Bundbeleg verwendet man meistens Taschenfutter. Er wird im Schrägfadenlauf (in gleicher Länge wie der Bund), jedoch 2 cm breiter zugeschnitten.

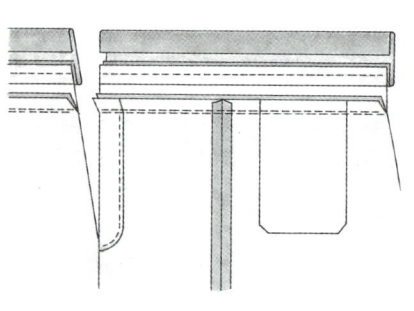

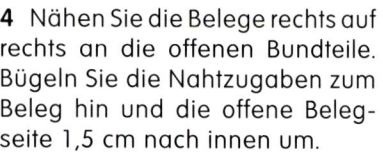

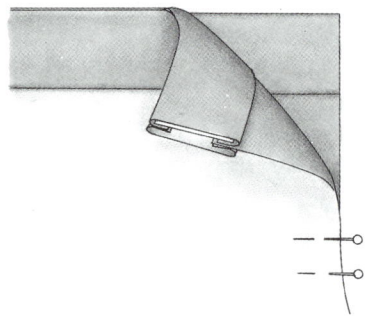

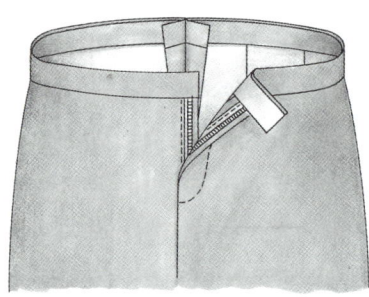

4 Nähen Sie die Belege rechts auf rechts an die offenen Bundteile. Bügeln Sie die Nahtzugaben zum Beleg hin und die offene Belegseite 1,5 cm nach innen um.

5 Den Beleg auf die linke Hosenseite schlagen. Stecken Sie die beiden Hosenteile zusammen. Achten Sie darauf, daß die Bundnähte übereinstimmen. Nähen Sie in einem Arbeitsgang den Hosenbund und die hintere Schrittnaht zusammen.

6 Die Naht auseinander- und den Beleg nach innen bügeln. Verstürzen Sie die vorderen Kanten des Hosenbundes. Anschließend steppen sie von rechts in der Rille der Ansatznaht durch den Beleg hindurch.

Taschen

Die Formen der Taschen in der Oberbekleidung sind aus dekorativen Gründen recht unterschiedlich, bezüglich der Verarbeitung gibt es jedoch nur zwei Taschentypen:
die aufgesetzte Tasche,
die eingeschnittene Tasche.
Die aufgesetzte (**ungefütterte, oder verstürzte Tasche** wird auf Blusen, leichten Sommerröcken, Kinderhosen und Schürzen gearbeitet. Sie kann auch als Klappentasche gearbeitet werden.
Zu den eingeschnittenen Taschen zählen: Leistentaschen, eingeschnittene Klappentaschen, Paspeltaschen, Taschen in der Naht und französische Taschen (Hüfttasche) in Hosen und Röcken.

Verschiedene Taschentypen: aufgesetzte Brusttasche und Tasche in der Naht a), Paspeltasche b), Hüfttasche c)

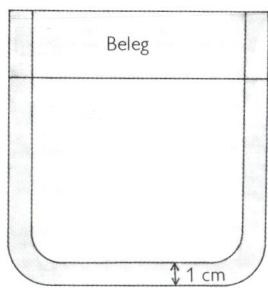
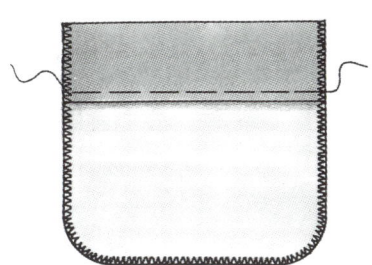
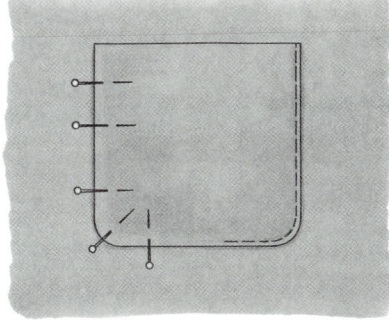

Aufgesetzte Tasche

1 Schneiden Sie die Tasche in gewünschter Größe zu, am oberen Rand 3 cm für den Beleg berücksichtigen. An allen übrigen Rändern beträgt die Nahtzugabe 1 cm.

2 Bügeln Sie den Beleg in der Bruchlinie um. Bei sehr dünnen Stoffen als Verstärkung noch einen Streifen Einlagestoff in die Bruchkante legen.
Anschließend heften und nähen Sie den Beleg an. Die drei übrigen Kanten versäubern Sie mit einem mittleren Zickzackstich.

3 Die seitlichen Kanten 1 cm nach links umbügeln und die Nahtzugaben umheften. Stecken und heften Sie die Tasche auf die markierte Stelle des Kleidungsstückes. Mit einem mittleren Geradstich steppen Sie die Tasche knappkantig auf, oder Sie nähen sie mit kleinen Hohlstichen an.

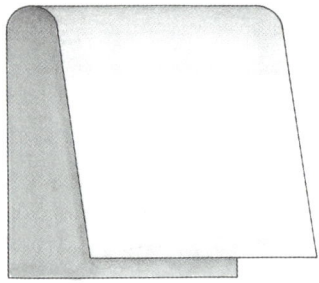

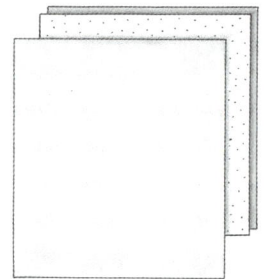

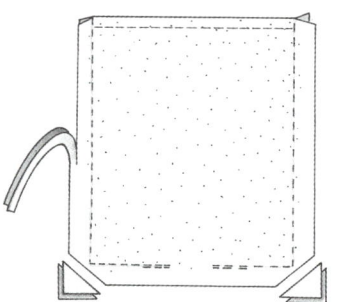

Die aufgesetzte, **verstürzte Tasche** besteht aus zwei Stofflagen plus Einlagestoff.

1 Haben Sie genügend Stoff, dann schneiden Sie die Tasche aus einem Stück Stoff zu, so daß der spätere Tascheneingriff im Bruch liegt.

2 Verstürzen Sie die Tasche mit Futterstoff, so schneiden Sie die Futtertasche rundherum um 2 mm kleiner zu als das Taschenteil aus dem Oberstoff. Letzteres wird auf der linken Seite zusätzlich mit aufbügelbarer (dünner) Einlage verstärkt.

3 Legen und stecken Sie die Taschenteile rechts auf rechts. Nähen Sie mit einem mittleren Geradstich die Kanten zusammen, dabei an der unteren Kante einen 5 cm langen Schlitz zum Wenden der Tasche lassen. Die Nähte flachbügeln, anschließend die Nahtzugaben stufenweise zurückschneiden und die Ecken abschrägen.

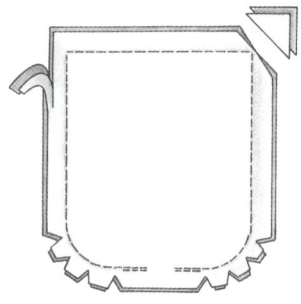

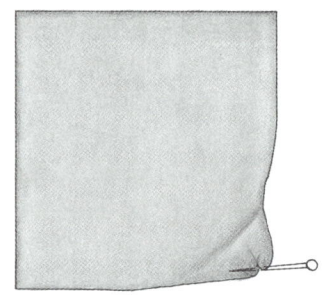

4 Bei abgerundeten Taschen schneiden Sie die Nahtzugaben an den Rundungen bis 2 mm vor die Nahtlinie ein.

5 Wenden Sie die Tasche, und ziehen Sie die Ecken vorsichtig heraus. Nun die Tasche bügeln, dabei die Naht an den Kanten etwas nach innen schieben. Nähen Sie die untere Öffnung mit kleinen hohlen Stichen gegeneinander.

6 Beim Aufsteppen der Tasche auf das Kleidungsstück sichern Sie die Nahtenden gut mit Vor- und Rückstichen. Um das Einreißen der Nahtenden zu vermeiden, wird der Oberstoff von links in dieser Höhe zusätzlich mit Einlagestoff verstärkt.

Es gibt zwei Arten von **aufgesetzten Taschen mit Klappen**. Bei der ersten Form ist die Klappe angeschnitten, der Eingriff liegt hinter der Klappe.

Man arbeitet sie wie die aufgesetzte, verstürzte Tasche. An der markierten Faltlinie bügeln Sie die Klappe nach rechts um. Beim Aufsteppen der Tasche schlagen Sie die Klappe nach oben und nähen von der Faltlinie aus die Tasche auf das Kleidungsstück.

Man kann die Klappe aber auch separat zuschneiden. Sie wird dann über der Taschenöffnung angenäht und verdeckt den Tascheneingriff.

Aufgesetzte Tasche mit angeschnittener oder extra geschnittener Klappe

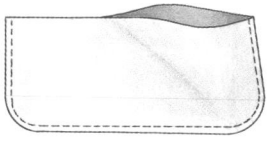

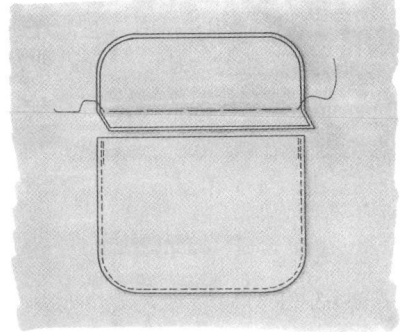

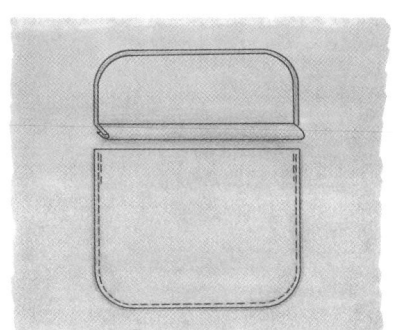

1 Für die **Tasche mit separater Klappe** schneiden Sie Klappenteil, Klappenbeleg und Einlage zu. Legen Sie die Stoffteile rechts auf rechts, und nähen Sie die Klappe zusammen, die Öffnung an der unteren Kante zum Verstürzen nicht vergessen. Schneiden Sie die Nahtzugaben stufenweise zurück, die Ecken werden abgeschrägt und die Rundungen bis 2 mm vor die Nahtlinie eingeschnitten.

2 Vor dem Annähen der Klappe steppen Sie die Tasche auf das Kleidungsstück. 1,5 cm oberhalb des Tascheneingriffs (parallel zu ihm) liegt die Ansatzlinie für die Klappe. Markieren Sie diese Linie. Die Klappe wie abgebildet an diese Linie legen, anstecken und heften.

3 Setzen Sie die Klappe entlang der Nahtlinie an. Zum Versäubern schneiden Sie die untere Nahtzugabe zurück, schlagen die obere 0,5 cm ein und steppen sie schmalkantig auf. Bügeln Sie die Klappe nach unten, und fixieren Sie sie an den Seiten mit 2 bis 3 Stichen.

Eingeschnittene Tasche

Die **Leisten-** oder **Pattentasche** wird meist in Kostümjacken eingesetzt. Auf eine sorgfältige Verarbeitung ist zu achten.

1 Auf der linken Seite des Kleidungsstückes bügeln Sie einen 5 cm breiten Einlagestreifen auf den markierten Einschnitt für die Tasche auf. Der Einlagestreifen muß an beiden Seiten um jeweils 2 cm länger sein als der Tascheneingriff.

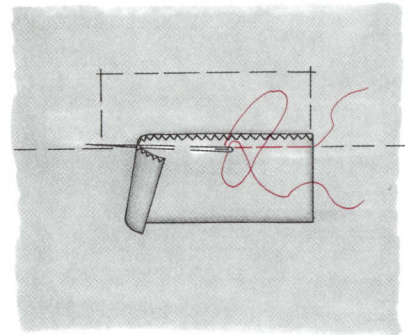

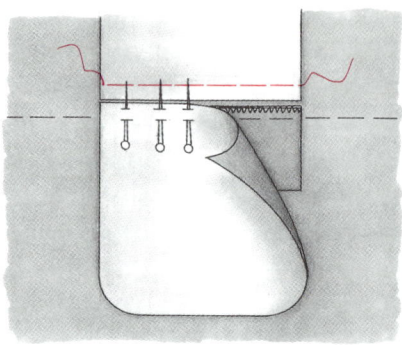

2 Nun die Patte fertigen. Die untere Patte verstärken Sie mit Einlagestoff. Stecken, heften und nähen Sie die Pattenteile rechts auf rechts zusammen, die untere Kante bleibt offen. Schneiden Sie die Nahtzugaben stufenweise zurück, und schrägen Sie die Ecken ab. Verstürzen Sie die Patte, und bügeln Sie die Nahtkanten. Die Patte rechts auf rechts an den unteren Rand der Markierungslinie anheften.

3 Heften Sie ein Taschenbeutelschnitteil auf die Patte, das zweite an die gegenüberliegende Seite, so daß die Schnittkanten genau aufeinanderstoßen. Mit einer Nahtzugabe von 0,5 cm steppen Sie die Taschenteile und die Patte auf. Die Steppnaht auf der Patte muß um 2 Stiche länger sein als die gegenüberliegende Naht.

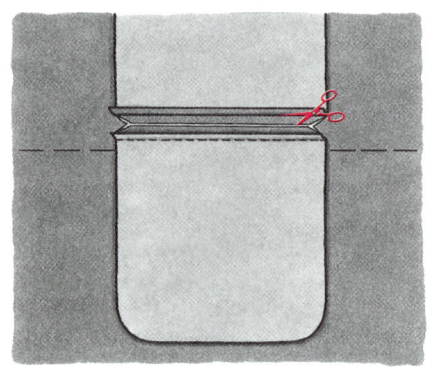

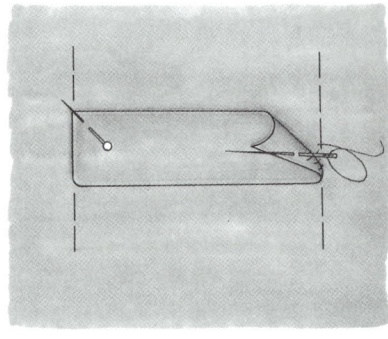

4 Genau zwischen den Steppnähten schneiden Sie den Oberstoff für den Eingriff bis 1 cm vor die Nahtenden ein. Zu den Nahtenden hin schneiden Sie schräg ein, so daß kleine Dreiecke entstehen.

5 Ziehen Sie die Taschenbeutel auf die linke Seite, und schlagen Sie die Patte nach oben. Nun die Taschenbeutel aufeinanderstecken und zusammennähen. Dabei werden die kleinen Dreiecke mitgefaßt.

6 Versäubern Sie die Schnittkanten der Taschenbeutel mit Zickzackstichen. Nähen Sie die Schmalseiten der Patte von rechts mit Hohlstichen an das Kleidungsstück, oder steppen Sie sie knappkantig auf.

Die **Schlitztasche mit Klappe wird in Kostüme und Mäntel** gearbeitet. Ihre Verarbeitung ist der Leisten- oder Pattentasche sehr ähnlich. Auch die Schlitztasche verlangt eine präzise Fertigung.

1 Bügeln Sie einen 5 cm breiten Einlagestreifen auf den markierten Einschnitt der Tasche auf. Der Streifen muß an beiden Seiten 2 cm überstehen.

2 Fertigen Sie nun die Klappe. Verstärken Sie das untere Klappenteil. Bei dickeren Stoffen kann die untere Klappe auch aus Futterstoff sein, diesen ebenso verstärken. Stecken, heften und nähen Sie die Klappenteile rechts auf rechts zusammen, die untere Kante bleibt offen.

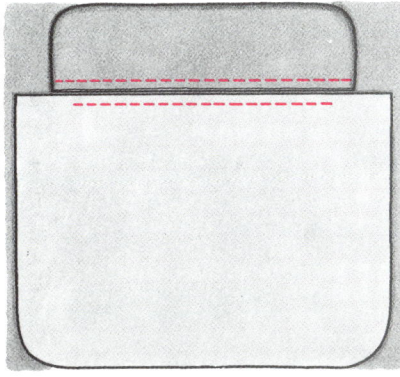

Die Nahtzugaben zurückschneiden und die Ecken abschrägen. Rundungen bis 2 mm vor die Nahtlinie einschneiden. Verstürzen Sie die Klappe, und bügeln Sie die Klappe rechts auf rechts an den oberen Rand der Eingriffsmarkierungslinie.

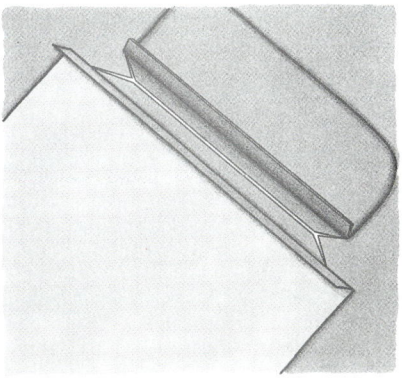

3 Der untere Taschenbeutel wird aus Stoff zugeschnitten, der obere aus Futterstoff. Stecken und heften Sie den Stofftaschenbeutel rechts auf rechts an die Ansatzlinie, so daß die Schnittkanten von Tasche und Klappe genau gegeneinanderstoßen.

4 Im füßchenbreiten Abstand zu den Schnittkanten steppen Sie die Klappe und den unteren Taschenbeutel auf. Die Klappensteppnaht muß zwei Stiche länger sein als die gegenüberliegende Naht. Genau zwischen den Steppnähten schneiden Sie den Stoff für den Eingriff bis 1 cm vor die Nahtenden ein. Zu den Nahtenden hin schneiden Sie schräg ein, so daß kleine Dreiecke entstehen.

5 Ziehen Sie den Taschenbeutel nach innen, und bügeln Sie die Nahtzugaben auseinander. Falten Sie den oberen Taschenansatz zu einem Paspel (hervorstehender Nahtbesatz), der den gesamten Einschnitt ausfüllt.

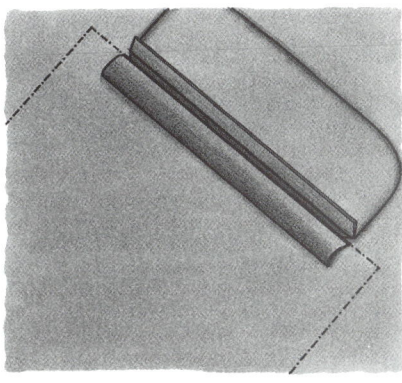

Steppen Sie ihn in der Nahtrille fest, oder nähen Sie ihn von Hand mit kleinen Steppstichen an. Steppen Sie auf der Nahtzugabe des Paspels die kleinen Dreiecke fest.

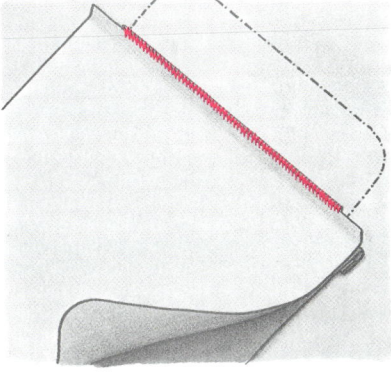

6 Auf die Nahtzugabe der Klappe stecken, heften und nähen Sie den Futtertaschenbeutel. Schlagen Sie dann die Klappe nach unten, um die Taschenbeutel aufeinanderzusteppen. Versäubern Sie die Schnittkanten noch mit Zickzackstichen.

Die fertige **Paspeltasche** sieht auf der rechten Seite wie ein großes paspeliertes Knopfloch aus. Genaues Arbeiten und das Bügeln nach jedem Arbeitsgang sind Voraussetzung, wenn die Tasche exakt sitzen soll. Wenn Sie möchten, können Sie die Paspeln auch aus einem andersfarbigen Stoff arbeiten.

1 Markieren Sie sich die Tascheneingriffslinie auf dem Kleidungsstück. Bügeln Sie auf die linke Stoffseite einen 5 cm breiten Einlagestreifen auf diese markierte Linie.

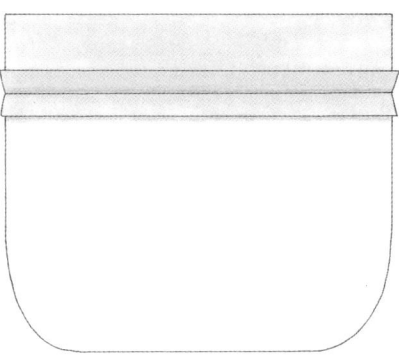

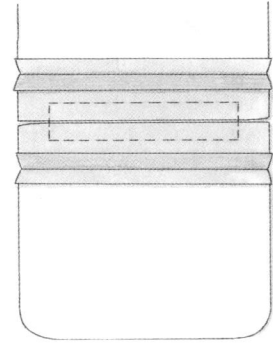

2 Im Schrägfadenlauf zwei Paspelstreifen in der Länge des Taschenschlitzes plus 4 cm und in einer Breite von je 5 cm zuschneiden. Die Taschenbeutel aus Oberstoff und aus Futterstoff zuschneiden. Verlängern Sie die Paspelstreifen jeweils mit einem Taschenbeutel (rechts auf rechts).

3 Stecken und heften Sie beide Paspelstreifen mit den angesetzten Taschenbeuteln rechts auf rechts an die Markierungslinie. Die Schnittkanten liegen gegeneinander. Nähen Sie in der gewünschten Paspelbreite die Schrägstreifen fest, an den Quernähten die Stiche zählen.

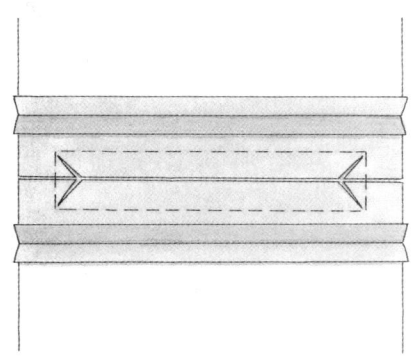

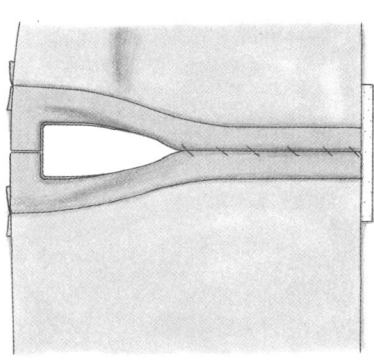

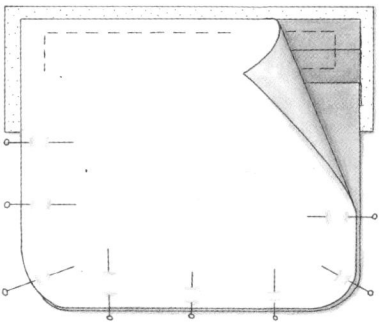

4 Schneiden Sie den Tascheneingriff bis 1 cm vor die Nahtenden und dann schräg zu den Ecken hin ein. Bügeln Sie die Nähte aus. Ziehen Sie die Paspeln mit den Taschenbeuteln durch den Tascheneinschnitt nach innen.

5 Schieben Sie beide Paspeln zur Mitte des Eingriffes, so daß sie genau gleich breit sind. Fixieren Sie sie mit einem Schrägstich. In der Ansatzlinie nähen Sie die Paspeln von der rechten Stoffseite aus fest, entweder mit der Maschine (Geradstich) oder von Hand mit kleinen Steppstichen.

6 Auf der Rückseite steppen Sie die beim Einschneiden entstandenen kleinen Dreiecke auf die Paspel fest. Nähen Sie die Taschenbeutel aufeinander, und versäubern Sie die Schnittkanten mit einem mittleren Zickzackstich. Entfernen Sie die Heftstiche am Tascheneingriffsschlitz.

Bei einer Paspeltasche müssen die Paspeln nicht unbedingt im schrägen Fadenlauf geschnitten sein (Beispiel: Paspeltasche in einer Popelinejacke). Hier eine **Variation der Paspeltasche.**

1 Auf die linke Stoffseite bügeln Sie einen 4 cm breiten Vlieselinestreifen über den ganzen Tascheneingriff. Mit einem spitzen Bleistift zeichnen Sie auf dem Vlieselinestreifen den Tascheneingriff auf und markieren die Breite der Paspeln (siehe Zeichnung).

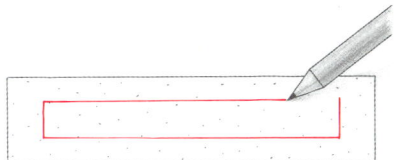

2 Beim Zuschnitt der Taschenbeutel geben Sie in der Länge 1,5 cm für die Paspeln zu. Der untere Taschenbeutel muß um 2 cm kürzer sein als der obere.

Geben Sie in der Breite jeweils 1,5 cm Nahtzugabe zu. Bevor Sie weiterarbeiten, bügeln Sie die obere Kante entlang der Bruchlinie scharf um.

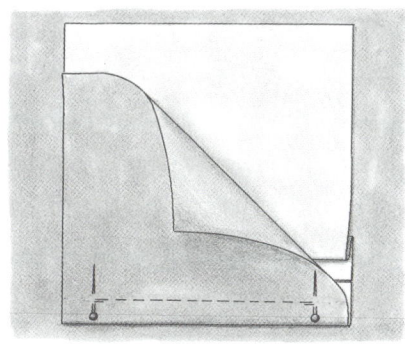

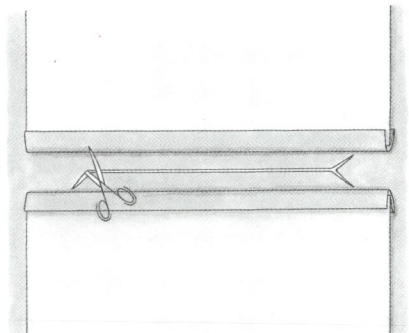

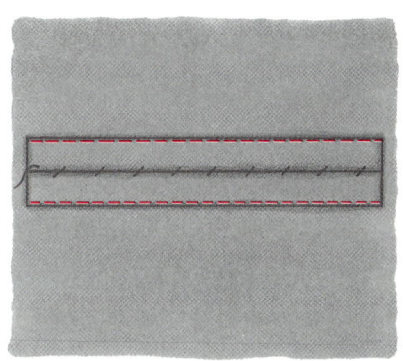

3 Stecken und heften Sie die Paspeln rechts auf rechts an die markierten Linien. Die Schnittkanten der umgebügelten Paspeln sollen entlang des markierten Taschenschlitzes aneinanderstoßen. Dann die Taschenbeutel zum Tascheneingriff hin hochschlagen, nochmals heften. Nähen Sie die Paspeln fest. Damit beide Nähte gleich lang sind, stecken Sie zur Kontrolle an die Enden der ersten Stecknadeln.

4 Schneiden Sie den Taschenschlitz bis 1 cm vor die Nahtenden auf und zu den Ecken hin schräg ein. Wenden Sie die Taschenhälften auf die linke Seite, und bügeln Sie die Nähte aus. Die Dreiecke werden auf der linken Seite mit wenigen Stichen befestigt.

5 Heften Sie die Paspeln mit Schrägstichen gegeneinander. Vor dem Zusammennähen der Taschenbeutel steppen Sie in den Nahtlinien der Paspeln von rechts die Beutelteile fest. Fangen Sie mit dem unteren an, stecken Sie die Teile aufeinander, und nähen Sie sie zusammen. Versäubern Sie die Schnittkanten mit Zickzackstichen.

Tasche in der Naht

Diese Tasche ist von außen auf dem Kleidungsstück nicht zu sehen. Man kann sie je nach Oberstoffqualität auf verschiedene Arten arbeiten (siehe dazu Zeichnung a–c). Wichtig ist in jedem Fall, daß Sie das Vorderteil entlang der Taschenöffnung mit einem Streifen Einlagestoff verstärken.

Die **Taschenbeutel** werden von der Taille an **direkt** an das Kleidungsstück **angeschnitten** (a).

Stecken und heften Sie die Taschenbeutel rechts auf rechts, und nähen Sie sie zusammen. Versäubern Sie die Schnittkanten der Taschenbeutel zusammen mit Zickzackstichen. Stecken, heften und nähen Sie die Seitennähte jeweils bis zu den Markierungspunkten der Tascheneingriffe und sichern Sie sie mit ein paar Rückstichen.

Schneiden Sie die Nahtzugaben des rückwärtigen Taschenteils bis knapp vor die Nahtlinie ein. Bügeln Sie den hinteren Taschenbeutel nach vorn. Die restliche Seitennaht auseinanderbügeln und einzeln mit Zickzackstichen versäubern.

Noch ein Tip: Damit die Tasche den guten Sitz des Rockes oder der Hose nicht beeinträchtigt, schneiden Sie den Taschenbeutel so hoch, daß er in den Bund miteingearbeitet werden kann. Beim Annähen des Rock- oder Hosenbundes dann die oberen Kanten des Taschenbeutels mit in dem Bund festhalten.

Die **Taschenbeutel** werden **extra geschnitten** und an der Nahtlinie mit dem Kleidungsstück verbun-

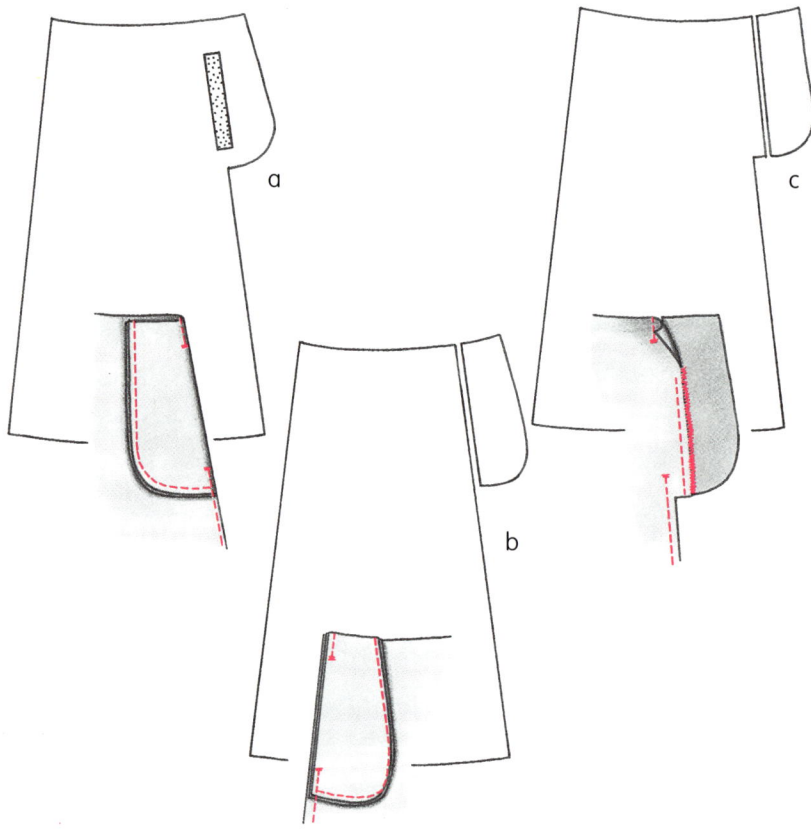

den (b). Ehe Sie das Kleidungsstück zusammennähen, arbeiten Sie die separat geschnittenen Taschenbeutel an die Nahtlinie des Vorder- und des Rückenteiles. Dann gehen Sie genauso vor wie bei der angeschnittenen Tasche.

Die dritte Art der eingearbeiteten Tasche ist bei dickeren Stoffen zu empfehlen, die Taschenbeutel sollten in diesem Falle aus Futterstoff sein (c). An die Naht schneiden Sie 3 cm breite Streifen

für den **Tascheneingriff** an, der **Taschenbeutel** wird auch hier separat zugeschnitten. Damit die Naht nicht aufträgt, stecken Sie die Taschenbeutel unter den angeschnittenen Beleg, so daß dieser mit der linken Seite auf der rechten Seite des Taschenbeutels liegt. Mit Overlock- oder Zickzackstich nähen Sie den Beleg auf dem Taschenbeutel fest. Der weitere Arbeitsablauf ist gleich wie bei der angeschnittenen Tasche.

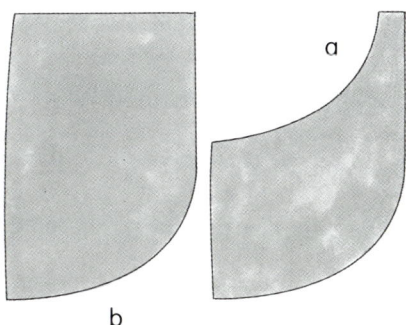

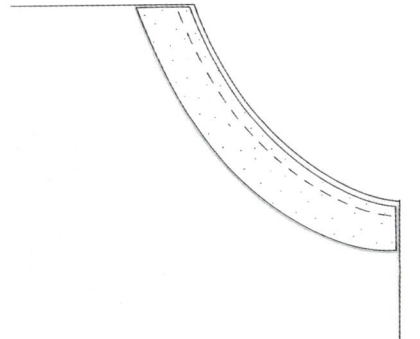

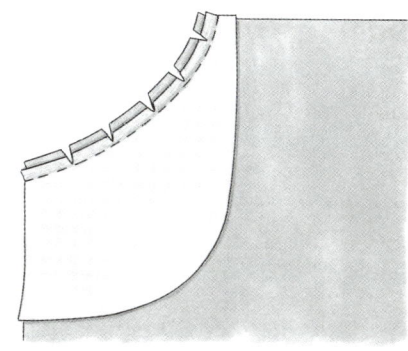

Bei der **französischen Tasche** in Hosen und Röcken verläuft der Tascheneingriff schräg oder abgerundet von der Taillennaht zur Seitennaht.

1 Diese Taschen bestehen aus einem Taschenteil (a), welcher an das Hüftpassenteil angeschnitten wird, und dem Beleg (b) (zweites Taschenteil).

2 Verstärken Sie die Tascheneingriffskante auf der linken Stoffseite mit einem Streifen Einlagestoff.

3 Stecken, heften und nähen Sie den Beleg rechts auf rechts an die Tascheneingriffskante. Schneiden Sie die Nahtzugaben stufenweise zurück. Bei abgerundeten Tascheneingriffen schneiden Sie die Zugaben zusätzlich bis 2 mm vor die Nahtlinie ein.

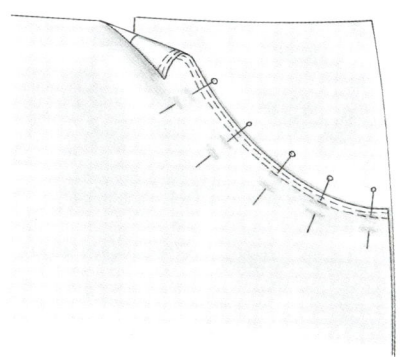

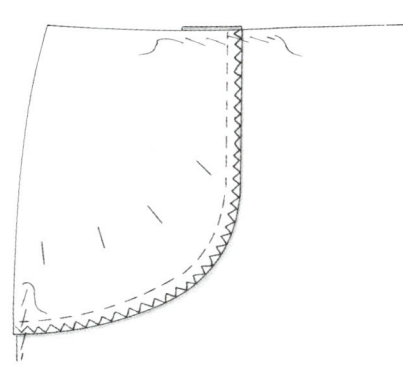

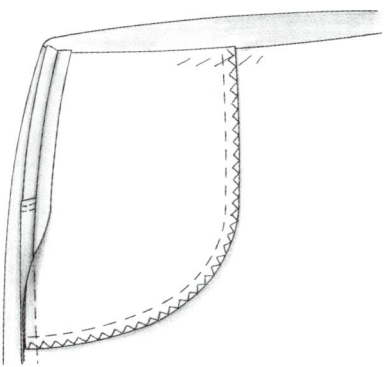

4 Wenden Sie den Beleg, und bügeln Sie die Nahtzugaben zum Beleg hin, die Naht liegt in der Kante. Steppen Sie die Eingriffskante 1- bis 2mal ab. Stecken Sie nun das Hüftpassenteil mit dem angeschnittenen Taschenbeutel unter den Eingriff, so daß die Taschenbeutel aufeinanderliegen.

5 Nähen und versäubern Sie sie zusammen. Fixieren Sie die obere Kante der Tasche an der Taillennaht, denn sie wird mit in den Bund gefaßt.

6 Schließen Sie die Seitennähte von Vorder- und Rückenteil. Fassen Sie dabei die Nahtzugaben von Tasche und Beleg mit in die Seitennaht.

Falten

Falten in Oberteilen werden meist als Verzierungen gearbeitet. Zusätzlich geben aufspringende Falten, die nur oben und unten festgehalten werden, mehr Bewegungsfreiheit. Das Einlegen von Falten erfolgt jedoch hauptsächlich bei Röcken. Hier bilden sie den Übergang von engen (Hüfte) zu weiten (Saum) Partien, so daß die Bewegungsfreiheit deutlich erhöht wird. Umgekehrt kann durch das Einlegen von Falten überflüssige Weite eingehalten werden.

Man unterscheidet eingelegte Falten, zu denen auch Keller- und Fächerfalten gehören, eingesetzte und eingebügelte Falten (Plissees, Bügelfalten).

Fast jede Stoffart eignet sich zum Faltenlegen. Wenn Sie die Falten scharfkantig einbügeln wollen, wählen Sie einen Stoff, der die Falten gut hält, zum Beispiel Gabardine. Weiche und flauschige Gewebe eignen sich besser für eingelegte Falten, die nach unten auseinanderfallen. Wollen Sie einen Plisseerock nähen, lassen Sie sich den Rock in einer Plissieranstalt dauerhaft plissieren.

Damit ein Faltenrock gut sitzt und die Falten exakt fallen, ist die korrekte Ausführung aller Arbeitsschritte sehr wichtig.

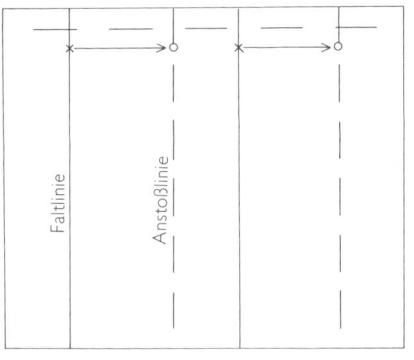
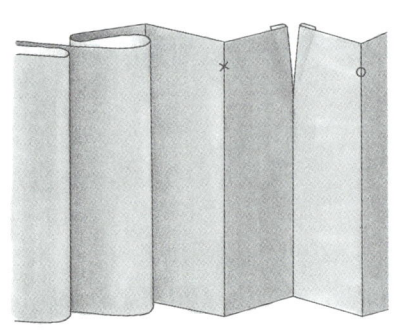
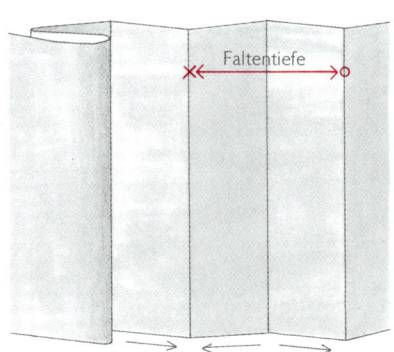

Jede Falte ist durch zwei Linien gekennzeichnet: die Falt- oder Bruchlinie und die Anstoßlinie. Diese sind in den Schnittmusterbögen häufig durch x und o gekennzeichnet. Markieren Sie sich diese Linien in unterschiedlichen Farben. Die Fallrichtung wird durch Pfeile gekennzeichnet. Das Einlegen der Falten erfolgt in einfacher Stofflage, wobei durchaus mehrere Stoffbahnen aneinandergenäht sein können. Falten Sie den Stoff so, daß die Nähte in der Falte (zwischen x und o) liegen.

Der Stoff zwischen Falt- und Anstoßlinie entspricht der Faltentiefe, die beim Einlegen der Falte verdeckt wird. Die Faltentiefe richtet sich nach dem Stoffmuster, der zur Verfügung stehenden Stoffmenge und der Art der Falte. Für Einzelfalten beträgt die maximale Faltentiefe 10 cm, für fortlaufende Falten 8 cm. Übertragen Sie deshalb sorgfältig alle Markierungen und heften Sie die Falten immer. Das Einlegen und das Bügeln der Falten erfolgt vor dem Schließen der rückwärtigen Naht.

Falten lose einlegen

Auch ohne Schnittmusterbogen können Sie einen gutsitzenden Faltenrock arbeiten. Je nach Stoffart bestimmen Sie Breite und Tiefe der Falten. Die Berechnung erfolgt nach der eigenen Taillenweite.

Beispiel: Bei einer Taillenweite von 72 cm soll die Faltenbreite 3 cm betragen.
Daraus ergeben sich:
24 Falten (72 : 3 = 24).
Die untere Weite des Rockes beträgt 2,80 m. Ziehen Sie von 2,80 m die Taillenweite ab, so erhalten Sie 2,08 m.
2,08 m wird nun durch die Faltenzahl geteilt. Somit beträgt die Faltentiefe 8,6 cm.

Legen Sie die Stoffbahn zum Markieren glatt auf den Tisch. Messen Sie zuerst 1,5 cm Nahtzugabe für die erste Innenfalte ab, dann eine halbe Faltentiefe (= 4,3 cm).
Nun im Wechsel Faltenbreite (3 cm) und Faltentiefe (8,6 cm) abmessen, bis Sie insgesamt 24 Falten haben (a).
Für die Anprobe gilt: Sind die Falten geschlossen, wenn Sie sich nicht bewegen, sitzt der Faltenrock korrekt. Auf eine Anprobe mit gehefteten Falten sollte man daher nicht verzichten.
Zum Schluß sollte wieder eine halbe Faltentiefe übrigbleiben. Diese ergibt dann zusammen mit der ersten Abmessung eine Faltentiefe mit Naht im Faltenbruch.

Beim sogenannten Bezeichnen Falt- und Anstoßlinie mit Heftgarn oder Schneiderkreide markieren (b). Die Falten von der rechten Seite aus einlegen. Stecken Sie die Falten an der Faltlinie durch alle Stofflagen hindurch fest (c), dann heften und steppen (d).

Hinweis

Ziehen Sie beim Anstecken des Rockbundes den inneren Faltenbruch etwas über die Taillenlinie. Dadurch fallen die Falten gerader und liegen besser.
Zur Anprobe die Falten bis 5 cm unter der Taillenlinie heften. Anschließend die Kante noch leicht bügeln.

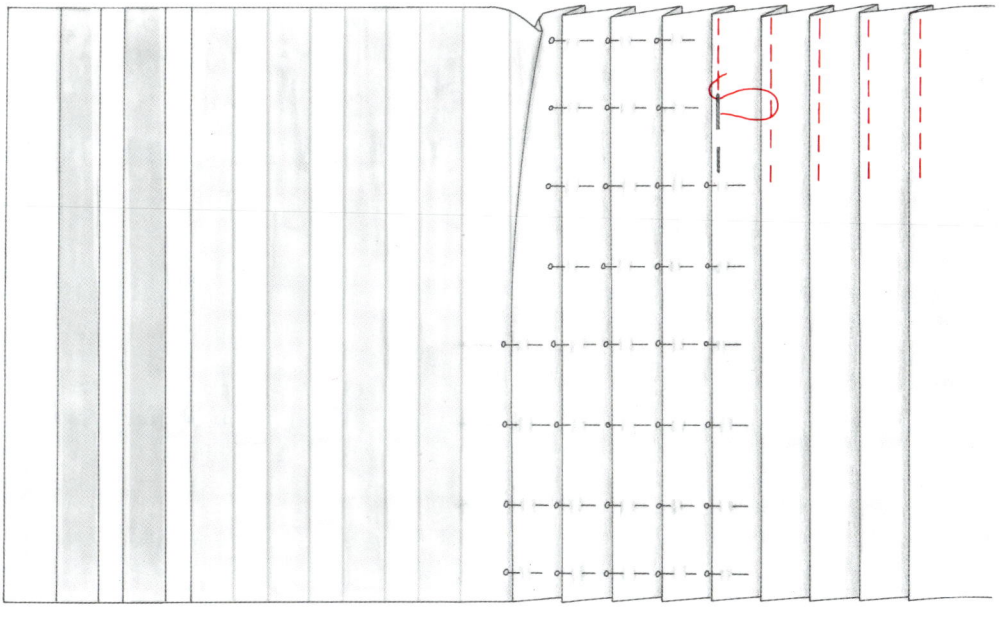

a   b   c   d

Klassischer Faltenrock

Die Falten für den klassischen Faltenrock fest einbügeln oder sogar von der Taille bis zur Hüfttiefe absteppen. Das Absteppen hat den Vorteil, daß die Lage der Faltentiefe im Taillen- und Hüftbereich gesichert ist, da durch alle Stofflagen durchgesteppt wird.

Für die Berechnung der Faltentiefe der durchgehend gesteppten Falten messen Sie zunächst die Hüft- und die Taillenweite. Um die Differenz zwischen diesen beiden Werten auszugleichen, werden die Falten in der Taille tiefer eingelegt.

Beispiel: Hüftweite = 94 cm plus 2 cm Bewegungsspielraum.
Daraus ergeben sich bei einer Faltenbreite von 4 cm 24 Falten (96 : 4 = 24).
Die Rockweite beträgt 2,76 m.
Rockweite minus Hüftweite ergibt 1,80 m. Für die Faltentiefe teilen Sie 1,80 m durch 24 – 7,5 cm. Mit einem Heftfaden markieren Sie die Hüfttiefe. Legen Sie die gesäumte Stoffbahn glatt auf einen Tisch, und bezeichnen Sie sich Falten- und Anstoßlinien. Beginnen Sie mit der halben Faltentiefe (3,75 cm). Im Wechsel Faltenbreite und Faltentiefe markieren.

Zur Berechnung der Faltenbreite und -tiefe in der Taille benötigen Sie die Taillenweite: hier 72 cm. Ziehen Sie nun von der Hüftweite die Taillenweite ab, so erhalten Sie die „Überschußweite" (96–72 = 24). Bei 24 Falten beträgt sie je Falte 1 cm (24 : 24 = 1), das heißt, jede Falte ist in der Taille nur noch 3 cm breit. Dafür mißt die Faltentiefe in der Taille 8,7 cm.

Beachten Sie diese Veränderung beim Einlegen der Falten.
Am Ende der Stoffbahn bleibt wieder die halbe Faltentiefe übrig. Beim Schließen der Naht liegt diese im Falteninnenbruch von Anfangs- und Endfalte. Legen Sie den Stoff in Falten, und fixieren Sie diese zuerst mit Stecknadeln, dann mit Heftstichen von der Hüfte bis zum Saum. Die gehefteten Kanten mit dem Dampfbügeleisen oder einem feuchten Tuch fest einbügeln.

Dann legen und heften Sie die Falten in der Taille. Die Faltlinie so weit zur nächsten Falte schieben, bis eine Faltenbreite von 3 cm erreicht ist. Ziehen Sie den inneren Faltenbruch etwas über die Taillenlinie, damit die Falten besser fallen.

Probieren Sie den Rock an, und korrigieren Sie gegebenenfalls die Weite. Drehen Sie den Rock auf die linke Seite, und bügeln Sie die oberen Faltentiefen mit einem feuchten Tuch oder mit dem Dampfbügeleisen ein.

Wenn Sie die Faltenpartien bis zur Hüftlinie absteppen wollen, erfolgt dies von rechts durch alle Stofflagen hindurch an der Faltenkante entlang. Ziehen Sie die Fadenenden der Absteppnähte auf die linke Seite, und verknoten Sie sie gut.

Schließen Sie die rückwärtige Naht, die in der Mitte einer Faltentiefe liegt. Lassen Sie einen Schlitz für den Reißverschluß. Probieren Sie den Rock noch einmal an, bevor Sie den Bund ansetzen. Eventuell die Taillenlinie in der hinteren und der vorderen Mitte etwas ausschneiden.

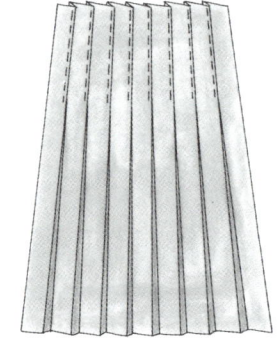

Schemazeichnung des klassischen Faltenrockes

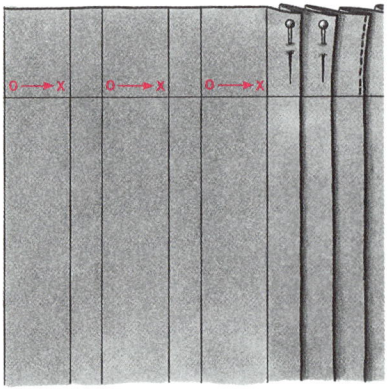

Das Markieren und Einlegen der Falten

Kellerfalten

Kellerfalten geben in einem eng geschnittenen Rock genügend Bewegungsfreiheit. Sie werden oft als einzelne Falte vorn oder hinten oder auch vorn und hinten gearbeitet.

Ein Rock mit mehreren, bis zur Hüftlinie geschlossenen Kellerfalten sieht am vorteilhaftesten aus, wenn drei vorn und drei hinten eingelegt sind. Über den Hüften liegt dieser Rock dann auch noch eng und glatt an.

Je nach Material erhält der Rock durch Absteppen der Kellerfalte beziehungsweise der vorderen Mitte einen besonderen Akzent.

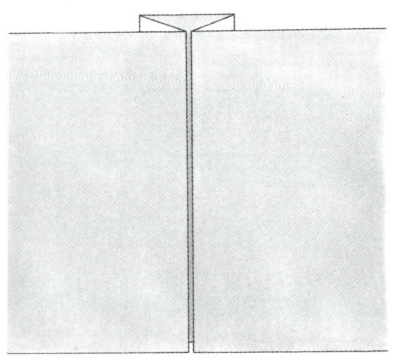

Kellerfalten bestehen aus zwei gegeneinanderlaufenden Falten, die eine gemeinsame Anstoßlinie haben. Diese Anstoßlinie ist in den meisten Fällen die vordere oder die hintere Mitte.

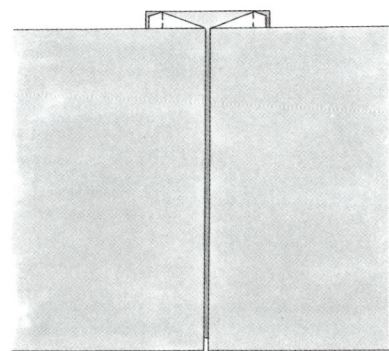

Manchmal wird auch das innere Faltenteil durch einen schmalen Stoffstreifen, den sogenannten Faltenboden, ersetzt. Diesen näht man an die beiden inneren Bruchkanten der Falte an.

Ist kein fertiger Schnitt vorhanden, können Sie einen solchen Rock nach einem geraden Rockschnitt arbeiten. Schneiden Sie die beiden Rockteile des Schnittmusters in der Verlängerung des vorderen beziehungsweise des hinteren Taillenabnähers durch. Legen Sie den Stoff rechts auf rechts, Webkante auf Webkante.

Von der Bruchkante aus messen Sie je nach Stoffmaterial 10 bis 15 cm nach innen ab. Diese Linie entspricht der vorderen Mitte. Stecken Sie das Rockteil (a) mit der vorderen Mitte an diese bezeichnete Linie. In Höhe der Hüftlinie messen Sie von diesem Schnitteil, je nach Rockweite, 20 bis 30 cm zur Webkante hin ab, markieren diese Linie und stecken das zweite Rockteil (b) an dieser Linie auf

den Stoff. Mit Durchschlagstichen kennzeichnen Sie dann die Faltlinien und die Anstoßlinie der Falten.

Die Taillenweite ergibt sich durch das Zusammennähen der Falten bis zur Hüftlinie. Bügeln Sie die Faltenkanten fest ein, und heften Sie sie auf die markierte Anstoßlinie. Damit sich die inneren Faltenbrüche nicht durchdrücken, bügeln Sie sie von links. Legen Sie Papierstreifen dazu unter die Kanten.

Den Reißverschluß nähen Sie in die Seitennaht oder arbeiten ihn in die hintere Falte ein.

Ehe Sie den Bund ansetzen, ziehen Sie die inneren Faltenbrüche etwas über die Taillenlinie. Dadurch fallen die Falten gerade und springen nicht zu weit auf.

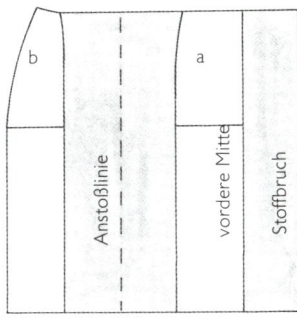

Auflage des vorderen Schnittmusters für einen Rock mit Kellerfalte

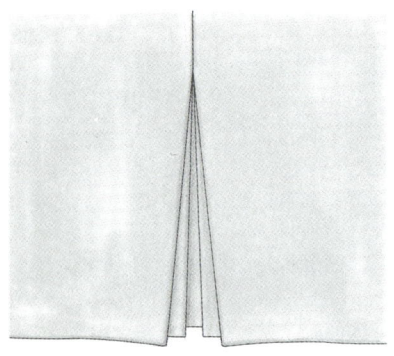
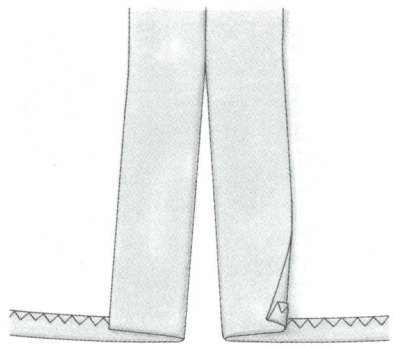
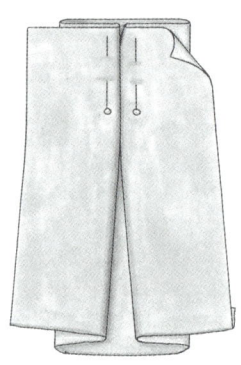

Fächerfalten

Fächerfalten sind zwei- bis dreifach gelegte Kellerfalten, die nur als Einzelfalte in der vorderen oder der hinteren Mitte eines engen Rockes gearbeitet werden. Für dicke Stoffe sind sie nicht geeignet, da sie hier zu sehr auftragen. Auf das Absteppen der vorderen oder der hinteren Mitte, wie es gerne bei Kellerfalten gemacht wird, sollten Sie in diesem Falle aber verzichten.

1 Nähen Sie als erstes den Saum des Rockes, und schließen Sie die Mittelnaht bis an den Falteneinsatz. Die weiteren Arbeitsschritte lassen sich leichter ausführen, wenn Sie die Naht ausbügeln.

2 Der Fächer wird vom Prinzip her wie eine Falte mit Faltenboden gearbeitet. Die Faltenkanten müssen genau aufeinander und gegeneinander liegen. Um ein Verschieben zu vermeiden, heften Sie sie fest zusammen.

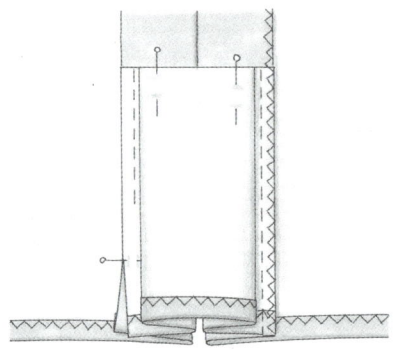
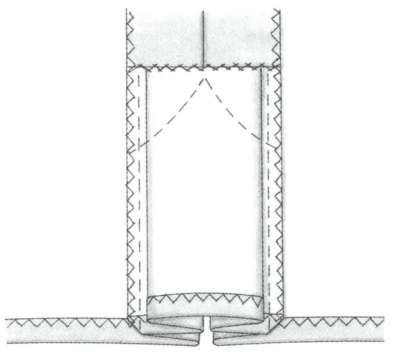

3 Stecken und heften Sie den Falteneinsatz von der Rockinnenseite auf die vordere oder die hintere Mitte des Rockes. Steppen Sie die Kanten zusammen, und bügeln Sie die Nähte flach.

4 Die obere Kante des Falteneinsatzes befestigen Sie mit Hexenstichen an die Faltenausschnittkante des Rockes. Entfernen Sie die Heftstiche, schrägen Sie die unteren Ecken der Nahtzugaben ab, mit Zickzackstichen dann alle Nähte versäubern.

Bundfalten

Bundfalten sind Abnäher, die nicht gesteppt, sondern nur im Bund lose zusammengehalten werden. Die Anzahl der in das vordere Hosenteil eingelegten Bundfalten variiert je nach Modetrend und gewünschter Hosenweite. Sie können zur vorderen Mitte hin, zur Seitennaht hin oder gegeneinander gelegt werden.

Bügelfalten

Bügelfalten müssen immer genau in der Mitte der Vorder- und der Hinterhose eingebügelt werden. In den meisten Schnitten ist die Lage der vorderen Bügelfalte angegeben, die in der vorderen Bundfalte oder im Abnäher endet. Schon vor dem Nähen kann sie leicht eingebügelt werden (a).
Für die Bügelfalte im hinteren Hosenbein wenden Sie das Hosenbein nach rechts und stecken die inneren Beinnähte auf die Seitennähte (b). Mit dem Dampfbügeleisen oder einem feuchten Tuch wird die Bügelfalte eingebügelt, sie läuft ab dem Gesäß bis zur Taille auf die hintere Schrittnaht zu (b).

Hinweis

Bei empfindlichen Stoffen (auch beim Bügeln mit einem Dampfbügeleisen) ein feuchtes Tuch benutzen.

a

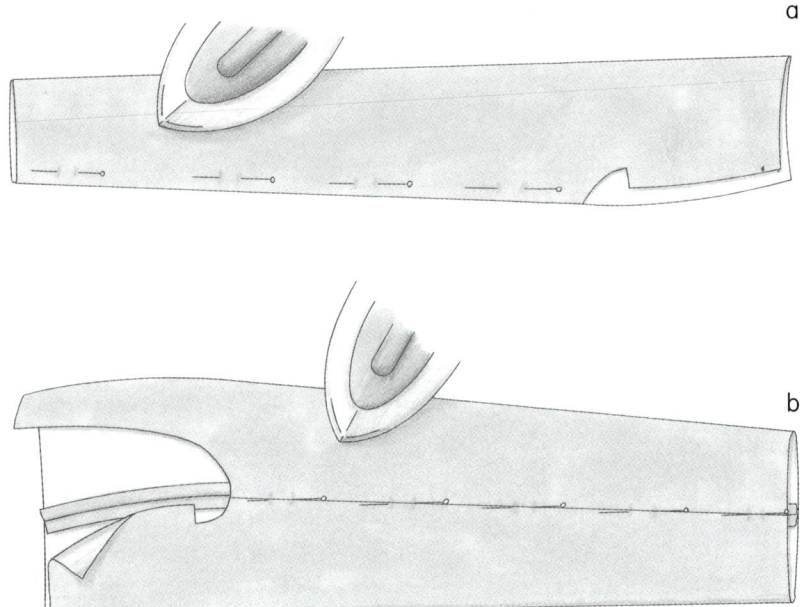

b

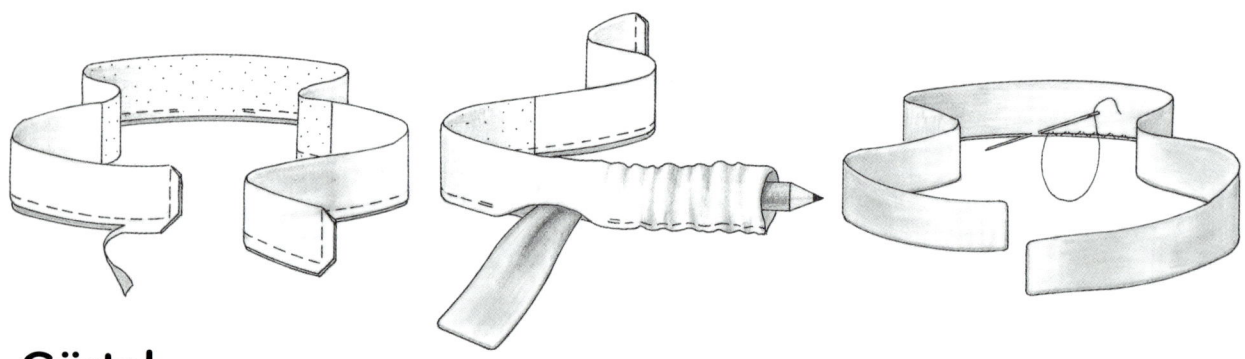

Gürtel

Der **Schlauch- oder Bindegürtel** wird in doppelter Breite und in der gewünschten Länge mit Nahtzugabe zugeschnitten. Dies kann im geraden oder im schrägen Fadenlauf erfolgen.
Je nach Modell und Material empfiehlt es sich, eine Einlage in den Gürtel zu arbeiten.

Falten Sie den Stoffstreifen rechts auf rechts zusammen, und nähen Sie ihn in zwei Arbeitsgängen. Gesteppt wird jeweils von der hinteren Mitte zu den Enden hin; zum Wenden die Naht ein Stück offenlassen.
Die Nahtzugaben zurückschneiden und die Ecken abschrägen.

Mit Hilfe eines Bleistiftes oder eines kleinen Stabes wenden Sie den Gürtel. Stecken Sie den Bleistift in die nach innen gestülpten Gürtelenden, und schieben Sie diese vorsichtig durch den Schlitz. Bügeln Sie den Gürtel auf Kante, und nähen Sie die Öffnung mit Hohlstichen zu.

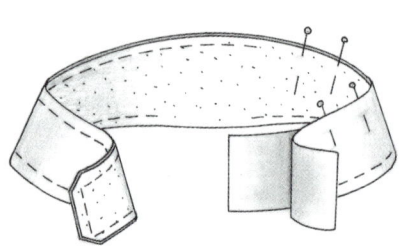

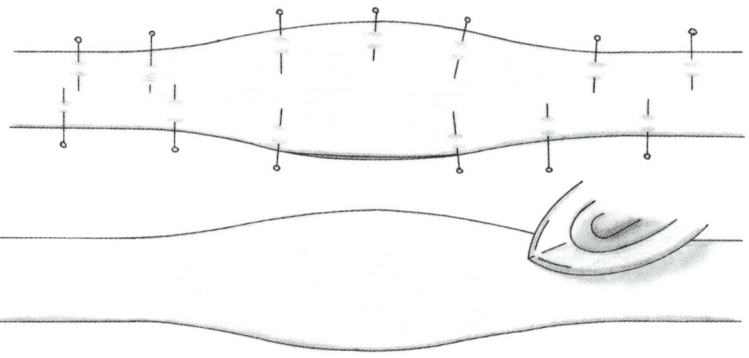

Der **Formgürtel** ist der Körperrundung angepaßt. Er besteht aus drei Teilen: dem oberen Gürtel, dem Beleg und einer festen Einlage. Schneiden Sie den Formgürtel im Längsfadenlauf zu, auf den Beleg bügeln Sie die Einlage. Legen Sie den Gürtel und den Beleg rechts auf rechts, steppen Sie beides rundherum zusammen.

Dabei lassen Sie in der hinteren Mitte am unteren Rand eine große Öffnung zum Wenden des Gürtels. Schneiden Sie die Nahtzugaben stufenweise zurück, die Ecken abschrägen. Wenden Sie den Gürtel auf die rechte Seite.
Stecken und heften Sie ihn auf Kante (die Naht liegt in der Kante), anschließend sorgfältig bügeln.

Schließen Sie die hintere Öffnung mit kleinen Hohlstichen, und bringen Sie den Verschluß (Haken und Öse oder Druckknöpfe) an.

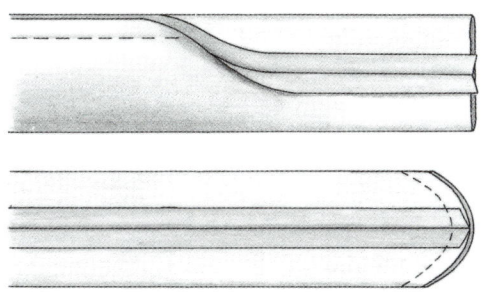
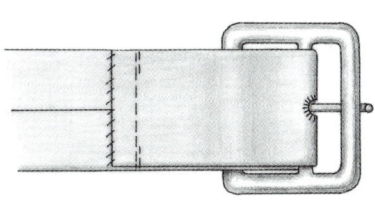
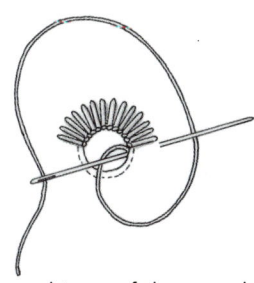

Für den **Schnallengürtel** schneiden Sie einen geraden Stoffstreifen in doppelter Breite plus Nahtzugabe zu. Die Länge entspricht der Taillenweise plus 25 cm. Bügeln Sie auf den gesamten Streifen Einlagestoff auf. Anschließend den Streifen rechts auf rechts in Längsrichtung zusammennähen. Die auf Mitte gelegte Naht auseinanderbügeln. Nähen Sie am Übertritt des Gürtels eine Spitze oder eine Rundung.

Wenden Sie den Gürtel. Am offenen Ende des Gürtels die Gürtelschnalle befestigen. Schlagen Sie dazu den Stoff um den Steg auf die linke Seite, versäubern Sie das Ende mit Zickzackstichen, und befestigen Sie es dann mit der Maschine oder von Hand mit kleinen Staffierstichen.
Hat die Gürtelschnalle einen Dorn, wird auf der Mittellinie des Gürtels ein kleines Loch ausgenäht. Dies kann mit der Lochstichvorrichtung

der Nähmaschine erfolgen, oder Sie nähen es von Hand mit dicht gesetzten Knopflochstichen (Knopflochgarn oder doppelter Nähfaden) aus.

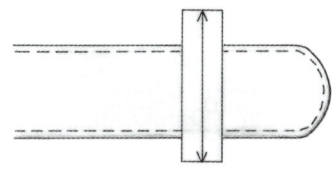
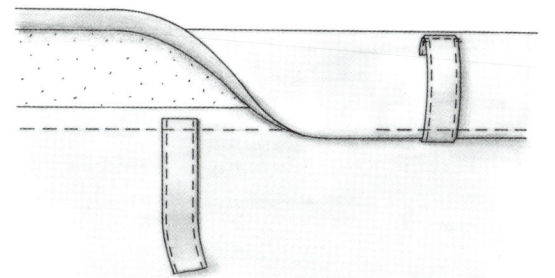

Gürtelschlaufen werden meist an den Seitennähten von Kleidern, Mänteln und Jacken befestigt. Bei einem Rock können sie in den Bund miteingenäht oder nachträglich aufgesetzt werden.
Die Stoffschlaufen aus dem Oberstoff oder in einem Kontraststoff arbeiten. Schneiden Sie einen Stoffstreifen zu, der doppelt so

breit ist wie die fertige Schlaufe plus 0,5 cm Nahtzugabe. Die Gesamtlänge des zu nähenden Schlaufenbandes berechnen sie aus der Anzahl der Schlaufen, multipliziert mit der Gürtelbreite, plus 3 cm Nahtzugabe je Schlaufe. Arbeiten Sie das Schlaufenband genauso wie den Bindegürtel (Seite 156). Nach dem Wenden

die Kanten absteppen und das Schlaufenband in die einzelnen Schlaufen zerschneiden. Dann die Schlaufenenden etwa 1 cm nach links einschlagen und an das Kleidungsstück ansteppen oder mit dem Riegelstich aufnähen. Sie können sie aber auch von Hand mit kleinen Hohlstichen annähen.

Schrägstreifen

Schrägstreifen aus Kontraststoff bilden eine dekorative Abschlußkante. Es gibt sie aus Baumwolle oder aus Duchesse in verschiedenen Breiten als Meterware fertig zu kaufen.

Hinweise

Zur Nähmaschine gibt es einen Bandeinfasser als Sonderzubehör, der das Annähen erleichtert. Das Schrägband legt sich während des Nähens automatisch um die Stoffkanten. Eine genaue Arbeitsanleitung entnehmen Sie der Bedienungsanleitung Ihrer Nähmaschine.

Zum Formen von Schrägstreifen bietet der Fachhandel jetzt einen speziellen **Schrägbandformer** (für die Ausgangsbandbreiten von 22 und 48 mm) an. Schieben Sie das zugeschnittene Band mit der Schnittkante behutsam in den Former hinein, dabei sollte die Kante möglichst gerade sein, notfalls vorher bügeln. Im Former wird das Band vorgefaltet, das heißt die Längskanten werden etwa 0,5 bzw. 1 cm breit zur Mitte umgeschlagen (siehe auch Seite 24). Streichen Sie die Kanten zunächst mit dem Finger nach, anschließend fest umbügeln.

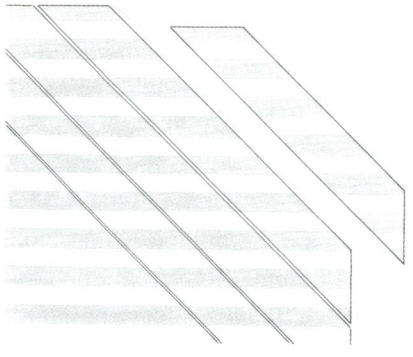

1 Sie können sie zum Einfassen von Säumen auch selbst aus dem Oberstoff im Schrägfadenlauf zuschneiden.

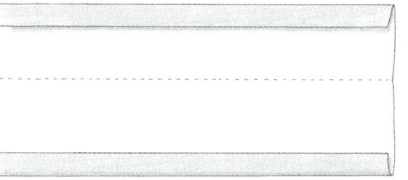

3 Schrägstreifen können in einem Arbeitsgang mit der Maschine angenäht werden. Die Schnittkanten des Schrägstreifens werden etwa 0,8 cm breit eingeschlagen und umgebügelt.

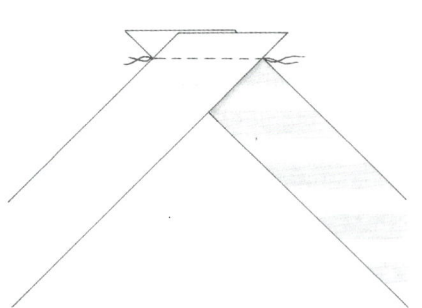

2 Müssen mehrere Streifen aneinandergesetzt werden, so verläuft die Ansatznaht zwischen den Kreuzungspunkten.

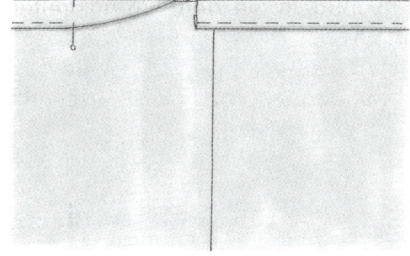

4 Nun falten Sie den Schrägstreifen links auf links so zusammen, daß hier eine Bruchkante 1 mm über die andere reicht. Die einzufassende Kante in den zusammengefalteten Streifen schieben, dabei liegt die längere Kante auf der linken Stoffseite. Anschließend den Schrägstreifen heften und ansteppen.

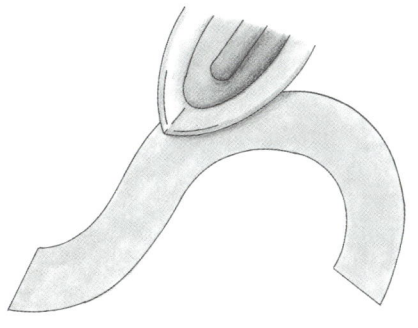

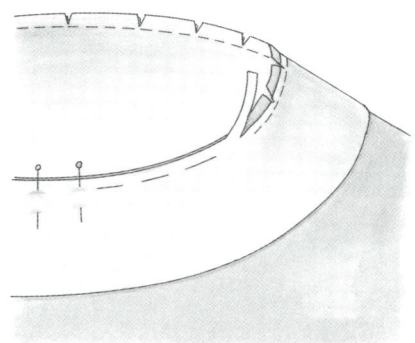

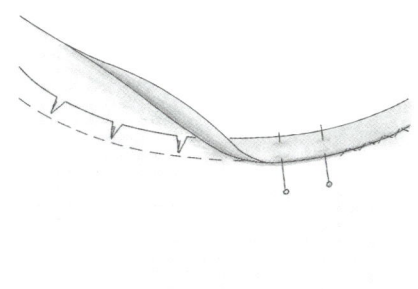

Zum **Einfassen des Halsausschnitts** schneiden Sie sich einen Schrägstreifen (4 bis 6 cm breit) plus Nahtzugaben. Die Länge entspricht der Halsausschnittweite plus Nahtzugabe, etwas Weite zum Einhalten zugeben.
1 Bügeln Sie den Schrägstreifen in Form. Dehnen Sie ihn dabei etwas, so daß er sich leichter auf die Rundung des Halsausschnitts stecken läßt.

2 Stecken und heften Sie den Streifen rechts auf rechts an den Ausschnitt. Entlang der Nahtlinie den Streifen annähen. Nahtzugaben auf 0,5 cm zurückschneiden und in der Rundung bis kurz vor die Nahtlinie einschneiden.

3 Bügeln Sie nun die Naht flach. Schlagen Sie den geformten Schrägstreifen über die Nahtzugaben nach innen, und säumen Sie ihn mit Staffierstichen an die Nahtlinie. Es sollte ein Vorstoß von 2 mm entstehen.

Eckenverarbeitung mit Schrägstreifen

Bei der Eckenverarbeitung von Schrägstreifen, Blenden oder Borten wird zwischen Außen- und Innenecken unterschieden. Eine Außenecke führt um eine Kante herum (zum Beispiel bei einer Tischdecke), eine Innenecke nähen Sie zum Beispiel bei einem eckigen Halsausschnitt.
Für die **Innenecke mit Schrägstreifen** die offene Kante des Schrägstreifens rechts auf rechts an das Kleidungsstück stecken. An der Ecke falten Sie den Streifen diagonal, den losen Schrägstreifenteil kantenbündig an der Kante

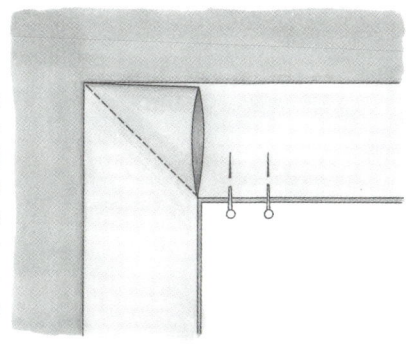

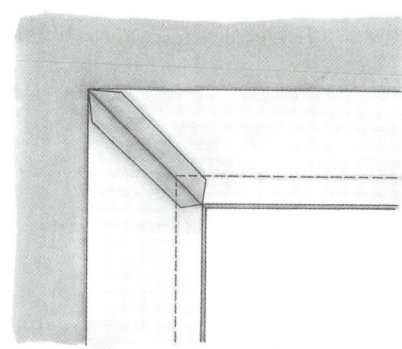

weiter anstecken. In den Umbruchlinien steppen Sie die Diagonale. Bügeln Sie über die Faltung. Schneiden Sie die Ecke auf Nahtzugabe zurück. Schrägen Sie dabei die Spitzen ab,

und bügeln Sie die Naht. Den Schrägstreifen füßchenbreit ansteppen; wenden Sie ihn dann nach innen, bügeln Sie die Kante, und säumen oder steppen Sie den Streifen an.

Außenecke mit Schrägstreifen

Der Unterschied zwischen der Eckenverarbeitung von Schräg-streifen und der von Blenden oder Borten besteht darin, daß die Blenden immer im geraden Fa-denlauf geschnitten, die Borten jedoch nur außen aufgesetzt werden.

Sie können einen fertigen Schrägstreifen verwenden, oder Sie schneiden ihn sich selbst zu. Der Streifen muß etwa 6 cm breit sein, wenn die Einfassung eine fertige Breite von 2 cm haben soll. Weitere Informationen über Zuschnitt und Verarbeitung von Schrägstreifen finden Sie auch noch auf Seite 103.

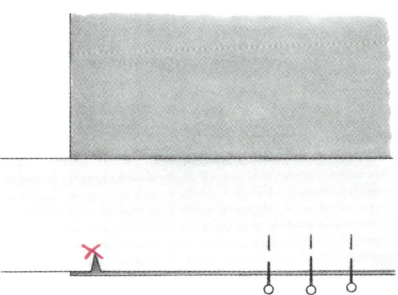

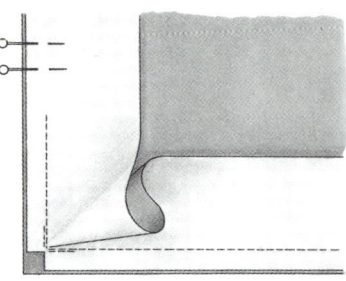

1 Stecken Sie die offene Kante des Schrägstreifens rechts auf rechts an die Stoffkante. Mar-kieren Sie sich die Ecke, und fixie-ren Sie sie mit ein paar Stichen. Den Schrägstreifen bis knapp vor die Nahtlinie in der Ecke ein-schneiden.

2 Stecken Sie den Schrägstreifen-teil um die Ecke herum, und nähen Sie den gesamten Schrägstreifen an. In den Ecken lassen Sie die Nadel im Stoff stecken, drehen das Teil um 90 Grad, weitersteppen.

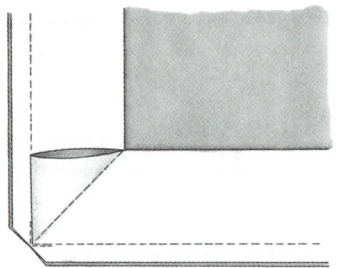

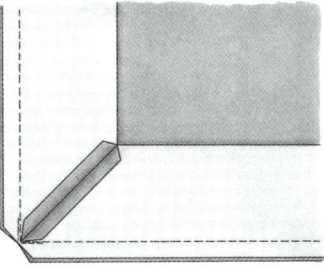

3 Die Nahtzugaben an den Ecken zurückschneiden. Falten Sie den Streifen um, so daß die Ecke ge-nau im rechten Winkel liegt. Bügeln Sie leicht darüber. Steppen Sie die Ecke in den gebügelten Falten zusammen.

4 Die Nahtzugabe zurückschnei-den und an den Ecken abschrä-gen. Die Naht auseinander-bügeln. Schlagen Sie nun den Schrägstreifen nach innen, säu-men oder steppen Sie ihn an.

Änderungen

Heute ändern wir unsere Garderobe nicht mehr aus Sparsamkeitsgründen, sondern wir stehen oft vor dem Problem, daß eine neue Hose oder die Ärmel des neuen Mantels zu kürzen sind oder der Rockbund in seiner Weite verändert werden muß. Diese Änderungsmöglichkeiten sollen im folgenden Kapitel gezeigt werden, da sich kleine Korrekturen schnell durchführen lassen. Größere Längen- und Weitenkorrekturen an Konfektionsware werden seltener vorgenommen. In diesem Falle entsprechen die Arbeitsschritte denen der Schnittveränderung (Seite 54) und der Anprobe (Seite 68), deshalb soll hier nicht näher darauf eingegangen werden.

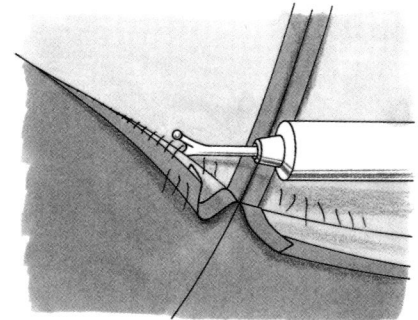

Rock kürzen
1 Trennen Sie die Saumkante vorsichtig mit dem Pfeiltrenner auf. Bügeln Sie die Saumkante mit dem Dampfbügeleisen oder einem feuchten Tuch glatt. Auch wenn Sie den Saum später abschneiden, muß der Stoff erst einmal glatt fallen.

2 Probieren Sie den Rock am besten mit den Schuhen an, die Sie später dazu tragen wollen. Bestimmen Sie die neue Rocklänge, und markieren Sie sie mit dem Rockabrunder.

Änderungen am Rock

Das Kürzen eines Rockes (je nach Modetrend) ist wohl die häufigste Änderung, die an diesem Kleidungsstück vorgenommen wird. Manchmal muß allerdings auch die Weite korrigiert werden. Auch dazu ein paar Tips auf den folgenden Seiten.

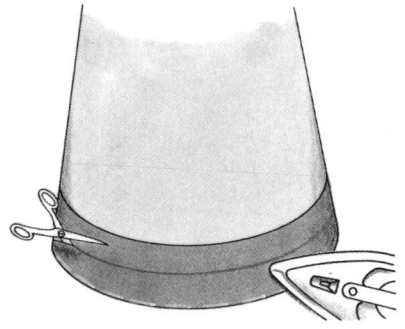
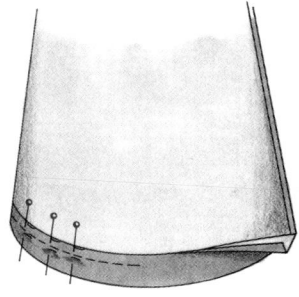

3 Bügeln Sie die neue Saumkante, und heften Sie den unteren Rand. Schneiden Sie den Saum in gleichmäßigem Abstand zur Saumkante zurück. Die Saumkante beträgt je nach Stoff 3 bis 5 cm.

4 Je nach Stoffart schlagen Sie die Schnittkante 1 cm ein oder versäubern die Schnittkante mit Zickzackstichen. Stecken Sie sie fest, und nähen Sie den Saum mit der Maschine (Geradstich oder Blindstich) oder hohl von Hand an.

Faltenrock kürzen

Einen Faltenrock kürzen Sie immer in der Taille, da die Falten im Saum eingebügelt sind und ein neues Säumen sehr kompliziert wäre. Ein zweiter Vorteil: mit dem Kürzen kann notfalls eine Weitenkorrektur vorgenommen werden.

Diese Änderungsart ist auch sehr bei Röcken mit Keller- oder Fächerfalten und bei karierten Röcken anwendbar und zu empfehlen.

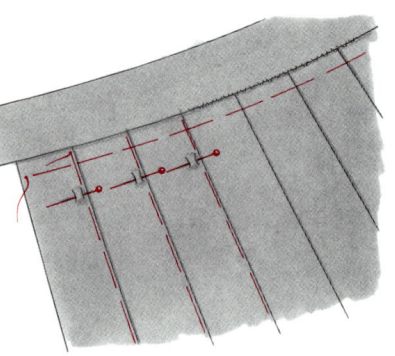

1 Heften Sie die Falten bis etwa 30 cm vor die Bundkante fest zusammen. Die Falten müssen dabei glatt liegen und dürfen nicht verrutschen. Stecken Sie sie daher zunächst. (Nadeln quer um Faltenbruch).

2 Vorsichtig wird der Rockbund ab- und der Reißverschluß herausgetrennt. Parallel zur alten Bundansatzlinie markieren Sie erst jetzt die neue Linie. Schneiden Sie dann die überflüssige Länge ab.

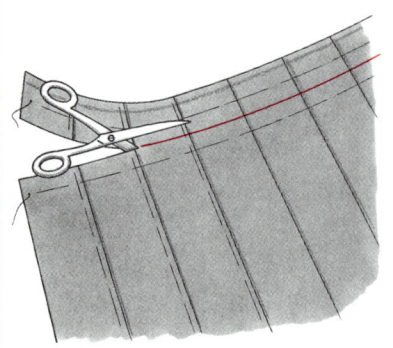

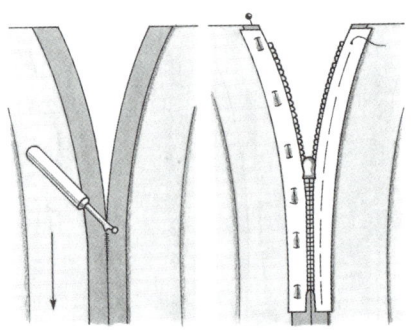

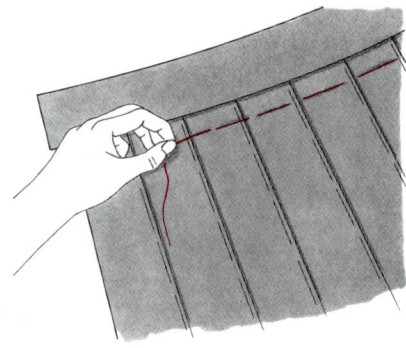

3 Kontrollieren Sie die Taillenweite. Ist sie zu weit, schieben Sie die Falten etwas zusammen. Der innere Faltenbruch wird dann in der Taille neu gebügelt.

4 Nähen Sie den Reißverschluß wieder ein. Da er tiefer eingesetzt wird, muß die Naht entsprechend der Rockkürzung abschließend noch aufgetrennt werden.

5 Nähen Sie den Bund wieder an, und entfernen Sie die Heftfäden. Bügeln Sie abschließend noch leicht über die Falten und den Rockbund.

Rock ist zu weit

Grundregel bei der Weitenkorrektur ist: Gleichmäßig auf beiden Seiten abnähen oder zugeben.

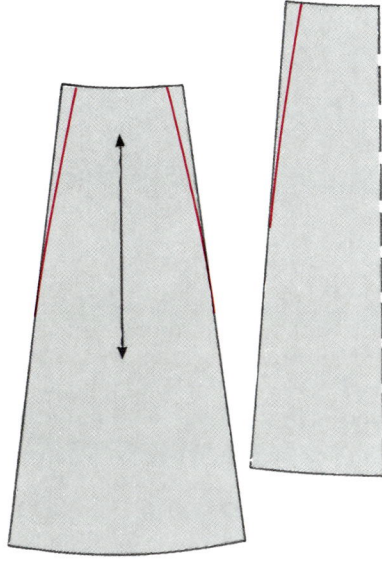

Wichtig ist, daß man nur soviel abnimmt oder zugibt, daß die Proportionen noch stimmen.

1 Trennen Sie den Rockbund ab und die Seitennähte auf. Probieren Sie den Rock von der linken Seite an, und lassen Sie sich die Seitennähte, eventuell auch die Abnäher abstecken. Bei einem Mehrbahnenrock werden größere Weitenabnahmen auf alle Nähte gleichmäßig verteilt.
2 Schließen Sie die neuen Nähte. Die Nahtzugaben auf 1,5 bis 2 cm zurückschneiden und mit einem mittleren Zickzackstich versäubern. Bügeln Sie die Nähte aus.
3 Verkürzen Sie den Rockbund entsprechend, und nähen Sie ihn an Ihren Rock (siehe auch Seite 136) an.

Faltenrock ist zu weit

Ist der Faltenrock zu weit, werden die Falten tiefer eingelegt. Niemals darf der äußere Faltenbruch verändert werden.
1 Trennen Sie den Rockbund ab und eventuelle Faltenabsteppungen auf. Verteilen Sie das Zuviel Ihres Faltenrockes gleichmäßig auf die Tiefe aller Falten des Rockes. Den äußeren Faltenbruch nicht verändern.

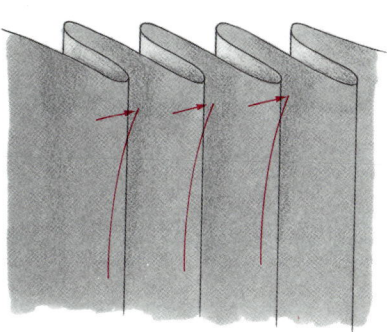

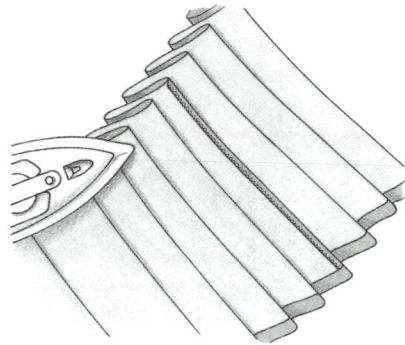

2 Markieren Sie sich die neue Taillenlinie mit Heftstichen. Wenden Sie den Rock auf die linke Seite, und bügeln Sie die neuen inneren Faltenbrüche ein. Etwa in Hüfttiefe verlaufen sie in die alten Faltenbrüche.

3 Verkürzen Sie den Rockbund auf die gewünschte Taillenweite und nähen Sie ihn an (siehe auch Seite 136).

Änderungen an der Hose

Hose kürzen

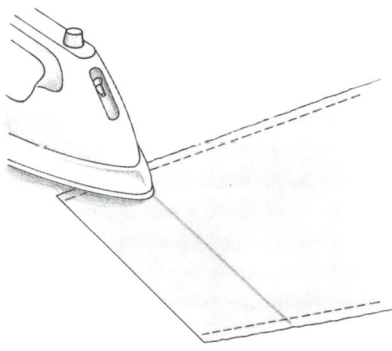

1 Trennen Sie den Saum auf. Hat die Hose ein Stoßband, trennen Sie auch dieses ab. Bügeln Sie die alte Saumkante glatt. Probieren Sie die Hose an, und bestimmen Sie die neue Länge. Es genügt, bei der Anprobe nur ein Hosenbein abzustecken.

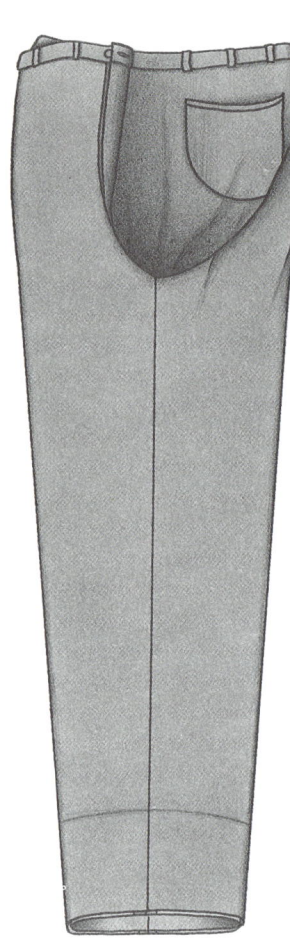

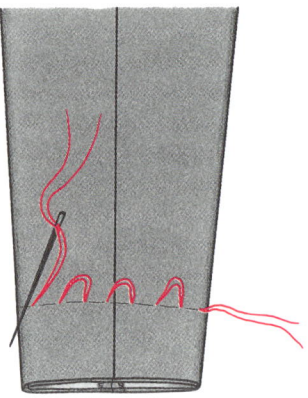

2 Markieren Sie die neue Saumkante mit einem Heftfaden. Dazu stecken Sie die Hosenbeine ineinander, links auf links, Naht auf Naht.
3 Mit einem doppelten Heftfaden und Durchschlagstichen übertragen Sie die markierte Heftfadenlinie auf das zweite Hosenbein.

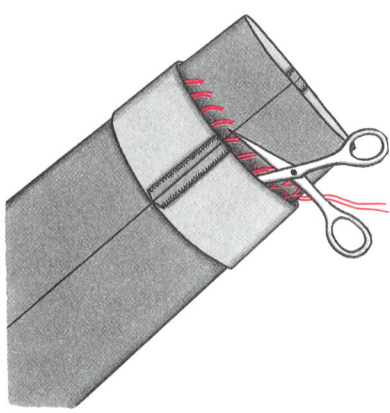

4 Lassen Sie dabei etwa 1,5 cm lange Fadenschlingen stehen. Diese werden auseinandergezogen und zwischen den beiden Hosenbeinen aufgeschnitten.

5 Schneiden Sie die Hosenbeine bis auf eine Saumzugabe von 4 cm ab. Versäubern Sie die Schnittkanten mit einem mittleren Zickzackstich. Auf die rechte Seite des Hosenbeines steppen Sie das Stoßband an die neue Umbruchlinie. Dann die Saumzugabe nach innen bügeln.
6 Fixieren Sie den Saum mit dem Blindstich der Nähmaschine oder dem hohlgenähten Saum von Hand.

Hosenbein mit Aufschlag
Kürzen

1 Trennen Sie den Saum der Hose und die Riegel des Aufschlages auf. Bügeln Sie die alte Saumkante glatt. Probieren Sie die Hose an, und bestimmen Sie die neue Länge. Es genügt, wenn Sie bei der Anprobe nur ein Hosenbein abstecken.

2 Markieren Sie die neue Saumkante mit einem Heftfaden. Stecken Sie die Hosenbeine ineinander, links auf links, Naht auf Naht (siehe auch Zeichnung 2 auf Seite 164).

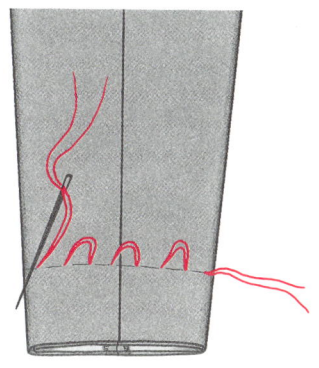

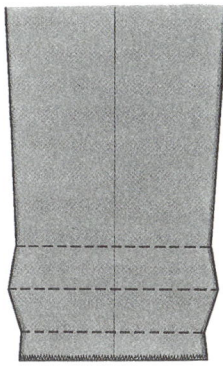

3 Mit einem doppelten Heftfaden und Durchschlagstichen übertragen Sie die markierte Heftfadenlinie auf das zweite Hosenbein. Schneiden Sie die Fadenschlingen zwischen den Hosenbeinen auf.

4 Legen Sie die neue Aufschlagbreite fest, verdoppeln Sie sie, und geben Sie noch 3 cm Saumzugabe zu. Markieren Sie sich alle Linien: die Saumlinie, die Aufschlagkante und die Einschlaglinie.

5 Schneiden Sie das Zuviel an Länge ab. Die obere Aufschlagkante wird nach links umgeschlagen und an der Faltkante sorgfältig geheftet. Versäubern Sie die Schnittkanten mit einem mittleren Zickzackstich, und nähen Sie den Saum von Hand oder mit der Maschine an.

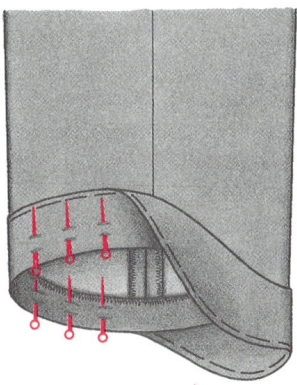

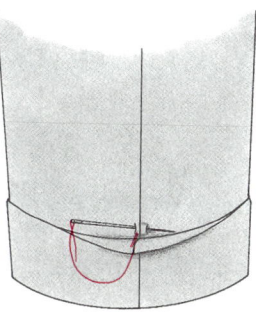

6 An der Einschlaglinie legen Sie den Aufschlag nach rechts um und heften ihn an der Kante durch alle Stofflagen hindurch. Mit dem Dampfbügeleisen oder einem feuchten Tuch bügeln Sie den Umschlag. Entfernen Sie noch die Heftfäden.

7 Befestigen Sie den Aufschlag an den Seitennähten der Hose unter der oberen Aufschlagkante mit kleinen, verdeckten Stegen.

Der Hosenbund ist zu weit oder zu eng

Ist der Taillenbund einer Hose zu weit oder zu eng, korrigiert man dies in der hinteren Naht der Hose.

1 Die Nahtzugabe der hinteren Bundnaht und der Hosennaht ist in den meisten Fällen groß genug, so daß sie für eine Erweiterung des Bundes von etwa 2 cm ausreicht.

2 Probieren Sie die Hose an, und bezeichnen Sie auf jeden Fall mit Stecknadeln die Abnahme des Bundes.

3 Trennen Sie den Bund zu beiden Seiten der Mittelnaht 10 cm ab, die hintere Schrittnaht der Hose etwa 15 cm auftrennen. Bügeln Sie die alten Kanten sorgfältig aus.

4 Nähen Sie die Bundteile rechts auf rechts an die Hosenteile, schlagen Sie den Beleg des Bundes nach oben. Stecken und heften Sie die Bundteile und auch die Schrittnaht entsprechend der gewünschten Abänderung zusammen.

Achten Sie darauf, daß die Quernähte übereinstimmen.

5 Nähen Sie die Naht. Achten Sie darauf, daß der Übergang in die alte Schrittnaht glatt verläuft.

6 Bei der enger genähten Hose schneiden Sie die Nahtzugaben zurück und bügeln die Naht gut aus. Schlagen Sie den Bundbeleg nach innen. Auf der rechten Seite der Hose steppen Sie in der Rille der Ansatznaht durch den Beleg den Bund fest.

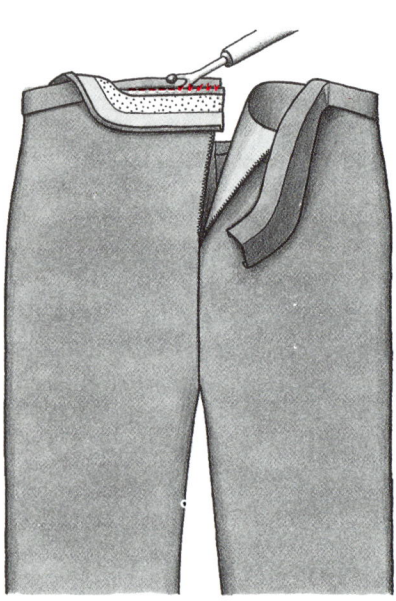
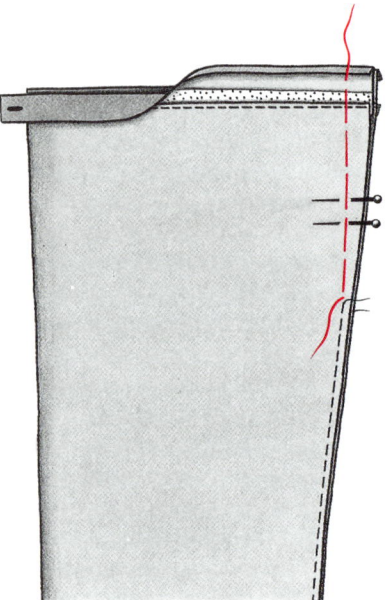
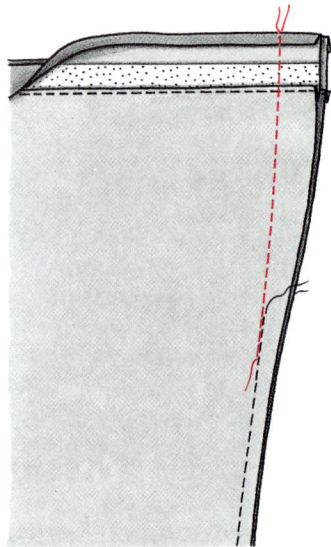

Weitere Änderungen

Ihnen gefällt ein Mantel sehr gut, er paßt auch wie maßgeschneidert, doch sind leider die Ärmel zu lang. Kaufen Sie ihn dennoch. Es ist gar nicht so schwer, die Ärmel selbst zu kürzen. Oft stellt man erst zu Hause fest, daß die Abnäher im Rock oder im Kleid nicht richtig ausgenäht sind. Mit einer kleinen Korrektur läßt sich dies schnell beheben. Auch Knöpfe lassen sich problemlos versetzen, wenn etwa die Manschetten der Bluse zu weit sind.

1 Trennen Sie den alten Saum der Jacke oder des Mantels auf, und bügeln Sie die Saumkante gut aus, denn es arbeitet sich leichter, wenn der Stoff glatt ist.

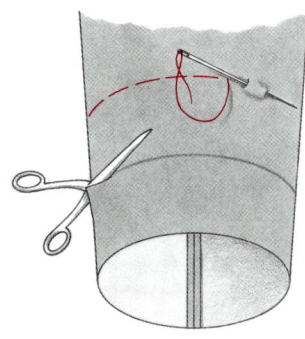

2 Die neue Linie markieren Sie sich mit einem Heftfaden.
Stecken Sie die Ärmel ineinander, rechts auf rechts, Naht auf Naht, und übertragen Sie die neue Saumkante mit Durchschlagstichen auf den zweiten Ärmel. Schneiden Sie den Rest bis auf eine Saumzugabe von 5 cm ab.

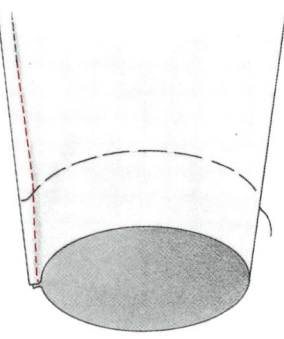

3 Da die Jacken- und die Mantelärmelnähte nach unten schmaler werden, müssen die Ärmelnähte von der Saumkante aus schräg ausgenäht werden. Trennen Sie die Ärmelnähte 10 cm auf und steppen Sie die neue Naht. Achten Sie darauf, daß sie glatt in die alte verläuft.

4 Bügeln Sie die Naht aus und die Saumkante um. Aus einem dünnen Einlagestoff schneiden Sie sich einen 6 cm breiten Streifen. Bügeln Sie diesen an die Saumkante auf die linke Seite des Ärmels.

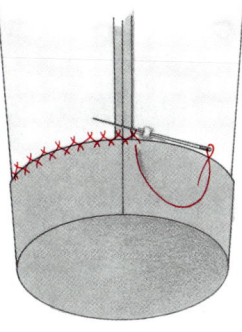

5 Mit einem losen Hexenstich nähen Sie den Saum an den Einlagestreifen. Dadurch drücken sich die Saumstiche nicht auf die rechte Stoffseite durch, und die untere Kante des Ärmels ist fester.

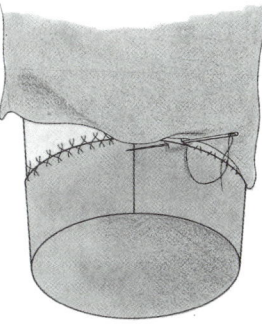

6 Kürzen Sie den Futterärmel entsprechend, bügeln Sie die untere Kante 1 cm um, und säumen Sie sie unterhalb der Hexenstichlinie an. Das Futter soll locker im Ärmel hängen.

Abnäher korrigieren

Durch einen Abnäher formt man einen flachen Stoffteil so, daß er sich einer bestimmten Körperlinie oder Körperrundung anpaßt. Sitzt der Abnäher nicht an der richtigen Stelle oder beult er, kann er das ganze Kleidungsstück verderben. Beulen in einem engen Rock oder einem auf Maß geschneiderten Oberteil die Abnäher, dann sind sie meistens zu kurz, oder sie laufen nicht spitz genug aus.
Hier soll die Änderung am Beispiel eines Brustabnähers an einer Bluse gezeigt werden.

1 Probieren Sie das Kleidungsstück an, und legen Sie die neue Brustabnäherlinie fest. Trennen Sie die Seitennähte bis unter den Abnäher auf, dann die Brustabnäher.
2 Zeichnen Sie sich mit Schneiderkreide den neuen Brustabnäher ein. Nehmen Sie die Änderung auch beim zweiten Abnäher vor.
3 Stecken und heften Sie den Abnäher und die Seitennähte. Probieren Sie dann auf jeden Fall das Oberteil an. Steppen Sie die Abnäher und bügeln Sie sie glatt. Steppen und bügeln Sie die Seitennähte.

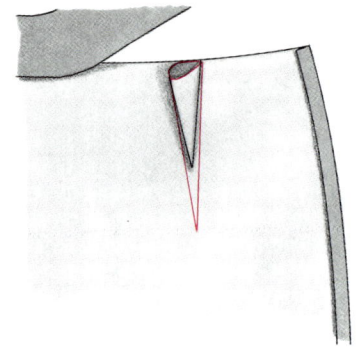

Abnäher im Rock korrigieren

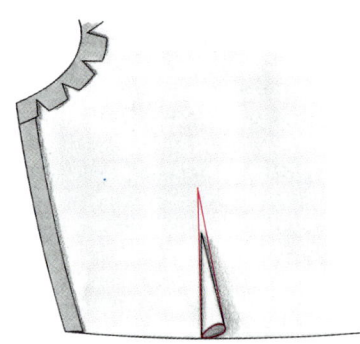

Taillenabnäher spitzer auslaufen lassen

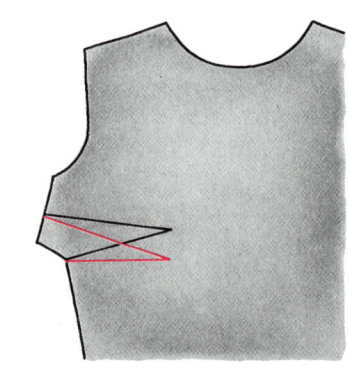

Brustabnäher verlegen (schematische Darstellung)

Knöpfe versetzen

Bei einem geknöpften Teil reicht es oft, nur die Knöpfe etwas zu versetzen, damit es enger oder weiter wird. Versetzen Sie die Knöpfe aber niemals mehr als 1,5 bis 2 cm, da sich sonst die vordere oder die hintere Mitte zu sehr verschiebt, der Halsausschnitt nicht mehr stimmt und somit das ganze Kleidungsstück schief wird. Manchmal genügt auch schon das Versetzen von ein oder zwei Knöpfen, damit das Kleidungsstück wieder bequem sitzt.
Die **Bluse** ist ein wenig zu eng, dann trennen Sie vorsichtig die Knöpfe ab. Probieren Sie die Bluse an, und stecken Sie Knopflochleiste auf Knopfleiste. Mit Stecknadeln markieren Sie den neuen Sitz der Knöpfe. Nähen Sie anschließend die Knöpfe wieder an.
Sind **Ärmelmanschetten** zu weit oder zu eng, dann genügt es meist, nur die Knöpfe zu versetzen. Trennen Sie den jeweiligen Manschettenknopf ab. Probieren Sie das Hemd oder die Bluse an, und bestimmen Sie die neue Position des Knopfes. Nähen Sie jetzt die Knöpfe an.

Jeanshosenreißverschluß einsetzen

Der Reißverschluß einer Jeanshose ist kaputt:

1 Trennen Sie den alten Reißverschluß vorsichtig heraus, dabei muß der Hosenbund auch ein Stück aufgetrennt werden. Die oberen Enden des neuen Reißverschlusses müssen wieder im Bund versteckt sein.

2 Mit dem Pfeiltrenner trennen Sie die unteren Riegel und die beiden Ziersteppnähte auf dem Übertritt auf.

3 In Ihre Nähmaschine setzen Sie eine Nadel Stärke 100, besser noch eine Spezialnadel für Jeans ein. Nähen Sie zuerst den Reißverschluß in den Schlitzuntertritt (rechte Hosenseite), der bei der Jeanshose auf der rechten Seite liegt.

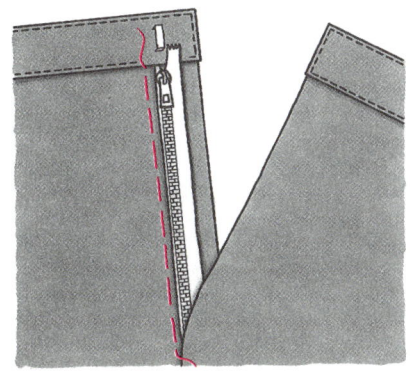

4 Stecken und heften Sie das Reißverschlußband zwischen die vordere Kante und den Untertritteil. Die Bruchkante liegt dicht neben den Reißverschlußzähnchen. Steppen Sie kantig, dicht neben den Zähnchen durch den Reißverschluß und den Untertritt hindurch.

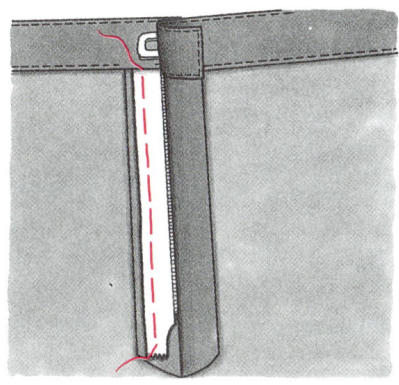

5 Auf den Beleg des Übertrittes wird das linke Reißverschlußband genäht. Stecken und heften Sie das Band auf den Beleg des Übertrittes, wobei die rechte Bundseite und die innere Belegseite unten bündig sein müssen.

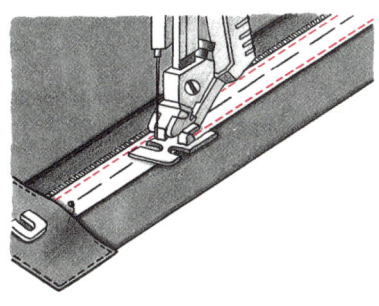

6 Steppen Sie das linke Reißverschlußband offen auf die Belegseite, einmal dicht hinter den Zähnchen, einmal kantig am Bandabschluß. Schließen Sie den Reißverschluß.

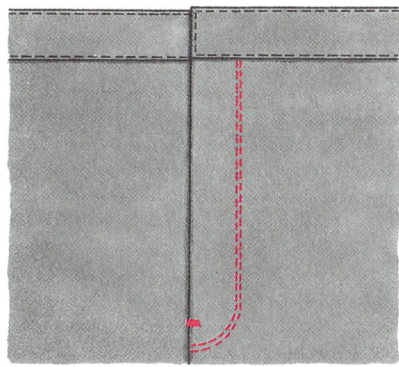

7 Auf der rechten Seite des Übertrittes steppen Sie zusammen mit den beiden Ziernähten, eventuell mit Knopflochgarn oder einem Garn in einer anderen Farbe, den Beleg des Übertrittes fest.

8 Die oberen Enden des Reißverschlußbandes schieben Sie mit einer Stecknadel glatt in den Bund. Nähen Sie den Bund wieder fest. Bei geschlossenem Reißverschluß nähen Sie am Schlitzende einen Riegel, von diesem sollten ein bis zwei Stiche im rechten Vorderteil liegen.

Fach-begriffe

Abnäher: Sie werden von der Spitze zur breiten Seite hin gesteckt und geheftet, aber in umgekehrter Richtung, also zur Spitze hin, genäht.

Absteppen: Mit dem Absteppen können Sie ein Kleidungsstück verschönern, besondere Effekte erzielen oder Nahtränder flachhalten. Verwenden Sie zum Absteppen Maschinenstickgarn, und stellen Sie die Stichlänge zwischen 3 und 4 ein.

Anstaffieren: Mit kaum sichtbaren Blindstichen Futter, Beleg oder Formstreifen annähen.

Beleg: Damit eine Kante verstürzt werden kann, muß man ein formgleiches, aber etwas schmäleres Stoffteil (den Beleg) als das Originalschnitteil rechts auf rechts auf dieses aufnähen. Der Beleg kann angeschnitten oder extra geschnitten werden.

Blende: Sie wird als Verzierung oder als Kantenversäuberung z.B. am Halsausschnitt auf die rechte Seite genäht. Die Blende kann aus demselben Stoff gearbeitet werden, sie darf aber auch aus andersfarbigem oder andersartigem Besatzstoff/-band sein.

Dehnen: Manche Schnitteile müssen an bestimmten Stellen (z.B. an der Schrittnaht) gedehnt werden. In den Schnitten ist dies meist mit (••••) angezeichnet. Bügeln Sie die Stellen mit einem feuchten Tuch ab, und ziehen/dehnen Sie den Stoff dabei leicht und gleichmäßig.

Durchschlagen: Dies ist eine Möglichkeit, die Markierungen, die im Schnittmuster eingezeichnet sind, auf den Stoff zu übertragen. Mit doppeltem Reihfaden werden Heftstiche z.B. an der Nahtlinie entlang durch beide Stofflagen genäht, wobei 2,5 cm lange Fadenschlingen stehenbleiben. Diese werden dann auseinandergezogen und zwischen den Stofflagen durchgeschnitten.

Einhalten: Die geringe Mehrweite einer Armkugel muß oft eingehalten werden. Dazu im gekennzeichneten Bereich (∿∿∿) im Abstand von 0,3 cm zwei Heftreihen arbeiten. Durch Anziehen der Unterfäden kräuselt sich der Stoff leicht (keine Faltenbildung!)

Fadengerade zuschneiden: Der Zuschnitt erfolgt in Richtung des Fadenlaufs, möglichst an einem Faden entlang. Tip: Ziehen Sie bei feinen Stoffen den entsprechenden Faden ein wenig an, so daß dessen Verlauf ganz deutlich sichtbar ist.

Fadenlauf: Er wird bestimmt durch Kett- und Schußfaden. Der Längsfadenlauf verläuft parallel zu den Webkanten (quer zur Stoffbreite), der Querfadenlauf rechtwinklig zur Webkante, der Schrägfadenlauf diagonal.

Formstreifen: Gerundete oder auch eckige Halsausschnitte und Armlöcher eines ungefütterten Kleidungsstückes werden mit einem Formstreifen versäubert. Der Streifen hat genau die Form der zu versäubernden Kante, auch ist er im gleichen Fadenlauf zugeschnitten.

Füßchenbreit: Ein Begriff der häufig in Nähanleitungen auftaucht. Er bedeutet, daß die äußere Kante des Nähmaschinenfußes an der Stoffkante entlangläuft. Der Abstand Kante – Naht beträgt 0,75 cm.

Heften oder Reihen: Zur Anprobe wird ein Kleidungsstück lose zusammengefügt (geheftet). Sie können von Hand heften oder mit der Maschine (siehe auch Seite 65).

Hohl annähen oder zusammennähen: Dies bedeutet, daß die Stoffteile unsichtbar miteinander verbunden werden.

Knappkantig: – bedeutet, daß möglichst nahe an der Kante (in 0,1 bis 0,2 cm Abstand) gesteppt wird. Dabei läuft die Innenkante des Füßchens an der Kante entlang.

Kräuseln: Durch Kräuseln wird überschüssige Weite eingehalten. Mit einem großen Maschinenstich näht man auf der rechten Seite, in füßchenbreitem Abstand zur Kante, zwei Nahtlinien und zieht anschließend die Unterfäden möglichst gleichmäßig und behutsam an.

Kurzwaren: – ist der Sammelbegriff für alle kleinen Schneiderwerkzeuge und -hilfsmittel (Nadeln, Kopierrädchen, Maßband...) sowie für Bänder, Garne, Gummis u.ä.

Markieren: Nach dem Zuschnitt, jedoch vor der Abnahme des Schnittmusters, werden alle Nahtlinien, Abnäher und Markierungspunkte mit Schneiderkreide, Kopierpapier oder dem Durchschlagstich markiert.

Nahtzugaben: – sind die Stoffränder, die Sie beim Zuschnitt zugeben müssen. Sie reichen von der Nahtlinie des Schnitteils bis zur Schnittkante (genaue Angaben auf Seite 62).

Paspelieren: Paspeln sind gefaltete Stoff-, Tresse- oder auch Lederstreifen, die als Verzierung oder zur Versäuberung gearbeitet werden. Gepaspelt werden hauptsächlich Taschen und Knopflöcher.

Pikieren: Als Pikieren bezeichnet man das flächige Befestigen einer Einlage auf dem Oberstoff. Der Stich ist auf der rechten Seite kaum zu sehen, links liegt der Faden etwa 2 bis 3 cm straff auf dem Stoff.

Schrägfadenlauf: Legt man die Schnittkante einer Stoffbahn auf die Webkante, so entspricht die Umbruchkante dem Schrägfadenlauf (siehe auch Fadenlauf).

Stecken: Mit Stecknadeln werden die Teile zusammengehalten, bevor man die Naht o.ä. heftet oder steppt. Die Stecknadeln immer quer zur Naht stecken.

Steppen: mit dem Geradstich nähen.

Stufenweise zurückschneiden: Damit lassen sich Kanten abflachen. An verstürzten Kanten liegen oft mehrere Stofflagen übereinander, deren Nahtzugaben in unterschiedlicher Breite abgeschnitten werden.

Versäubern: Schnittkanten werden mit der Zackenschere, dem Zickzackstich oder auch von Hand versäubert.

Verstürzen: Kragen, Revers oder Manschetten werden verstürzt. Man näht die Stoffteile zunächst rechts auf rechts zusammen und wendet sie dann auf die linke Seite. Die Naht liegt in der Kante. Die Nahtzugaben möglichst zurückschneiden und anschließend die Kante bügeln, eventuell absteppen.

Vorstoß: Wird ein Kragen verstürzt, heftet man die Kante so um, daß der Oberkragen einen Vorstoß von 2 mm hat.

Webkante: – ist die verstärkte seitliche Kante in Kettrichtung bei allen gewebten Stoffen. Aus technischen Gründen weisen auch verschiedene Maschenwaren eine verstärkte Kante auf.

Register

Dank an die Firmen und Geschäfte

Die Autorin und der Verlag danken allen,
die Material für die Fotoarbeiten zur Verfügung
gestellt haben:

Freudenberg/Vlieseline, Weinheim
Gütermann & Co, Gutach-Breisgau
MEZ AG, Kenzingen
Nähmaschinenhaus Hermann Kranz, Bad Homburg
Pfaff Haushaltsmaschinen GmbH, Karlsruhe
Prym-Werke GmbH & Co, Stolberg
Robuso Stahlwarenfabrik, Solingen
Rowenta-Werke, Offenbach am Main
Schaeffer GmbH, Wuppertal
Stoff- und Modehaus Stötzer, Bad Homburg